江苏省高校哲学社会科学研究一般项目：数字化转型背景下制造企业创新绩效的影响机制研究（2023SJYB1236）

江苏理工学院社会科学研究项目：数字化转型背景下我国制造企业创新绩效的影响机制研究（KYY22501）

国家自然科学基金资助项目：医疗机构上下整合对医疗服务系统效率的影响研究（72172104）

教育部人文社会科学研究一般研究项目：第三方治污企业二次环境污染行为形成、演化与治理策略研究（21YJCZH236）

江苏省社会科学基金项目：不确定环境下供应链网络中断风险应对机制及结构优化研究（22GLD017）

河北省人文社会基金青年项目：行业锦标赛激励对企业创新绩效的影响机理研究（HB22GL068）

九州文库

新创企业管理新视野

孙 伟 著

九州出版社
JIUZHOUPRESS

图书在版编目（CIP）数据

新创企业管理新视野／孙伟著．--北京：九州出

版社，2024.9. -- ISBN 978-7-5225-3380-3

Ⅰ．F272

中国国家版本馆 CIP 数据核字第 2024TF5457 号

新创企业管理新视野

作　　者　孙　伟　著
责任编辑　陈丹青
出版发行　九州出版社
地　　址　北京市西城区阜外大街甲 35 号（100037）
发行电话　（010）68992190/3/5/6
网　　址　www.jiuzhoupress.com
印　　刷　唐山才智印刷有限公司
开　　本　710 毫米×1000 毫米　16 开
印　　张　15.5
字　　数　237 千字
版　　次　2025 年 1 月第 1 版
印　　次　2025 年 1 月第 1 次印刷
书　　号　ISBN 978-7-5225-3380-3
定　　价　95.00 元

前　言

近年来，随着我国经济改革的逐步深入和创业环境的持续改善，"大众创业""草根创业"掀起了热潮，以新创企业为主力的中小企业在推动经济增长、促进产业转型升级、激发市场活力等方面发挥着重要作用。然而，受新进入缺陷的影响，新创企业往往面临着合法性不足和资源获取困难的问题，加之激烈竞争和复杂多变的市场环境所带来的不确定性，新创企业的失败风险较高。因此，如何实现企业绩效和竞争力的提升是新创企业急需解决的问题。

本研究梳理了创业导向、即兴能力、吸收能力、环境动态性和新创企业绩效等相关文献，整合了资源基础理论、企业能力理论、组织学习理论以及创业战略相关理论，并结合了相关案例分析，从组织学习和能力视角，构建了创业导向与新创企业绩效关系的理论模型，揭示环境动态性调节创业导向与新创企业绩效关系过程中即兴能力和吸收能力所发挥的中介作用，以及即兴能力与吸收能力的交互作用对新创企业绩效的影响。

全书共分为六个部分。绪论部分首先介绍了选题背景和研究意义，接着阐述了研究内容与结构、研究方法和技术路线以及创新点，最后列出了文章的整体研究框架。第一章文献综述部分主要是对研究所涉及的主要变量的国内外相关文献进行综述，包括创业导向、即兴能力、吸收能力、环境动态性、新创企业绩效等相关文献。综述内容包括主要变量的内涵、维度划分、变量测量以及其他相关研究。对于主要文献的梳理为本研究的理论模型提供了理论依据。第二章理论分析与研究假设部分，首先对本研究所涉及的相关理论进行梳理，包括资源基础理论、组织学习理论、企业能力理论和创业战略相关理论，这些理论构成了文章的理论基础。然后，基于已有研究文献和相关案例分析，揭示主要变量间的作用关系，以此为基础构建创业导向与新创企业绩效关系的理论模型。最后，根据理论模型提出本文的研究假设，主要包括创业导向对新创企业绩效的影响、创业导向对即兴能力和吸收能力的影响、即兴能力和吸收能力以及二者的交互作用对新创企业绩效的影响、即兴能力和吸收能力的中介作用、被调节的中介作用以及环境动态性的调节作用、被中介的调节作用等相关假设。第三章研究设计部分，主要介绍了问卷的设计、预调研过程以及数据分析方法。对本研究所涉及的核心变量主要参考了已有文献所采用的测量题项加以测量，在此基础上完成对本研究的初始问卷设计。然后通过预调研的方式验证问卷设计的合理性并加以修正，形成最终的正式问卷。第四章实证分析部分，首先对问卷数据的收集情况和数据的基本特征进行描述性分析，然后对数据进行共同方法偏差分析和信度与效度分析，以确保问卷的有效性。接着，对问卷数据进行相关性分析、多元回归分析以完成对研究假设和理论模型的验证。第五章研究结论与讨论部分，首先对实证结果进行分析讨论，结合新创企业的实际情况分析产生这一结果的原因，形成本研究的结论。然后，在研究结论的基础上提出本文的理论贡献以及对新创企业和创业者可供借鉴的管理启示。最后，从多个角度总结出本研究存在的局限，并有针对性地提出未来的研究方向。

本研究主要得到以下结论：第一，创业导向对即兴能力、吸收能力和新创企业绩效均具有显著的积极影响；第二，即兴能力和吸收能力在创业导向与新创企业绩效关系间均起到部分中介的作用，并且即兴能力的中介作用明显高于吸收能力；第三，创业导向与即兴能力的作用关系，创业导向与吸收能力的作用关系，以及创业导向与新创企业绩效的关系，均受到环境动态性的正向调节；第四，环境动态性对创业导向与新创企业绩效关系的调节作用是通过即兴能力而不是吸收能力的中介作用实现的；第五，即兴能力和吸收能力的交互作用正向影响新创企业绩效，即即兴能力与新创企业绩效的关系受到吸收能力的正向调节，吸收能力与新创企业绩效的关系受到即兴能力的正向调节；第六，即兴能力对创业导向与新创企业绩效关系的中介作用受到吸收能力的正向调节，吸收能力对创业导向与新创企业绩效关系的中介作用受到即兴能力的正向调节。

本研究具有一定的理论贡献和现实意义。理论贡献方面，第一，本研究探讨了创业导向与即兴能力、吸收能力以及新创企业绩效之间的关系，丰富和发展了创业战略理论、企业能力理论和组织学习理论。第二，本研究从组织学习和能力视角揭示了创业导向与新创企业绩效关系作用机制的两条实现路径，完善了创业导向转化为企业绩效的路径研究。第三，本研究引入环境动态性这一权变因素构建了被中介的调节模型，拓展了创业导向对新创企业绩效影响的边界条件，丰富了中国情境下创业导向与企业绩效的关系研究。第四，本研究验证了即兴能力和吸收能力对新创企业绩效影响关系的互补性，并以此构建了基于创业导向与新创企业绩效关系的被调节的中介模型，深化了创业导向、学习模式与企业绩效关系的作用机制研究。现实意义方面，第一，本研究为新创企业通过培育和实施创业导向战略来增强吸收能力以提升企业绩效提供新思路。第二，本研究为新创企业通过提升创业导向水平来促进即兴能力进而提升企业绩效提供有效指导。第三，本研究为新创企业根据环境的变化动态调整创业导向水平以充分发挥即兴能力对企业绩效的提升作用提供启示。第四，本研究为新创企业通过平衡即兴能力和吸收能力的发展进而取得较好的企业绩效提供启示。

目　录
CONTENTS

绪　论

第一节　选题背景

创业导向是创业领域的一个重要研究课题，国外学者对于创业导向的研究开始于 20 世纪 70—80 年代，并于 90 年代掀起热潮。我国对于创业导向的研究起步相对较晚，近年来我国经济转型的不断推进，国家对于创新和创业的政策支持，以及 5G、大数据、互联网+、人工智能等新技术的涌现推动了创业热潮的出现，中国情境下的创业活动在规模和质量上有了很大的提升，同时也表现出了与欧美等经济体诸多的不同特征，创业导向作为企业应对外部环境不确定性并积极影响企业成长的一种战略导向，得到了学术界和实务界的广泛关注，国内学者对于创业导向的研究特别是创业导向与企业绩效关系作用机制的研究呈现出快速增长的态势。基于此，本章从中国创业环境和企业发展的角度阐述文章的选题背景，提出文章的研究问题和研究意义，并针对研究内容、研究方法、研究思路以及创新点等方面进行了分析。

一、实践背景

转型经济背景下，我国的创业环境表现出了独有的特征①。宏观层面，政府与市场的作用机制并存，市场在资源配置的过程中逐渐起到决定性的作

---

① 蔡莉，葛宝山，蔡义茹. 中国转型经济背景下企业创业机会与资源开发行为研究
[J]. 管理学季刊，2019（2）：44-62.

用，但创业市场要素不完善，创业资本市场不成熟；政府在资源配置中依然扮演重要角色，创业政策对创业活动的规模、质量和方向影响较大，创业政策也缺乏一定的有效性、稳定性和创新性。微观层面，创业企业过于依赖政府政策，创新性普遍不足，企业生存和发展面临资源获取困难以及合法性缺失的困境。在此背景下，我国创业活动的失败率始终保持在较高水平，据统计，中国的创业活动失败率高于70%，国家市场监督管理总局（原国家工商总局）在2013年发布的《全国内资企业生存时间分析报告》也表明，三分之一以上的内资企业创立后无法存活至第5年[①]。GEM的报告更是指出，中国新创企业一年内的存活比例仅为50%左右，能够存活三年以上的比例低于20%。然而，尽管创业失败的风险很大，依然抵挡不住持续爆发的创业热潮。近年来，中国初创企业在总数量和每年增长速度上均居于世界前列，中国创业环境持续改善所带来的创业机会成为创业热潮形成的主要原因。首先，国家对于创新和创业的政策支持，特别是"大众创业、万众创新"政策的推出，为创业企业提供了宽松的准入环境，也为企业发展提供了政策资金；其次，我国创业资本市场日渐成熟，天使投资、创业基金、众筹等多种融资方式活跃并取得较好发展；再次，由5G、大数据、互联网+、人工智能、区块链等新技术所激发的新一轮的产业革命，在颠覆传统产业的同时创造了无数的商业机会。因此，可以说，在转型经济背景下，我国的创业机会与风险是并存的。

面对经济全球化、全面深化改革和技术变革等因素所带来的环境快速变化的新形势，制定正确的发展战略，适时调整战略方向，快速实施战略行动成为企业特别是新创企业生存发展和创造竞争优势的重要举措。战略导向是企业为了持续获得竞争优势和高绩效而确定的战略方向[②③]，反映了企业对新市场或产品进入、客户需求和竞争对手动向，以及在此过程中实现的广泛

---

① 郝喜玲，张玉利，刘依冉. 创业失败学习对新企业绩效的作用机制研究 [J]. 科研管理，2017，38（10）：94-101.

② Hakala H. Strategic orientations in management literature：three approaches to understanding the interaction between market, technology, entrepreneurial and learning orientations [J]. International Journal of Management Reviews, 2011, 13（2）：199-217.

③ Gatignon H, Xuereb J M. Strategic orientation of the firm and new product performance [J]. Journal of Marketing Research, 1997, 34（1）：77-90.

知识吸收所采取的总体战略定位①。战略导向所包含的创业导向、学习导向
和市场导向等类型对于企业选择战略和配置资源进而影响企业绩效都发挥着
重要作用。其中，创业导向是一种以提高企业应对外部环境不确定性和各种
风险挑战的能力为目标的战略导向，是企业在开展新业务时所采取的一种战
略态势，体现了企业内部对创新、风险承担和战略先动的意愿和倾向②。大
量的现实案例表明，能够获得生存并取得良好绩效的企业往往在创新性、风
险承担性和前瞻性三个方面都具有突出的表现。华为作为中国科技公司的典
范，始终将创新作为企业发展的战略和核心竞争力，无论是初创时期自主开
发交换机，或是在发展阶段实现 3G、4G 技术上的突破，还是现阶段在 5G 技
术上取得优势，华为始终坚持创新驱动发展的战略，持续创新是华为生存和
发展的根本；同时，风险承担性和前瞻性也是华为发展过程中表现出的重要
特点，尤其表现在 5G 技术的研究和商业应用上，2009 年华为就预测到 5G 的
未来发展趋势，面对技术研发的难度和高度不确定性，华为先后投资 20 亿
美元进行研发，并在后续的市场开发中先于竞争对手展开行动，成为 5G 市
场的领导者。摩拜是共享单车及其商业模式的主要缔造者，作为智能共享单
车领域"第一个吃螃蟹的"，摩拜在确定城市短途出行需求市场这一潜在商
机后，迅速布局和开拓市场，很快成为行业的领导者；在风险承担方面，摩
拜在 ofo 等竞争对手通过采购并快速投放低成本单车进行市场扩张时坚持投
入大量资金构建自己的生产体系，将线上平台运营与线下产品供应相结合，
形成一种独特的运营模式；创新方面，摩拜不断进行技术和产品的更新换
代，其在单车的设计研发以及对 5G、大数据、物联网等信息通信新技术的创
新应用方面为行业树立了标准，持续创新成为摩拜赢得市场、获得成功的重
要原因③。拼多多是新电商开拓者，通过"社交+电商"的 C2B 模式，实现
了电商平台的商业模式创新，同时，借助分布式人工智能技术的开发和创新

① Schweiger S A, Stettler T R, Baldauf A, et al. The complementarity of strategic
orientations: a meta-analytic synthesis and theory extension [J]. Strategic Management
Journal, 2019, 40 (3): 1822-1851.

② Lumpkin, G T, Dess G G. Clarifying the entrepreneurial orientation construct and linking it
to performance [J]. Academy of Management Review, 1996, 21 (1): 135-172.

③ 孙伟，刘璐璐. 共享单车企业创业研究——以 ofo 和摩拜为例 [J]. 中国科技论坛，
2019，(1): 100-107, 151.

应用，实现了商品交易环节人人交互和人机交互的智能推荐①；拼多多能从电商市场竞争白热化的环境中脱颖而出还得益于其准确的目标市场定位和高效的市场布局，为了减少与淘宝、京东等电商巨头发生直接竞争，拼多多将目标顾客定位在收入低、消费潜力巨大的三、四线城市和农村市场，通过大量的资源投入和快速的市场行动迅速占领目标市场，形成市场优势。大疆创新是全球飞行影像系统的开拓者，自成立以来始终将领先的技术和尖端的产品作为企业发展的核心，它所研发的多款飞行控制系统填补了国内外多项技术空白，使其成为行业中的领军企业；除了无人机领域以外，大疆创新还冒险进入市场规模较小、需求较少的运动相机领域，与实力强大的专业公司展开竞争，努力拓宽企业的业务领域；此外，超前的战略布局和市场前瞻性是大疆创新始终保持领先的重要原因，通过掌握未来技术的发展趋势，预先研发未来几年的最新科技，实现在技术上的领先优势，同时，积极扩大科技成果在解决工商业问题中的实际应用，最大限度地开发和抢占市场。

从以上案例企业的发展历程我们不难发现，新创企业要想获得成长并持续保持竞争优势必须积极创新、敢于承担风险并且进行前瞻性的战略规划，因此，保持一定水平的创业导向，并确保创业导向的有效实施对于新创企业的绩效提升至关重要。那么，以创新性、风险承担性和前瞻性为核心内涵的创业导向是如何影响新创企业绩效的？创业导向与新创企业绩效这一作用关系的实现路径是什么？由技术更迭、市场变动、政策变迁等因素所带来的环境动态性又对这一路径产生怎样的影响？这些问题都需要从一个新的视角进行探索，以期得到更多新的发现，为创业导向与新创企业绩效的关系给出更多合理的解释，也为新创企业提升自身绩效提供更多有益的启示。

二、理论背景

创业导向是企业战略导向类型中的一种，是企业在决策方法、决策风格以及具体行为中表现出来的创业特征。创业导向概念的发展是一个循序渐进

---

① 王烽权，江积海，王若瑾. 人工智能如何重构商业模式匹配性？——新电商拼多多案例研究［J］. 外国经济与管理，2020，42（7）：48-63.

并被逐渐接受的过程，创业导向内涵的形成与其维度的划分有关。米勒（Miller）① 最早提出了创业型企业的特征，即从事产品市场创新，开展具有一定风险的业务，以及首先采取超前的行动先发制人，由此形成了创业导向内涵的基本框架。在此基础上，科文（Covin）和斯莱文（Slevin）② 将创业导向划分为创新性、风险承担性和前瞻性三个维度。兰普金（Lumpkin）和德丝（Dess）③ 在三维度的基础上进一步增加了自治性和积极竞争性两个维度，并将创业导向界定为企业在创新性、风险承担性、前瞻性、自治性和积极竞争性这五个维度上表现出较强的倾向，深化了创业导向的内涵。

在创业导向的已有研究中，创业导向与企业绩效的关系研究一直是学者们最为关注的主题。从创业导向与企业绩效的直接关系，到引入调节变量和中介变量拓展创业导向与企业绩效关系的作用机制，创业导向与企业绩效关系以及其转化路径的研究不断得到深化和完善。其中，关于创业导向对企业绩效的直接影响，已有研究得出了不同的结论，大部分研究表明二者之间存在显著的正向关系④⑤；部分研究发现两者之间的相关关系并不显著⑥⑦；还

---

① Miller D. The correlates of entrepreneurship in three types of firms [J]. Management Science, 1983, 29 (7): 770-791.

② Covin J G, Slevin D P. Strategic management of small firms in hostile and benign environments [J]. Strategic Management Journal, 1989, 10 (1): 75-87.

③ Lumpkin, G T, Dess G G. Clarifying the entrepreneurial orientation construct and linking it to performance [J]. Academy of Management Review, 1996, 21 (1): 135-172.

④ Zahra S A, Covin J G. Contextual influences on the corporate entrepreneurship-performance relationship: a longitudinal analysis [J]. Journal of Business Venturing, 1995, 10 (1): 43-58.

⑤ 刘宇璩，黄良志，林裳绪. 环境动态性、创业导向与企业绩效——管理关系的调节效应 [J]. 研究与发展管理, 2019, 31 (5): 89-102.

⑥ Smart, D T, and Conant, J S. Entrepreneurial orientation, distinctive marketing competencies and organizational performance [J]. Journal of Applied Business Research, 1994, 10 (3): 1-28.

⑦ Moreno A M, Casillas J. Entrepreneurial orientation and growth of SMEs: a causal model [J]. Entrepreneurship Theory and Practice, 2008, 32 (3): 507-528.

有研究证实创业导向与企业绩效之间存在一定的非线性相关关系①②。此外，创业导向作为一个多维度的构念，其不同维度对企业绩效的影响也得到了揭示。除了部分研究表明创业导向的创新性、风险承担性和前瞻性等维度对企业绩效均具有显著的正向影响以外③④，其他研究发现创业导向的不同维度在企业绩效的影响方面发挥不同的作用⑤⑥。因此，对于创业导向与企业绩效关系作用机制的研究有必要从创业导向的不同维度去揭示，以更加深入地剖析不同维度对新创企业绩效的作用。

除了创业导向与企业绩效之间的直接作用关系，已有研究主要从中介效应和调节效应两方面完善了创业导向与企业绩效关系的间接作用机制。其中，通过影响企业的资源和能力被认为是创业导向提升企业绩效的重要实现路径⑦⑧。资源基础理论认为，有价值的、稀缺的、难以模仿和替代的异质性资源是企业竞争优势的基础⑨。企业成长理论指出，企业能力是企业成长的重要动力，决定了企业成长的速度和极限⑩。因此，能否突破资源约束获

① Wales W J, Patel P C, Parida V, et al. nonlinear effects of entrepreneurial orientation on small firm performance：the moderating role of resource orchestration capabilities ［J］. Strategic Entrepreneurship Journal, 2013, 7（2）：93-121.

② 董保宝，周晓月. 新企业创业导向与绩效倒 U 型关系及资源整合能力的中介作用 ［J］. 南方经济, 2015, 33（8）：107-124.

③ 胡望斌，张玉利. 新企业创业导向转化为绩效的新企业能力：理论模型与中国实证研究 ［J］. 南开管理评论, 2011（1）：85-97.

④ 龙海军. 转型情境下创业导向对企业绩效的影响：创业行为的中介效应 ［J］. 系统工程, 2016, 34（1）：70-76.

⑤ Lumpkin G, Dess G. Linking two dimensions of entrepreneurial orientation to firm performance：the moderating role of environment and industry life cycle ［J］. Journal of Business Venturing, 2001, 16（5）：429-441.

⑥ 郭雯，张宏云. 创业导向与企业绩效关系研究——以我国工业设计服务业为例 ［J］. 科学学研究, 2014, 32（12）：118-129.

⑦ 胡望斌，张玉利，杨俊. 基于能力视角的新企业创业导向与绩效转化问题探讨 ［J］. 外国经济与管理, 2010, 32（2）：1-8.

⑧ 朱秀梅，孔祥茜，鲍明旭. 国外创业导向研究脉络梳理与未来展望 ［J］. 外国经济与管理, 2013, 35（8）：2-13, 26.

⑨ Barney J B. Firm resources and sustained competitive advantage ［J］. Journal of Management, 1991, 17（1）：99-121.

⑩ Penrose E T. The theory of the growth of the firm ［M］. Oxford University Press, Oxford, 1959.

得企业发展所需的关键性资源，并培养出有效开发和利用资源的各种能力，是企业特别是新创企业能否生存并持续成长的关键。已有研究表明，创业导向能够对企业资源产生积极影响，具有较高创业导向的企业可以通过关系利用[①]、资源拼凑[②]、知识创造[③]、组织学习[④]等行为获取和整合内外部资源，为企业发展提供资源基础，进而有效提升企业绩效。同时，一些研究发现，创业导向对企业能力的培养和提升具有积极的促进作用，维持较高水平的创业导向可以提高企业的机会能力[⑤]、组织学习能力[⑥]、网络化能力[⑦]、吸收能力[⑧]、动态能力[⑨]等各种能力，进而积极影响企业绩效。而在从资源和能力视角解释创业导向与企业绩效关系的研究中，组织学习的中介作用得到验证。组织学习不仅是企业获取和创造知识的一种重要方式，还体现了企业处理知识的能力[⑩]。魏江和焦豪[⑪]将组织学习定义为企业获得信息、技术、知

① 安舜禹，蔡莉，单标安. 新企业创业导向、关系利用及绩效关系研究 ［J］. 科研管理，2014，35（3）：66-74.

② 祝振铎. 创业导向、创业拼凑与新企业绩效：一个调节效应模型的实证研究 ［J］. 管理评论，2015，27（11）：57-65.

③ Li Y H，Huang J W，Tsai M T. Entrepreneurial orientation and firm performance：the role of knowledge creation process ［J］. Industrial Marketing Management，2009，38（4）：440-449.

④ Zhao Y，Li Y，Lee S，et al. Entrepreneurial orientation，organizational learning，and performance：evidence from China ［J］. Entrepreneurship Theory and Practice，2011，35（2）：293-317.

⑤ 董保宝，葛宝山. 新企业风险承担与绩效倒 U 型关系及机会能力的中介作用研究 ［J］. 南开管理评论，2014，17（4）：56-65.

⑥ Alegre J，Chiva R. Linking entrepreneurial orientation and firm performance：the role of organizational learning capability and innovation performance ［J］. Journal of Small Business Management，2013，51（4）：491-507.

⑦ 朱秀梅，陈琛，纪玉山. 基于创业导向、网络化能力和知识资源视角的新创企业竞争优势问题探讨 ［J］. 外国经济与管理，2010，32（5）：9-16.

⑧ 林筠，孙晔，何婕. 吸收能力作用下创业导向与企业成长绩效关系研究 ［J］. 软科学，2009，23（7）：135-140.

⑨ 胡望斌，张玉利，牛芳. 我国新企业创业导向、动态能力与企业成长关系实证研究 ［J］. 中国软科学，2009（4）：107-118.

⑩ 蔡莉，尹苗苗. 新创企业学习能力、资源整合方式对企业绩效的影响研究 ［J］. 管理世界，2009（1）：129-132.

⑪ 魏江，焦豪. 创业导向、组织学习与动态能力关系研究 ［J］. 外国经济与管理，2008，30（2）：36-41.

识和诀窍等资源并经过组织内部存储、传播和开发最终实现知识创造、扩散、应用和再创造的循环过程，提出了创业导向、组织学习与动态能力的关系模型；李璟琰和焦豪①、雷亚尔（Real）等②验证了组织学习在创业导向与企业绩效间的中介作用；刘景江和陈璐③、赵（Zhao）等④进一步揭示了不同的组织学习模式在创业导向与企业绩效关系间的中介角色。然而，已有研究或是以组织学习为单一中介变量⑤，或是从学习策略（探索式学习和利用式学习）、知识来源（实践式学习和获得式学习）等角度揭示不同的组织学习模式对创业导向与企业绩效关系的影响⑥⑦。鲜有研究从学习过程视角将即兴能力和吸收能力作为两种并存的学习模式来揭示创业导向影响企业绩效的实现路径⑧。吸收能力和即兴能力不仅属于企业能力的范畴，还是两种具有不同特征的组织学习模式。其中，吸收能力是指企业识别、同化、应用有价值的外部信息或知识的能力⑨，是一种有意识的、累积的和重复性的学

① 李璟琰，焦豪. 创业导向与组织绩效间关系实证研究：基于组织学习的中介效应［J］. 科研管理，2008，29（5）：35-41.

② Real J C，Roldán J L，Leal A. From entrepreneurial orientation and learning orientation to business performance：analyzing the mediating role of organizational learning and the moderating effects of organizational size［J］. British Journal of Management，2014，25：186-208.

③ 刘景江，陈璐. 创业导向、学习模式与新产品开发绩效关系研究［J］. 浙江大学学报：人文社会科学版，2011，41（6）：143-156.

④ Zhao Y，Li Y，Lee S，et al. Entrepreneurial orientation，organizational learning，and performance：evidence from China［J］. Entrepreneurship Theory and Practice，2011，35（2）：293-317.

⑤ 李璟琰，焦豪. 创业导向与组织绩效间关系实证研究：基于组织学习的中介效应［J］. 科研管理，2008，29（5）：35-41.

⑥ Zhao Y，Li Y，Lee S，et al. Entrepreneurial orientation，organizational learning，and performance：evidence from China［J］. Entrepreneurship Theory and Practice，2011，35（2）：293-317.

⑦ 刘景江，陈璐. 创业导向、学习模式与新产品开发绩效关系研究［J］. 浙江大学学报：人文社会科学版，2011，41（6）：143-156.

⑧ Hughes P，Hodgkinson I R，Hughes M，et al. Explaining the entrepreneurial orientation-performance relationship in emerging economies：the intermediate roles of absorptive capacity and improvisation［J］. Asia Pacific Journal of Management，2018，35：1025-1053.

⑨ Cohen W M，Levinthal D A. Absorptive capacity：a new perspective on learning and innovation［J］. Administrative Science Quarterly，1990，35（1）：128-152.

习过程①。即兴能力是企业在环境不确定性和时间压力下，快速收集信息并利用其他可得资源，以创新和自发的方式修正和执行决策、实现管理目标的能力②，是一种自发的、短期的、经验学习和创造同时发生的学习过程③。这两种在企业发展过程中同时发生、作用不同又相互影响的学习模式，如何同时影响创业导向转化为新创企业绩效的过程，以及两种学习模式对这一作用机制的影响效果有何差异等问题都有待深入研究。

在创业导向与企业绩效关系的调节变量方面，环境变量一直是学者们较为关注的权变因素。环境的变化影响着企业战略决策的制定和实施，也影响着创业导向与企业绩效的作用关系。兰普金和德丝④构建了以环境因素为调节变量的创业导向与企业绩效关系的概念框架，揭示了环境动态性、复杂性等环境特征对这一关系的调节作用；威克洛德（Wiklund）和谢波德（Shepherd）⑤ 的实证分析表明，环境动态性在创业导向与企业绩效之间的调节作用并不显著；胡望斌和张玉利⑥以中国的新创企业为研究对象，部分证实了环境动态性和敌意性在创业导向与新创企业绩效间的调节作用；吴建祖和龚雪芹⑦的研究发现环境动态性正向调节创业导向的风险承担性、超前行动两个维度与企业绩效的关系。从上述分析可知，已有研究对于环境特性特别是环境动态性在创业导向与企业绩效关系间的调节作用还未得出一致的结论。对于面临"新生弱性"和"小而弱性"双重约束的新创企业来说，环境

① Bergh D D, Lim E N K. Learning how to restructure: absorptive capacity and improvisational views of restructuring actions and performance [J]. Strategic Management Journal, 2010, 29 (6): 593-616.

② 马鸿佳，宋春华，葛宝山. 动态能力、即兴能力与竞争优势关系研究 [J]. 外国经济与管理，2015, 37 (11): 25-37.

③ Vera D, Crossan M. Improvisation and innovative performance in teams [J]. Organization Science, 2005, 16 (3): 203-224.

④ Lumpkin, G T, Dess G G. Clarifying the entrepreneurial orientation construct and linking it to performance [J]. Academy of Management Review, 1996, 21 (1): 135-172.

⑤ Wiklund J, Shepherd D. Entrepreneurial orientation and small business performance: a configurational approach [J]. Journal of Business Venturing, 2005, 20: 71-91.

⑥ 胡望斌，张玉利. 新企业创业导向转化为绩效的新企业能力：理论模型与中国实证研究 [J]. 南开管理评论，2011 (1): 85-97.

⑦ 吴建祖，龚雪芹. 创业导向对企业绩效影响的实证研究——环境动态性的调节作用 [J]. 科技管理研究，2015 (9): 197-201.

动态性对新创企业的影响更加显著①。因此，环境动态性在创业导向与新创企业绩效关系间是否发挥调节作用以及发挥怎样的调节作用值得进一步验证。

此外，尽管已有研究表明，创业导向的培育和实施能够有效提升组织的吸收能力和即兴能力②，但创业导向与即兴能力之间以及创业导向与吸收能力之间的关系是否受到其他因素的调节还缺少一定的解释。一方面，环境的变化往往会影响企业既定的战略规划③，影响企业的资源配置和市场开发。另一方面，环境动态性对组织吸收能力和即兴能力的提升也起到了一定的作用。在动态变化的环境下，技术和市场需求变化快速，风险与机会并存④，重视创新、敢于冒险和想要超前行动的企业为了能够快速识别和开发市场机会，必然会加强技术、政策以及市场信息和知识的获取、转化和应用⑤，同时提升决策制定和资源拼凑的响应速度⑥，以开发出满足市场需求的创新产品、抢占市场。因此，环境动态性在创业导向与即兴能力之间以及创业导向与吸收能力之间可能发挥一定的调节作用。结合现有研究已经证实的环境动态性在创业导向与企业绩效关系中具有调节作用，吸收能力在创业导向与企

① 祝振铎，李新春. 新创企业成长战略：资源拼凑的研究综述与展望 [J]. 外国经济与管理，2016，38（11）：71-82.
② 白景坤，王健. 创业导向能克服组织惰性吗？[J]. 科学学研究，2019，37（3）：492-499.
③ 弋亚群，李垣，刘益. 企业动态能力的构建及其对战略变化影响的理论框架 [J]. 管理评论，2006，18（10）：30-34.
④ 焦豪，周江华，谢振东. 创业导向与组织绩效间关系的实证研究——基于环境动态性的调节效应 [J]. 科学学与科学技术管理，2007，28（11）：70-76.
⑤ 邢蕊，王国红，唐丽艳. 创业导向对在孵企业技术吸收能力的影响研究 [J]. 科学学与科学技术管理，2013，34（11）：82-93.
⑥ 祝振铎. 创业导向、创业拼凑与新企业绩效：一个调节效应模型的实证研究 [J]. 管理评论，2015，27（11）：57-65.

业绩效间发挥中介作用等发现①，以及休斯（Hughes）等人②提出的组织即兴在创业导向与企业绩效间起到中介作用的研究假设，本文认为环境动态性对创业导向与企业绩效关系的调节作用可能是通过即兴能力和吸收能力的中介作用来实现的。考虑到还鲜有研究从被中介的调节效应角度来探讨创业导向与企业绩效的作用关系。本文认为可以从这条思路对创业导向与新创企业绩效的作用机制进行深入探讨。

基于以上分析，本研究从组织学习和能力视角，结合资源基础理论、企业能力理论、组织学习理论以及创业战略相关理论，构建了新创企业的创业导向与企业绩效关系的理论模型，揭示环境动态性调节创业导向与新创企业绩效关系的过程中即兴能力和吸收能力所发挥的中介作用，以及即兴能力与吸收能力的交互作用对新创企业绩效的影响。具体来说，本研究拟解决以下问题：（1）验证创业导向的不同维度对新创企业绩效的影响；（2）探索吸收能力和即兴能力在创业导向与新创企业绩效关系间的中介效应；（3）揭示环境动态性在创业导向与企业绩效关系中的被中介的调节作用；（4）探究吸收能力与即兴能力的交互作用对新创企业绩效的影响，以及在此基础上形成的被调节的中介效应。

第二节　研究意义

在复杂多变的市场环境中，实施与动态环境相适应的创业导向是企业实

---

① Hernández-Perlines F, Moreno-García J, Yáñez-Araque B. Family firm performance: the influence of entrepreneurial orientation and absorptive capacity [J]. Psychology & Marketing, 2017, 34 (11): 1057-1068.

② Hughes P, Hodgkinson I R, Hughes M, et al. Explaining the entrepreneurial orientation-performance relationship in emerging economies: the intermediate roles of absorptive capacity and improvisation [J]. Asia Pacific Journal of Management, 2018, 35: 1025-1053.

现成长并获得竞争优势的有效途径①。特别是对于受新进入缺陷（liability of newness）制约而在合法性和资源获取等方面存在先天劣势的创业企业来说，如何选择正确的战略导向来克服"新生弱性"和"小而弱性"的困境，最终实现企业的生存和发展，是值得思考和探索的问题。本研究基于组织学习和能力视角，结合创业导向、即兴能力、吸收能力、环境动态性和新创企业绩效等国内外相关研究，揭示动态环境情境下新创企业通过创业导向的培养影响即兴能力和吸收能力这两种学习模式或组织能力，进而提升企业绩效的作用机制。本文旨在探索新创企业绩效提升的实现路径，解决新创企业发展的困境和难题，在完善创业理论、战略管理理论和企业绩效理论等相关理论的同时为新创企业的发展提供方向和策略指导。因此，本研究具有一定的理论和现实意义。

一、理论意义

第一，丰富和发展了创业导向与企业绩效关系的研究。在创业导向的已有研究中，创业导向与企业绩效的直接关系并未得到一致的结论，创业导向可能正向影响企业绩效②，也可能对企业绩效的影响并不显著③，创业导向的不同维度对企业绩效的影响效果也可能存在一定的差异④。本研究以中国的新创企业为研究对象，检验新创企业创业导向的不同维度与企业绩效的作用关系，同时揭示创业导向的创新性、风险承担性和前瞻性维度在企业绩效影响中的差异。本研究丰富了创业导向与企业绩效关系的作用机制研究，也为已有研究的相关结论提供了一定的验证。

---

① 贾建锋，赵希男，于秀凤. 创业导向有助于提升企业绩效吗——基于创业导向型企业高管胜任特征的中介效应 [J]. 南开管理评论，2013，16（2）：47-56.

② Wales W J. Entrepreneurial orientation：a review and synthesis of promising research directions [J]. International Small Business Journal，2016，34（1）：3-15.

③ Morris M，Sexton D. The concept of entrepreneurial intensity：implications for company performance [J]. Journal of Business Venturing. 1996，36（1）：5-13.

④ 张玉利，李乾文. 公司创业导向、双元能力与组织绩效 [J]. 管理科学学报，2009，12（1）：137-152.

第二，完善了创业导向转化为企业绩效的路径研究。已有研究多是以单一中介变量探索创业导向与企业绩效关系的实现路径，对于中介变量影响效果的揭示缺乏一定的完整性①，同时，单一中介变量的作用效果容易与调节变量的作用产生混淆，从而影响研究结论的准确性②。本研究从组织学习和能力的视角，引入即兴能力和吸收能力这两种企业成长过程中同时存在且作用不同的学习模式和组织能力，构建一个双重中介的作用模型，由此形成创业导向与新创企业绩效关系作用机制的两条路径。因此，本研究完善了创业导向转化为企业绩效的路径研究，为创业导向和企业绩效的研究提供了崭新视角。此外，不同的组织能力或学习模式中介作用的揭示，也进一步丰富和发展了企业的能力理论和组织学习理论。

第三，拓展了创业导向与企业绩效关系的权变因素研究。环境因素一直是影响企业战略选择的重要因素③，环境动态性不仅能够积极影响创业导向的水平，有效促进创业导向战略的实施④，还能够调节创业导向与企业绩效之间的关系⑤。同时，环境动态性对创业导向与组织学习的关系也发挥一定的调节作用⑥。本文引入环境动态性作为权变因素，构建起一个被中介的调节效应模型，探讨环境动态性对创业导向与新创企业绩效关系的调节作用，环境动态性对创业导向与即兴能力和吸收能力关系的调节作用，以及环境动态性与创业导向的交互作用经由即兴能力和吸收能力两个因素的中介进一步影响新创企业绩效的过程。因此，本文揭示了环境因素影响下创业导向与新

① Wang C L. Entrepreneurial orientation, learning orientation, and firm performance [J]. Entrepreneurship Theory and Practice, 2008, 32 (4): 635-657.

② Selmi N, Chaney D. A measure of revenue management orientation and its mediating role in the relationship between market orientation and performance [J]. Journal of Business Research, 2018, 89: 99-109.

③ Bahrami H. The emerging flexible organization: perspectives from silicon valley [J]. California Management Review, 1992, 34 (4): 33-52.

④ Ruiz-Ortega M J, Parra-Requena G, Rodrigo-Alarcon J, et al. Environmental dynamism and entrepreneurial orientation: the moderating role of firm's capabilities [J]. Journal of Organizational Change Management, 2013, 26 (3): 475–493.

⑤ 胡望斌，张玉利. 新企业创业导向转化为绩效的新企业能力: 理论模型与中国实证研究 [J]. 南开管理评论，2011 (1): 85-97.

⑥ 林筠，孙晖，刘伟. 基于资源观的创业导向与联盟中组织学习绩效关系研究 [J]. 科技管理研究，2009, 29 (3): 219-221.

创企业绩效的作用机制，丰富了创业导向与企业绩效关系的权变因素研究。

第四，丰富了组织学习或能力因素对企业绩效的影响研究。已有研究表明，不同的学习模式并不是单独对企业成长发生作用的，不同学习模式之间存在一定的互补性或平衡性，这种互补性或平衡性表现为不同学习模式之间的交互作用能够对企业绩效、企业创新、新产品开发绩效等方面产生一定的影响①②③。本文在探讨即兴能力和吸收能力这两种学习模式与新创企业绩效作用关系的同时，揭示了二者的交互作用对新创企业绩效产生的影响，并从变量之间的整体关系角度构建起一个基于双重中介的被调节的中介效应模型，探讨吸收能力对即兴能力在创业导向与新创企业绩效关系间的中介作用的调节作用，以及即兴能力对吸收能力中介创业导向与新创企业绩效关系的调节作用。

二、实践意义

第一，为新创企业通过培育和实施创业导向战略来增强吸收能力以提升企业绩效提供新思路。对于面临资源缺乏和合法性不足等困境的新创企业来说，如何及时、准确地获得外部的信息和知识，并实现信息和知识在企业内部的同化和应用，最终开发出满足市场需求的新产品或新服务是新创企业获得竞争优势并持续保持成长的关键。吸收能力在创业导向与企业绩效关系间具有中介作用这一发现，为新创企业借助创业导向提升企业绩效提供了一定的启示。这将有助于新创企业转变观念，强化企业对创新、风险承担和前瞻性战略规划和实施的意愿，从而提升企业获取、转化和应用信息和知识的能力，达到突破资源瓶颈、提升企业绩效的目的。

① He Z L, Wong P K. Exploration vs. exploitation：an empirical test of the ambidexterity hypothesis ［J］. Organization Science，2004，15（4）：481-494.

② 刘景江，陈璐. 创业导向、学习模式与新产品开发绩效关系研究 ［J］. 浙江大学学报：人文社会科学版，2011，41（6）：143-156.

③ 林春培，张振刚. 基于吸收能力的组织学习过程对渐进性创新与突破性创新的影响研究 ［J］. 科研管理，2017，38（4）：38-45.

第二，为新创企业通过提升创业导向水平来促进即兴能力进而提升企业绩效提供有效指导。吸收能力作为动态能力的重要组成部分①，具有一定的目的性、计划性和累积性②③。环境动态性越高，市场、技术和需求变动越快，企业通过动态能力发挥资源配置作用的效果也将有所降低，此时具有立即反应和意图创造特征的即兴能力更能发挥其在资源配置中的优势，进而提升企业竞争优势④。因此，提升组织即兴能力成为新创企业实现资源拼凑以应对环境不确定性、获得企业成长的重要途径。即兴能力在创业导向与企业绩效关系间的中介作用得到揭示，为新创企业通过提高创新性、风险承担性和前瞻性的战略倾向，以有效提升组织在动态环境中对战略调整、资源配置、决策制定等的及时响应能力，进而提高企业绩效提供了可行的思路。

第三，为新创企业根据环境的变化动态调整创业导向水平以充分发挥即兴能力对企业绩效的提升作用提供启示。创业导向是一种建立在资源消耗基础上的战略导向，实施创业导向所采取的行动需要消耗企业大量资源⑤。因此，在资源有限的情况下，新创企业创业导向的水平要根据环境的变化情况控制在一定的范围内。由环境动态性与创业导向的交互作用能够通过即兴能力的中介作用影响企业绩效的结论可知，在高环境动态性的情景下，技术、产品和市场需求的变化速度较快，企业对于组织即兴能力的水平提出了更高的要求，此时新创企业要更加积极地培育和实施创业导向战略，以有效促进

---

① 张韬. 基于吸收能力的创新能力与竞争优势关系研究 [J]. 科学学研究, 2009, 27 (3): 445-452.

② Bergh D D, Lim E N K. Learning how to restructure: absorptive capacity and improvisational views of restructuring actions and performance [J]. Strategic Management Journal, 2010, 29 (6): 593-616.

③ Berghman L, Matthyssens P, Streukens S, et al. Deliberate learning mechanisms for stimulating strategic innovation capacity [J]. Long Range Planning, 2013, 46 (1-2): 39-71.

④ 马鸿佳, 宋春华, 葛宝山. 动态能力、即兴能力与竞争优势关系研究 [J]. 外国经济与管理, 2015, 37 (11): 25-37.

⑤ 刘小元, 林嵩, 李汉军. 创业导向、家族涉入与新创家族企业成长 [J]. 管理评论, 2017, 29 (10): 42-57.

组织即兴能力的提升，从而增加企业绩效；而在低环境动态性的情景下，技术和市场的动态相对容易掌握，企业可以通过维持较低水平的创业导向，适当地形成即兴能力，以减少创业导向实施所消耗的资源。因此，这一研究发现为新创企业根据环境变化动态调整创业导向进而影响企业绩效提供一定的启示。

第四，为新创企业通过平衡即兴能力和吸收能力的发展进而取得较好的企业绩效提供启示。由吸收能力和即兴能力的交互对新创企业绩效产生正向影响的结果可知，实现新创企业绩效的提升需要即兴能力和吸收能力的互相支持。因此，对于新创企业来说，既要注重即兴能力的培养，又要重视吸收能力的提升，这就为企业在决策制定、资源投入过程中平衡即兴能力和吸收能力的发展以促进企业绩效提供指导和借鉴。

第三节　研究方法与技术路线

一、研究方法

为了保证研究过程的规范性和所得结论的可靠性，本文采用定性与定量分析相结合、规范与实证分析相结合的研究方法，基于已有理论和文献的梳理、案例分析以及逻辑推导提出研究的理论模型和相关假设，编制有效的问卷，开展问卷调查，通过 SPSS、Amos 统计软件对数据进行处理分析以验证研究假设，从而得出科学有效的结论。本研究采用的主要方法有：

（一）文献分析法

利用国内外权威数据库，如中国知网、万方、EBSCO、Elsevier、Web of Science、Springer、Wiley 等，查找本研究所涉及的相关文献。通过对文献进行筛选、阅读、梳理和述评，包括创业导向、即兴能力、吸收能力、环境动态性和新创企业绩效等相关文献，以及企业能力理论、资源基础理论、组织学习理论、创业战略相关理论等基础理论，为理论模型的构建和实证分析提供了理论基础。

（二）案例分析法

根据研究的主题和目的，选取了位于上海市和深圳市的三家新创企业为研究对象进行走访调查，获得了与本研究主要变量相关的访谈材料。结合企业官网、主流权威媒体等获得的二手数据，开展探索性多案例研究。通过对所收集的数据进行渐进式编码，提炼出与本研究主要变量和变量间相互关系有关的条目，再结合理论与案例的分析进一步构建出本研究的理论模型。

（三）问卷调查法

根据本研究所提出的理论模型，借鉴已有研究所采用的成熟量表设计成问卷。通过预调研的方式确定问卷量表的有效性，然后开展大规模的问卷调查，收集研究所需数据。

（四）统计分析法

通过使用 SPSS 和 Amos 等统计软件，对所收集到的所有相关数据进行处理和分析，包括共同方法偏差分析、信度与效度分析、多元回归分析、Bootstrap 分析等，通过多种统计分析方法对问卷的有效性和研究假设进行验证。

二、研究思路与技术路线

本研究的思路主要围绕以下几点进行展开：首先是对理论与文献的系统性梳理和总结，在此基础上构建创业导向、环境动态性、组织学习模式与新创企业绩效关系的理论模型，并提出相应的研究假设；接着，借鉴已有研究使用的成熟量表并结合研究对象的特征编制问卷，通过预调研的方式验证问卷的合理性，确定最终问卷；然后，通过大规模的问卷调查收集数据，并借助统计分析软件对数据进行处理和分析，以验证本研究的相关假设；最后，根据实证分析结果展开讨论，提出相关管理启示，并指出本研究存在的局限性以及未来的研究展望。

图 0-1 即为本文遵循以上的研究思路所制定的相关技术路线。

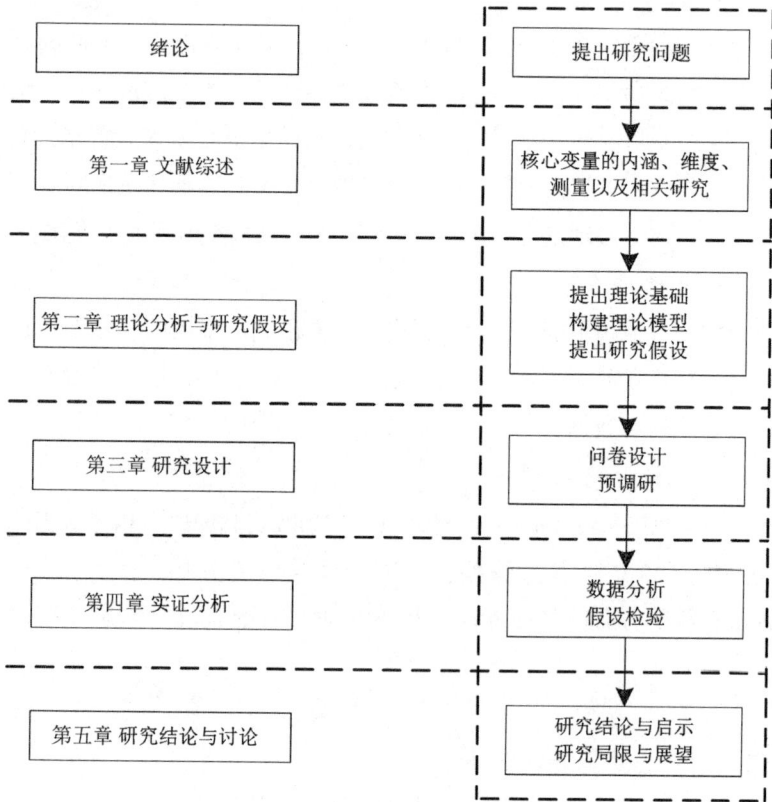

图 0-1 技术路线图

第四节　研究的创新点

本研究以我国转型经济为背景，探索创业导向与新创企业绩效的关系问题。基于战略管理理论、组织学习理论、企业能力理论、创业战略相关理论，以及对创业导向、即兴能力、吸收能力、环境动态性和新创企业绩效等相关文献的梳理和案例分析，构建了动态环境影响下创业导向、组织学习模式与新创企业绩效关系的理论模型。首先，本文通过将即兴能力与吸收能力两种学习模式或组织能力作为中介变量，建立起由创业导向影响新创企业绩效的两条中介路径，弥补了单一中介变量在揭示创业导向与企业绩效关系中的不足，也为创业导向对企业绩效影响的中介机制研究提供了新视角。接着，本研究引入环境因素，验证了环境动态性在创业导向与新创企业绩效关系中、创业导向与即兴能力、吸收能力关系中的调节作用，以及环境动态性所发挥的被中介的调节效应，为厘清创业导向与企业绩效关系的边界条件提供了重要参考。最后，本研究探讨了即兴能力和吸收能力的交互作用对新创企业绩效的影响，以及由即兴能力和吸收能力互为中介和调节变量所构成的被调节的中介效应，为从组织学习和能力视角探索创业导向与企业绩效关系的作用机制提供了新的思路。因此，本研究具有一定的创新性。

（1）引入即兴能力和吸收能力两种学习模式构建创业导向与企业绩效关系的双路径模型

在创业导向与企业绩效关系的已有研究中，不同学习模式的中介作用得到验证。然而已有研究主要是从探索式学习和利用式学习、实践式学习和获得式学习等划分角度揭示不同的组织学习模式对创业导向与企业绩效关系的影响①②。本文借鉴休斯等③的研究，引入两种过程和作用都截然不同的组织学习模式，即即兴能力和吸收能力，构建了"创业导向→即兴能力→新创企业绩效"与"创业导向→吸收能力→新创企业绩效"两条作用路径，揭示了两种可供选择的学习模式在新创企业通过创业导向战略提升企业绩效过程中的作用以及二者作用效果的差异。这为从组织学习视角研究创业问题和企业绩效问题都提供了一个新的视角。

① Zhao Y, Li Y, Lee S, et al. Entrepreneurial orientation, organizational learning, and performance: evidence from China [J]. Entrepreneurship Theory and Practice, 2011, 35 (2): 293-317.

② 刘景江，陈璐. 创业导向、学习模式与新产品开发绩效关系研究 [J]. 浙江大学学报：人文社会科学版，2011，41（6）：143-156.

③ Hughes P, Hodgkinson I R, Hughes M, et al. Explaining the entrepreneurial orientation-performance relationship in emerging economies: the intermediate roles of absorptive capacity and improvisation [J]. Asia Pacific Journal of Management, 2018, 35: 1025-1053.

（2）探究了环境动态性在创业导向与即兴能力、吸收能力关系间的调节作用

企业生存和发展的环境是动态变化的，动态环境在给企业带来风险和不确定的同时，也创造了大量的商业机会。环境动态性不仅能够有效影响创业导向水平以及创业导向战略的实施①②，还能够调节创业导向与组织学习之间的关系③。即兴能力和吸收能力分别代表了自发的、短期的和有意识的、累积性的两种不同特征的学习模式，创业导向对即兴能力和吸收能力的促进作用得到了已有研究的揭示④，然而鲜有研究进一步探究环境因素对创业导向与即兴能力、创业导向与吸收能力关系的影响。本文引入环境动态性作为权变因素，分别探讨环境动态性在创业导向与即兴能力关系以及创业导向与吸收能力关系中的调节作用，丰富和发展了情境因素对创业导向的影响研究。

（3）揭示了环境动态性在创业导向与新创企业绩效关系中的被中介的调节效应

在现有文献中，环境动态性在创业导向与企业绩效关系中是否具有调节作用并未得到一致的结论⑤⑥。本文以新创企业为研究对象，探索了环境动态性在创业导向与企业绩效关系间的调节效应，为已有研究的相关结论提供了验证。此外，结合已经提出的环境动态性调节创业导向与即兴能力、吸收能力的关系，即兴能力和吸收能力中介创业导向与企业绩效的关系等假设，本研究进一步提出了环境动态性的被中介的调节效应，即环境动态性与创业

---

① Ruiz-Ortega M J, Parra-Requena G, Rodrigo-Alarcon J, et al. Environmental dynamism and entrepreneurial orientation: the moderating role of firm's capabilities [J]. Journal of Organizational Change Management, 2013, 26（3）: 475－493.

② 刘宇璟，黄良志，林裘绪. 环境动态性、创业导向与企业绩效——管理关系的调节效应 [J]. 研究与发展管理, 2019, 31（5）: 89-102.

③ 林筠，孙晔，刘伟. 基于资源观的创业导向与联盟中组织学习绩效关系研究 [J]. 科技管理研究, 2009, 29（3）: 219-221.

④ 白景坤，王健. 创业导向能克服组织惰性吗? [J]. 科学学研究, 2019, 37（3）: 492-499.

⑤ Lumpkin, G T, Dess G G. Clarifying the entrepreneurial orientation construct and linking it to performance [J]. Academy of Management Review, 1996, 21（1）: 135-172.

⑥ Wiklund J, Shepherd D. Entrepreneurial orientation and small business performance: a configurational approach [J]. Journal of Business Venturing, 2005, 20: 71-91.

导向的交互作用是分别通过即兴能力和吸收能力的中介作用进一步影响新创企业绩效的。被中介的调节效应的揭示，为探索新创企业创业导向影响企业绩效的路径提供了新的思路。

（4）揭示了即兴能力和吸收能力在创业导向与新创企业绩效关系中的被调节的中介效应

虽然已有研究已经证实了不同学习模式之间的交互作用能够对企业创新和企业绩效产生积极的作用①②。但大部分学者关注的是马奇（March）③ 所划分的探索式学习和利用式学习这两种学习模式。伯格（Bergh）和莉姆（Lim）④ 将吸收能力和组织即兴视为两种学习方式，探讨了二者在提升企业绩效中所发挥的不同作用，为后续研究从组织学习视角探讨学习模式对企业绩效的影响提供了新的思路。本文借鉴伯格和莉姆、休斯等⑤的研究视角，揭示吸收能力和即兴能力这两种学习模式的交互作用对新创企业绩效的影响，并进一步讨论由即兴能力和吸收能力互为中介和调节变量所构成的被调节的中介效应，为从组织学习和能力视角探索创业导向与企业绩效关系的作用机制提供了新的方向。

---

① He Z L, Wong P K. Exploration vs. exploitation：an empirical test of the ambidexterity hypothesis ［J］. Organization Science, 2004, 15（4）：481-494.

② 林春培，张振刚. 基于吸收能力的组织学习过程对渐进性创新与突破性创新的影响研究［J］. 科研管理，2017，38（4）：38-45.

③ March J G. Exploration and exploitation in organizational learning ［J］. Organization Science, 1991, 2（1）：71-87.

④ Bergh D D, Lim E N K. Learning how to restructure：absorptive capacity and improvisational views of restructuring actions and performance ［J］. Strategic Management Journal, 2010, 29（6）：593-616.

⑤ Hughes P, Hodgkinson I R, Hughes M, et al. Explaining the entrepreneurial orientation-performance relationship in emerging economies：the intermediate roles of absorptive capacity and improvisation ［J］. Asia Pacific Journal of Management, 2018, 35：1025-1053.

第一章

文献综述

本章主要是对研究所涉及的主要变量的国内外研究进行整合和梳理，包括变量的内涵、维度划分和相关研究三个方面，为后续理论模型的构建和研究假设的提出提供理论支撑。

第一节 创业导向

一、创业导向的内涵

创业导向是创业领域逐渐形成、发展和成熟的一个重要概念。对于创业导向的内涵，学者们分别从企业层面和个人层面给出了不同的解释。米勒[1]概括了创业企业的总体特征，即实现产品市场创新，从事带有一些风险的业务，以及首先采取超前的行动先发制人，由此奠定了创业导向内涵的基本架构。在此基础上，科文和斯莱文[2]将创业导向视为企业在创新、风险承担和前瞻性方面所采取的战略决策模式和观念。科文和斯莱文[3]进一步提出

① Miller D. The correlates of entrepreneurship in three types of firms [J]. Management Science, 1983, 29 (7): 770-791.

② Covin J G, Slevin D P. Strategic management of small firms in hostile and benign environments [J]. Strategic Management Journal, 1989, 10 (1): 75-87.

③ Covin J G, Slevin D P. A conceptual model of entrepreneurship as firm behavior [J]. Entrepreneurship Theory and Practice, 1991, 16 (1): 7-25.

了创业姿态的概念，指出创业姿态包括企业所采取的三种行为倾向，即在不确定的环境中选择风险性的投资决策和战略行为；通过不断进行技术创新以领先竞争对手；采取超前行动在产业中领先竞争对手。兰普金和德丝①明确提出了创业导向的概念，将其定义为促使企业创建和新进入行为等创业活动的战略制定风格和过程。威尔士（Wales）等②将创业导向定义为企业追求发展机遇时在关键活动、战略决策行动以及管理哲学等方面表现出的组织决策态势。除了企业层面的概念，创业导向个人层面的概念也得到了一定的解释。斯通（Stone）和古德（Good）③ 将创业导向定义为主要的创业参与者在新企业创建过程中动态创造性的意愿和行为表现。埃米纳姆（Elenurm）④ 对个人层面创业导向的内涵加以完善，提出创业导向是个体在搜索机会的基础上，通过一系列的决策和实践活动创建和运营新企业的倾向。

目前，创业导向的主流研究还是将创业导向作为企业（组织）层面的概念进行研究⑤，创业导向更多地被解释为企业创业过程中表现出的战略态势、决策风格或模式。鉴于本文的研究对象为新创企业，研究的问题主要基于企业层面，因此本文将选择企业层面的定义对创业导向进行解释。综合以上创业导向的定义，并结合已有研究对创业导向定义的采用情况，本文选择科文和斯莱文⑥对创业导向的定义，即创业导向是企业在创新、风险承担和前瞻性方面所采取的一种战略态势。

---

① Lumpkin, G T, Dess G G. Clarifying the entrepreneurial orientation construct and linking it to performance [J]. Academy of Management Review, 1996, 21 (1): 135-172.

② Wales W J, Parida V, Patel P C. Too much of a good thing? Absorptive capacity, firm performance, and the moderating role of entrepreneurial orientation [J]. Strategic Management Journal, 2013, 34 (5): 622-633.

③ Stone R W, Good D J. Measuring entrepreneurial orientation in an individualized technology context [J]. Journal of Business and Entrepreneurship, 2004, 16 (8): 1-22.

④ Elenurm T. Entrepreneurial orientations of business students and entrepreneurs [J]. Baltic Journal of Management, 2012, 7 (2): 217-231.

⑤ Dess G G, Pinkham B C, Yang H. Entrepreneurial orientation: assessing the construct's validity and addressing some of its implications for research in the areas of family business and organizational learning [J]. Entrepreneurship Theory and Practice, 2011, 35 (5): 1077-1090.

⑥ Covin J G, Slevin D P. Strategic management of small firms in hostile and benign environments [J]. Strategic Management Journal, 1989, 10 (1): 75-87.

二、创业导向的维度

就企业层面来说，创业导向的维度划分同样经历了一个演化的过程，并形成了两种不同的划分方法。其中，米勒①将创业导向划分为创新性、风险承担性和前瞻性三个维度。科文和斯莱文对这三个维度的概念进行了细化。由此，创业导向包含创新性、风险承担性和前瞻性三个维度的划分方法得到确立。在三维度划分的基础上，兰普金和德丝②进一步增加了自主性和积极竞争性两个维度，将创业导向框架扩展至五维度。其中，自主性是指个人或团队在提出一个想法或愿景并努力实施的过程中所采取的独立行动，代表了自主追求机会的能力和意愿；积极竞争性是指企业为了进入市场或提高地位而直接、强烈地挑战竞争对手的倾向，即在市场上超越行业竞争对手。然而，对于创业导向的自主性和积极竞争性维度的合理性也有研究提出了不同的观点。一些研究认为自主性维度是一种影响组织氛围的创业精神，是增强创业活动中的环境变量，对创业导向理论的影响并不明显③；积极竞争性维度与前瞻性维度在概念上存在一定的重叠，积极竞争性更像是前瞻性的重要组成部分，因此，不能将积极竞争性作为创业导向的一个独立维度。基于以上分析，并结合创业导向已有研究所普遍采用的维度划分方法，本研究将采用米勒所提出的维度划分方法，将创业导向划分为创新性、风险承担性和前瞻性三个维度。

---

① Miller D. The correlates of entrepreneurship in three types of firms [J]. Management Science, 1983, 29 (7): 770-791.

② Lumpkin, G T, Dess G G. Clarifying the entrepreneurial orientation construct and linking it to performance [J]. Academy of Management Review, 1996, 21 (1): 135-172.

③ Morris M H, Coombes S, Schindehutte M, et al. Antecedents and outcomes of entrepreneurial and market orientations in a non-profit context: theoretical and empirical insights [J]. Journal of Leadership & Organizational Studies, 2007, 13 (4): 12-39.

（一）创新性

熊彼特通过"创造性破坏"理论的提出，阐述了创新在创业过程中所扮演的重要角色①，创新性由此成为描述创业特征的重要因素。创新性描述的是企业尝试新想法以激发新产品、新服务或技术进步产生过程的意愿和倾向②，反映了企业对新概念、新实验以及整个创造过程参与和支持的程度③。对于创新的分类，兰普金和德丝将创新分为产品市场创新和技术创新两类。其中，产品市场创新关注的是产品设计、市场研究以及广告和营销等④；技术创新则更加重视对产品和工艺的研究与开发，以及技术专长和行业知识的积累和应用⑤。在此基础上，德丝和兰普金⑥又增加了管理创新这一创新类型，指出管理创新是管理制度、控制技术和组织结构方面的创新。尽管已有研究在创新类型的划分方面存在一定的分歧，但都将创新视为企业探索和开发新机会的重要手段。因此，创新被认为是创业导向的重要组成部分。

（二）风险承担性

风险的概念最早开始于财务研究领域，代指出现损失或负向产出的概率或可能性。在创业领域，风险承担性的概念经常被用来描述创业的特质。米勒和弗里森（Friesen）⑦认为风险承担性是经理人对风险投资投入大量资源

① Schumpeter J A. The theory of economic development ［M］. Cambridge, MA: Harvard University Press, 1934

② Lumpkin, G T, Dess G G. Clarifying the entrepreneurial orientation construct and linking it to performance ［J］. Academy of Management Review, 1996, 21 (1): 135-172.

③ Rauch A, Wiklund J. Lumpkin G T, et al. Entrepreneurial orientation and business performance: an assessment of past research and suggestions for the future ［J］. Entrepreneurship Theory and Practice, 2009, 33 (3): 761-787.

④ Scherer F M. Industrial market structure and economic performance (2nd ed.) ［M］. Boston: Houghton-Mifflin, 1980.

⑤ Cooper A C. The founding of technologically-based firms ［M］. Milwaukee, WI: The Center for Venture Management, 1971.

⑥ Dess G G, Lumpkin G T. The role of entrepreneurial orientation in stimulating effective corporate entrepreneurship ［J］. Academy of Management Executive, 2005, 19 (1): 147-156.

⑦ Miller D, Friesen P H. Archetypes of strategy formulation ［J］. Management Science, 1978, 24 (9): 921-933.

的意愿程度；米勒①进一步指出风险承担性是管理者为实现企业目标而采取高风险计划或冒险行动的倾向；兰普金和德丝②则将风险承担性定义为在不确定的环境下，企业大胆进入未知领域或是将大量资源投入目标业务活动中的倾向。因此，风险承担性是企业在创业过程中对于具有较高不确定性的市场机会冒险投入资源进行开发的意愿。对于风险的种类，已有研究根据不同的应用情境进行了划分。其中，贝尔德（Baird）和托马斯（Thomas）③ 将战略情境下的风险划分为投资未知领域的风险、投资相当大比例资产的风险以及大量借贷的风险三类；卡斯鲁德（Carsrud）等④指出创业情境中的风险包括市场风险、社会风险、金融风险、心理风险等方面。

（三）前瞻性

前瞻性对创业过程产生重要影响⑤。已有研究发现，先行者往往能够形成一定的先发优势，通过利用市场的不对称性，先于竞争对手建立品牌知名度，从而获得高额利润，通过前瞻性实现超前行动也因此被认为是利用市场机会的最佳战略⑥。因此，以预测和追求新机会并超前进入新市场为主要内容的前瞻性成为创业的重要特征。对于前瞻性的定义，科文和斯莱文⑦将前瞻性定义为先于竞争对手引入新产品或新服务，能够预测未来的市场需求并

① Miller D. The correlates of entrepreneurship in three types of firms [J]. Management Science, 1983, 29 (7): 770-791.

② Lumpkin G, Dess G. Linking two dimensions of entrepreneurial orientation to firm performance: the moderating role of environment and industry life cycle [J]. Journal of Business Venturing, 2001, 16 (5): 429-441.

③ Baird I S, Thomas H. Toward a contingency model of strategic risk-taking [J]. Academy of Management Review, 1985, 10: 230-243.

④ Carsrud A L, Olm K W, Thomas J B, et al. Predicting entrepreneurial success: effects of multi-dimensional achievement motivation, levels of ownership, and cooperative relationships [J]. Entrepreneurship and Regional Development, 1989, 1 (3): 237-244.

⑤ Lumpkin, G T, Dess G G. Clarifying the entrepreneurial orientation construct and linking it to performance [J]. Academy of Management Review, 1996, 21 (1): 135-172.

⑥ Lieberman M B, Montgomery D B. First-mover advantages [J]. Strategic Management Journal, 1988, 9 (1): 41-58.

⑦ Covin J G, Slevin D P. A conceptual model of entrepreneurship as firm behavior [J]. Entrepreneurship Theory and Practice, 1991, 16 (1): 7-25.

采取超前行动的程度；兰普金和德丝认为前瞻性是企业采取战略行动的主动性和积极性，反映了企业在机会探索中的前瞻性视角和行动。企业的前瞻性可以表现在多个方面，既可以体现在已有业务领域的超前行动上，也可以表现在跨越已有领域、寻求新机会的过程中对于新市场开拓、新产品开发的积极性和主动性，同时还表现在企业对处于成熟或衰退期的市场产品或服务采取策略性的退出的行动中。因此，前瞻性是指企业对积极寻求新机会、领先竞争对手以及预期未来顾客需求的主动性倾向。

三、创业导向的测量

在创业导向维度划分的基础上，创业导向的测量量表也得到了逐步的发展和完善。其中，坎德瓦尔（Khandwalla）[1] 是最早对创业导向量表进行开发的学者，在他的量表中，创业导向被划分成了创新性和先动性两个维度，同时验证了它们的信度和效度，这套量表的开发为后续研究奠定了重要基础。紧接着，一些学者开始在坎德瓦尔量表的基础上开发创业导向的三维度量表。米勒和弗里森[2]根据米勒[3]对于创业导向的维度划分从创新性、风险承担性和前瞻性三个维度对创业导向进行测量，通过对坎德瓦尔量表的整合和修订，形成了 8 题项量表。金斯伯格（Ginsberg）和文卡特拉曼（Venkatraman）[4] 对前面几位学者的量表做出进一步修订并有所舍弃，最终得到了 5 题项量表。科文和斯莱文[5]也采纳了米勒[6]的创业导向三维度划分方法，并在金斯伯格和文卡特拉曼量表的基础上有所补充和完善，最终

---

① Khandwalla P N. Design of organizations [M]. New York: Harcourt Brace Jovanovich, 1977.

② Miller D, Friesen P H. A longitudinal study of the corporate life cycle [J]. Management Science, 1984, 30 (10): 1161-1183.

③ Miller D. The correlates of entrepreneurship in three types of firms [J]. Management Science, 1983, 29 (7): 770-791.

④ Ginsberg A, Venkatraman N. Contingency perspectives of organizational strategy: a critical review of the empirical research [J]. Academy of Management Review, 1985, 10 (3): 421-434.

⑤ Covin J G, Slevin D P. Strategic management of small firms in hostile and benign environments [J]. Strategic Management Journal, 1989, 10 (1): 75-87.

⑥ Miller D. The correlates of entrepreneurship in three types of firms [J]. Management Science, 1983, 29 (7): 770-791.

形成了创业导向的 9 题项量表，从而更加全面地解释了创业导向的内涵。此外，休斯和摩根（Morgan）[1] 在兰普金和德丝[2]对于创业导向维度划分的基础上，结合科文和斯莱文的量表，开发并验证了包括创新性、前瞻性、风险承担性、自主性和积极竞争性在内的五维度量表，共包含 18 个题项，其中，创新性、前瞻性、风险承担性和积极竞争性各为 3 个测量题项，自主性则包括 6 个测量题项。

由以上分析可知，创业导向测量量表的开发是随着其维度划分的发展而不断完善的。前人的研究对创业导向的测量从二维度到三维度，再到五维度，创业导向的内涵也变得更加丰富。而从目前创业导向的实证研究中对量表的使用情况来看，科文和斯莱文所开发的 9 题项量表是迄今为止最为成熟、应用最为广泛的量表，得到了多数研究的认可和检验。因此，本研究在创业导向的测量上选择科文和斯莱文的量表。

四、创业导向的相关研究

创业导向的已有研究主要包括前因变量研究和结果变量研究。前因变量主要是指创业导向的影响因素，这些因素对创业导向的形成和发展有着重要影响。结果变量主要包括创业导向对企业绩效的作用，以及创业导向影响企业绩效过程的中介变量和调节变量。

（一）创业导向的前因变量研究

对创业导向前因变量的相关文献进行梳理发现，创业导向的影响因素主要包括环境因素和组织因素两大类。其中，环境因素是企业的外部因素，组织因素是企业的内部因素。

影响创业导向的环境因素不仅表现为由制度和文化等构成的宏观环境，还包括以行业环境为主要特征的环境动态性、环境复杂性和环境敌对性等。

① Hughes M, Morgan R E. Deconstructing the relationship between entrepreneurial orientation and business performance at the embryonic stage of firm growth [J]. Industrial Marketing Management, 2007, 36 (5): 651-661.

② Lumpkin, G T, Dess G G. Clarifying the entrepreneurial orientation construct and linking it to performance [J]. Academy of Management Review, 1996, 21 (1): 135-172.

在宏观环境方面，莫里斯（Morris）等①通过研究发现，创业导向会受到一个国家文化的影响，高个人主义和高集体主义的国家文化都不利于企业提升自身的创业导向。李（Lee）和彼得森（Peterson）② 从文化的视角建立了创业导向影响因素模型，在此基础上检验了社会文化基础对产生创业导向的影响。在环境特性方面，罗森巴赫（Rosenbusch）等③通过实证分析揭示了环境的不同特性对创业导向的影响，结果表明环境复杂性、环境动态性和环境丰富性均能显著提升创业导向，而环境敌对性对创业导向的影响并不显著。朱秀梅和肖雪④检验了中国转型经济特征对创业导向的影响，结果发现无论是环境的复杂性、动态性还是环境敌对性都能够正向影响创业导向。刘宇璟等⑤同样验证了环境动态性特征与创业导向间的正向相关关系。

影响创业导向的组织因素包括高管特征、组织结构、组织文化、内部知识共享、管理者关系等。萨拉（Zahra）⑥ 以高层管理者为研究对象探索高管特征对创业导向的影响，结果发现高管的股权身份能够对创业导向的形成具有积极作用。安东纳奇（Antoncic）和海斯里奇（Hisrich）⑦ 的研究揭示了企业组织结构与创业导向的关系，研究发现具有信息沟通开放性和团队构成

---

① Morris M H, Davis D L, Allen J W. Fostering corporate entrepreneurship: cross-cultural comparisons of the importance of individualism versus collectivism [J]. Journal of International Business Studies, 1994, 25 (1): 65-89.

② Lee S M, Peterson S J. Culture, entrepreneurial orientation, and global competitiveness [J]. Journal of World Business, 2000, 35 (4): 401-416.

③ Rosenbusch N, Rauch A, Bausch A. The mediating role of entrepreneurial orientation in the task environment - performance relationship: a meta - analysis [J]. Journal of Management, 2013, 39 (3): 633-659.

④ 朱秀梅，肖雪. 转型经济环境特征与企业创业导向探讨 [J]. 统计与决策, 2016 (23): 185-188.

⑤ 刘宇璟，黄良志，林裘绪. 环境动态性、创业导向与企业绩效——管理关系的调节效应 [J]. 研究与发展管理, 2019, 31 (5): 89-102.

⑥ Zahra S A. Goverance, ownership, and corporate entrepreneurship: the moderating impact of industry technological opportunities [J]. Academy of Management Journal, 1996, 35 (4): 401-416.

⑦ Antoncic B, Hisrich R D. Clarifying the intrapreneurship concept [J]. Journal of Small Business & Enterprise Development, 2003, 10 (1): 7-24.

多样性特征的有机组织结构对于创业导向的形成发挥着积极的作用。李丹①以我国企业为研究样本，验证组织文化对创业导向的作用，结果发现善于学习、鼓励学习的组织文化更能有效提升创业导向。德克勒克（De Clercq）等②在探索创业导向的形成过程时发现，维持较高的内部知识共享水平有助于增强企业的创业导向。赵蓓和马丽③从管理者关系的角度揭示了管理者不同的关系对创业导向各个维度的影响，结果发现商业关系对创业导向三维度均表现出积极的促进作用，而政治关系仅能积极影响前瞻性维度，对创新性和风险承担性两个维度的作用并不显著。

（二）创业导向的结果变量研究

创业导向结果变量研究中最为核心的内容是创业导向与绩效的关系问题。已有研究从企业不同类型的绩效、不同类型企业的绩效等方面揭示了创业导向对绩效的作用。在企业不同类型的绩效研究中，创业导向对企业绩效④、创新绩效⑤、新产品开发绩效⑥、企业成长绩效⑦的影响得到验证，结果表明，创业导向对企业各种绩效的提升均具有显著的正向影响。在不同类型企业的绩效研究方面，学者们揭示了创业导向对新创企业绩效⑧、家族企

---

① 李丹. 我国企业组织学习对创业导向的影响研究——基于对 201 家企业的调查分析 [J]. 经济体制改革，2007（6）：76-79.

② De Clercq D, Dimov D, Thongpapanl N. Organizational social capital, formalization, and internal knowledge sharing in entrepreneurial orientation formation [J]. Entrepreneurship Theory and Practice, 2013, 37（3）：505-537.

③ 赵蓓，马丽. 管理者关系对企业绩效的影响研究——创业导向的中介作用 [J]. 东南学术，2018（5）：158-166.

④ Wiklund J. The sustainability of the entrepreneurial orientation – performance relationship [J]. Entrepreneurship Theory and Practice, 1999, 24（1）：37-48.

⑤ 蔡俊亚，党兴华. 创业导向与创新绩效：高管团队特征和市场动态性的影响 [J]. 管理科学，2015, 28（5）：42-53.

⑥ Frishammar J, Åke Hörte S. The role of market orientation and entrepreneurial orientation for new product development performance in manufacturing firms [J]. Technology Analysis & Strategic Management, 2007, 19（6）：765-788.

⑦ 王国红，秦兰，邢蕊，周建林. 新企业创业导向转化为成长绩效的内在机理研究——以创业拼凑为中间变量的案例研究 [J]. 中国软科学，2018（5）：135-146.

⑧ 尹苗苗，毕新华，王亚茹. 新企业创业导向、机会导向对绩效的影响研究——基于中国情境的实证分析 [J]. 管理科学学报，2015, 18（11）：47-58.

业绩效①、大学衍生企业绩效②、社会企业绩效③的影响，进一步验证了创业导向对企业绩效作用的普适性。此外，虽然大多数研究都证明了创业导向对企业绩效的积极作用，仍有部分研究得出了不同的结论。一些学者的研究表明创业导向对企业绩效的影响并不显著④；一些学者则发现创业导向与企业绩效的关系呈现出负向相关的结果⑤；还有一些学者指出创业导向与企业绩效之间存在如倒 U 型关系的非线性关系⑥。

对于已有文献在创业导向与企业绩效关系研究中的结论不一致的状况，一些学者给出了解释。李等⑦认为创业导向对企业绩效的影响可能存在一定时间上的延迟。莫雷诺（Moreno）和卡西利亚斯（Casillas)⑧ 则指出创业导向对企业绩效的影响往往不是直接作用的，而是通过一定的路径间接对绩效产生作用。还有些研究表明创业导向与企业绩效的关系受到一些情境因素的影响⑨。因此，很多研究开始探索创业导向转化为企业绩效的中介和调节作用机制。

---

① Naldi L, Nordqvist M, Karin Sjöberg, et al. Entrepreneurial orientation, risk taking, and performance in family firms [J]. Family Business Review, 2010, 20 (1)：33-47.

② 卞庆珍，任浩，叶江峰. 大学衍生性资源对衍生企业的创业导向和创业绩效的影响——基于中国卓越联盟大学衍生企业的样本调研 [J]. 科学学与科学技术管理，2018, 39 (11)：113-129.

③ 张秀娥，张坤. 创业导向对新创社会企业绩效的影响——资源拼凑的中介作用与规制的调节作用 [J]. 科技进步与对策，2018, 35 (9)：91-99.

④ Morris M, Sexton D. The concept of entrepreneurial intensity：implications for company performance [J]. Journal of Business Venturing, 1996, 36 (1)：5-13.

⑤ Dimitratos P, Lioukas S, Carter S. The relationship between entrepreneurship and international performance：the importance of domestic environment [J]. International Business Review, 2004, 13 (1)：19-41.

⑥ Tang J, Tang Z, Marino L D, et al. Exploring an inverted U-shape relationship between entrepreneurial orientation and performance in Chinese ventures [J]. Entrepreneurship Theory and Practice, 2008, 32 (1)：219-239.

⑦ Lee C, Lee K, Pennings J M. Internal capabilities, external networks, and performance：a study on technology-based ventures [J]. Strategic Management Journal, 2001, 22 (6-7)：615-640.

⑧ Moreno A M, Casillas J. Entrepreneurial orientation and growth of SMEs：a causal model [J]. Entrepreneurship Theory and Practice, 2008, 32 (3)：507-528.

⑨ 张骁，胡丽娜. 创业导向对企业绩效影响关系的边界条件研究——基于元分析技术的探索 [J]. 管理世界，2013 (6)：99-110+188.

　　在创业导向与企业绩效关系的中介效应研究中，资源和能力因素被认为在创业导向影响企业绩效的过程中扮演着重要角色①。资源因素方面，关系利用②、资源拼凑③、知识创造④、组织学习⑤等与资源获取相关的组织行为在创业导向与企业绩效关系间的中介作用得到验证。能力因素方面，已有研究发现，创业导向能够通过积极影响企业的动态能力⑥、机会能力⑦、吸收能力⑧、营销能力⑨、网络能力⑩等各种组织能力，进一步影响企业绩效。此外，学习导向⑪、市场导向⑫、合法性⑬等变量在创业导向与企业绩效关系间

① 朱秀梅，孔祥茜，鲍明旭．国外创业导向研究脉络梳理与未来展望［J］．外国经济与管理，2013，35（8）：2-13，26.

② 安舜禹，蔡莉，单标安．新企业创业导向、关系利用及绩效关系研究［J］．科研管理，2014，35（3）：66-74.

③ 祝振铎．创业导向、创业拼凑与新企业绩效：一个调节效应模型的实证研究［J］．管理评论，2015，27（11）：57-65.

④ Li Y H, Huang J W, Tsai M T. Entrepreneurial orientation and firm performance：the role of knowledge creation process［J］. Industrial Marketing Management, 2009, 38（4）：440-449.

⑤ Zhao Y, Li Y, Lee S, et al. Entrepreneurial orientation, organizational learning, and performance：evidence from China［J］. Entrepreneurship Theory and Practice, 2011, 35（2）：293-317.

⑥ 胡望斌，张玉利，杨俊．基于能力视角的新企业创业导向与绩效转化问题探讨［J］．外国经济与管理，2010，32（2）：1-8.

⑦ 董保宝，葛宝山．新企业风险承担与绩效倒U型关系及机会能力的中介作用研究［J］．南开管理评论，2014，17（4）：56-65.

⑧ 林筠，孙晔，何婕．吸收能力作用下创业导向与企业成长绩效关系研究［J］．软科学，2009，23（7）：135-140.

⑨ Jin B, Jung S, Jeong S W. Dimensional effects of Korean SME's entrepreneurial orientation on internationalization and performance：the mediating role of marketing capability［J］. International Entrepreneurship and Management Journal, 2018, 14（1）：195-215.

⑩ Karami M, Tang J. Entrepreneurial orientation and SME international performance：the mediating role of networking capability and experiential learning［J］. International Small Business Journal, 2019, 37（2）：105-124.

⑪ 姚梅芳，栾福明，曹琦．创业导向与新企业绩效：一个双重中介及调节性效应模型［J］．南方经济，2018（11）：83-102.

⑫ Migliori S, Pittino D, Consorti A, et al. The relationship between entrepreneurial orientation, market orientation and performance in university spin-offs［J］. International Entrepreneurship and Management Journal, 2019, 15（3）：793-814.

⑬ 李雪灵，马文杰，刘钊，董保宝．合法性视角下的创业导向与企业成长：基于中国新企业的实证检验［J］．中国工业经济，2011（8）：99-108.

的中介作用也得到了一些学者的关注和检验。

在创业导向与企业绩效关系的调节效应研究中，环境因素、组织能力因素、资源因素以及组织特征因素等都是较为常见的调节变量。环境因素方面，环境特性（包括环境变化的动态性、复杂性、敌对性）在创业导向与企业绩效关系间的调节作用得到了很多研究的证实①。也有研究进一步揭示环境特性对创业导向的各个维度与企业绩效间的调节作用，结果发现创业导向不同维度与企业绩效关系所受环境特性的调节作用并不相同②。还有研究表明环境因素特别是环境动态性在创业导向与企业绩效关系间的调节作用并不显著③。在组织能力因素方面，动态能力④、吸收能力⑤等组织能力对创业导向与企业绩效关系的调节作用得到验证。资源因素方面，一些学者发现企业所具有的社会资本⑥、闲散资源⑦等资源要素在创业导向与企业绩效的关系中发挥着积极的调节作用。组织特征方面，科文和斯莱文⑧、克莱尔

① Lumpkin，G T，Dess G G. Clarifying the entrepreneurial orientation construct and linking it to performance［J］. Academy of Management Review，1996，21（1）：135-172.

② 胡望斌，张玉利. 新企业创业导向转化为绩效的新企业能力：理论模型与中国实证研究［J］. 南开管理评论，2011（1）：85-97.

③ Wiklund J，Shepherd D. Entrepreneurial orientation and small business performance：a configurational approach［J］. Journal of Business Venturing，2005，20：71-91.

④ Walter A，Auer M，Ritter T. The impact of network capabilities and entrepreneurial orientation on university spin-off performance［J］. Journal of Business Venturing，2006，21（4）：541-567.

⑤ Engelen A，Kube H，Schmidt S，et al. Entrepreneurial orientation in turbulent environments：the moderating role of absorptive capacity［J］. Research Policy，2014，43（8）：1353-1369.

⑥ Stam W，Elfring T. Entrepreneurial orientation and new venture performance：the moderating role of intra-and extra-industry social capital［J］. Academy of Management Journal，2008，51（1）：97-111.

⑦ Kohtamäki M，Heimonen J，Parida V. The nonlinear relationship between entrepreneurial orientation and sales growth：the moderating effects of slack resources and absorptive capacity［J］. Journal of Business Research，2019，100：100-110.

⑧ Covin J G，Slevin D P. The influence of organization structure on the utility of an entrepreneurial top management style［J］. Journal of Management Studies，2010，25（3）：217-234.

（Clercq）等①分别检验并确定了组织结构和组织文化等变量在调节创业导向与企业绩效关系中的作用。此外，行业生命周期②、战略决策③、高管特征④等因素都是已有研究在探索创业导向与企业绩效关系时所选择的调节变量。

综上所述，已有研究对创业导向的影响因素、创业导向对绩效的作用关系以及这一关系的中介和调节作用机制等内容进行了广泛和深入的探索，为创业导向研究的发展奠定了基础。从资源和能力视角探索由创业导向向企业绩效转化的实现路径为本研究中介模型的构建和中介效应的检验提供了可行的方案。环境这一情境因素对于创业导向影响企业绩效的探索又为本研究从环境视角揭示环境动态性在理论模型中的调节效应提供了借鉴。

第二节　即兴能力

一、即兴能力的内涵

对于即兴能力的解释，学术界还没有形成统一的定义，已有研究多是在组织即兴内涵的基础上，概括和总结即兴能力的概念⑤。"即兴"一词的概

① Clercq D D, Dimov D, Thongpapanl N T. The moderating impact of internal social exchange processes on the entrepreneurial orientation - performance relationship ［J］. Journal of Business Venturing, 2010, 25 (1): 87-103.

② Covin J G, Covin T J. Competitive aggressiveness, environmental context, and small firm performance ［J］. Entrepreneurship Theory and Practice, 1990, 14 (4): 35-50.

③ Covin J G, Green K M, Slevin D P. Strategic process effects on the entrepreneurial orientation-sales growth rate relationship ［J］. Entrepreneurship Theory and Practice, 2006, 30 (1): 57-81.

④ Richard O C, Wu P, Chadwick K. The impact of entrepreneurial orientation on firm performance: the role of CEO position tenure and industry tenure ［J］. International Journal of Human Resource Management, 2009, 20 (5): 1078-1095.

⑤ 韵江, 王文敬. 组织记忆、即兴能力与战略变革 ［J］. 南开管理评论, 2015, 18 (4): 36-46+105.

念最早源于爵士乐和其他音乐的即兴演奏，表示临场发挥、即时表演①。之后，即兴的概念及其研究拓展至剧场、临床、班级教育等多个领域②。韦克（Weick）③ 最早将即兴的概念引入管理学领域，并对组织即兴做出解释，指出组织即兴是区别于传统或习惯性组织行为的实时的适应性行为，是一种具有新颖性和原创性特征的即时策略。穆尔曼（Moorman）和迈纳（Miner）④ 认为组织即兴是创作与执行两种行动在时间点上的高度集中。库尼亚（Cunha）等人⑤引入资源的视角将组织即兴定义为组织或其成员利用可获得的物质、认知、情感和社会资源逐步展开行动。维拉（Vera）和克罗森（Crossan）⑥ 认为即兴是组织运用新的方法来达到既定目标的自发性和创造性的过程。从以上对于组织即兴的定义不难发现，组织即兴具有立即反应、意图创造和资源依赖等特征。而库尼亚等基于对组织即兴特征的总结和理解，认为应从能力视角解释组织即兴的观点，将即兴视为基于过去实践的、有意图地重构现有运作能力的快速创造新事物的能力，并建议用"即兴能力"这一表述方式对组织即兴进行操作化研究。基于此，国内外学者开始从能力视角对组织即兴进行界定，进而提出即兴能力的定义。维拉等⑦将即兴能力界定为团队以一种新颖的方式自发地应对问题或机会的能力。韵江和王文敬⑧将即兴能力的

① Vera D, Crossan M. Theatrical improvisation：lessons for organizations［J］. Organization Studies，2004，25（5）：727-749.

② 张小林，裘颖. 即兴能力理论研究综述［J］. 科技进步与对策，2010，27（23）：156-160.

③ Weick K E. Improvisation as a mindset for organizational analysis［J］. Organization Science，1998，9（5）：543-555.

④ Moorman C，Miner A S. The convergence of planning and execution：improvisation in new product development［J］. Journal of Marketing，1998，62（3）：1-20.

⑤ Cunha M P E，Cunha J V D，Kamoche K. Organizational improvisation：what，when，how and why［J］. International Journal of Management Reviews，1999，1（3）：299-341.

⑥ Vera D，Crossan M. Improvisation and innovative performance in teams［J］. Organization Science，2005，16（3）：203-224.

⑦ Vera D，Nemanich L A，Velezcastrillon S，et al. Knowledge-based and contextual factors associated with R&D teams' improvisation capability［J］. Journal of Management，2016，42（7）：1874-1903.

⑧ 韵江，王文敬. 组织记忆、即兴能力与战略变革［J］. 南开管理评论，2015，18（4）：36-46+105.

概念归纳为组织利用自身所能得到的一切资源，有目的地融合创作与执行过程以实现创新的能力。马鸿佳等①将即兴能力定义为企业在动态环境和时间压力下，利用现有可得资源，以创新和自发的方式实现管理目标的能力。塞奇（Secchi）等②将即兴能力定义为通过使用可获得的资源对不可预见的事件做出及时的反应。由上述即兴能力的定义可知，即兴能力的概念都体现出创造性和自发性的特征，考虑到即兴能力发挥作用的环境和资源依赖特征，本文采用马鸿佳等对即兴能力的定义。

二、即兴能力的维度

目前，已有研究对于即兴能力的维度形成了多种划分方法。其中，阿克贡（Akgün）和林恩（Lynn）③将即兴能力划分为创新、速度和内外部连贯性三个维度。维拉和克罗森④将即兴能力划分为创造性和自发性两个维度；赫米列斯基（Hmieleski）和科贝特（Corbett）⑤在维拉的基础上将即兴能力划分为创造性与资源拼凑、自发性与持久性、压力环境下的执行能力三个维度；利伯恩（Leybourne）⑥将即兴能力分为创造力、利用有限资源以及直觉三个维度。韵江和王文敬⑦在总结已有研究所归纳的即兴活动特征的基础上将即兴能力划分为立即反应、意图创造和利用现有资源三个维度。从国内外

---

① 马鸿佳，宋春华，葛宝山. 动态能力、即兴能力与竞争优势关系研究［J］. 外国经济与管理，2015，37（11）：25-37.

② Secchi E，Roth A V，Verma R，et al. The impact of service improvisation competence on customer satisfaction：evidence from the hospitality industry［J］. Production and Operations Management，2019，28（6）：1329-1346.

③ Akgün A E，Lynn G S. New product development team improvisation and speed-to-market：an extended model［J］. European Journal of Innovation Management，2002，5（3）：117-129.

④ Vera D，Crossan M. Improvisation and innovative performance in teams［J］. Organization Science，2005，16（3）：203-224.

⑤ Hmieleski K M，Corbett A C. Proclivity for improvisation as a predictor of entrepreneurial intentions［J］. Journal of Small Business Management，2006，44（1）：45-63.

⑥ Leybourne S A. Improvisation within management：oxymoron，paradox，or legitimate way of achieving？［J］. International Journal of Management Concepts and Philosophy，2007，2（3）：224-239.

⑦ 韵江，王文敬. 组织记忆、即兴能力与战略变革［J］. 南开管理评论，2015，18（4）：36-46+105.

即兴能力研究文献所使用的维度划分方法来看，主要可以分为两类，一类是参考维拉和克罗森的划分方法，将即兴能力划分为创造性和自发性两个维度①②；另一类则是在整合维拉、克罗森和赫米列斯基、科贝特两种划分方法的基础上，将即兴能力划分为创新性、自发性和利用现有资源（资源拼凑）三个维度③④。而一些研究将创造性与资源拼凑放在同一维度，认为现有资源是创造性发挥的前提和基础⑤。此外，也有研究认为利用现有资源是自发性和创造性的重要内涵，将利用现有资源的内容纳入创造性和自发性的测量中。基于以上分析，本文借鉴维拉和克罗森的维度划分方法，从创造性和自发性两个方面测量即兴能力。

（一）创造性

创造性（creative），即意图创造（making do）维度，是指在复杂、模糊和不确定的情况或事件中尝试调整自己、有意识地进行新颖性创造的特质。已有研究表明，即兴并不是对现有惯例进行简单的整合或意外的创造，而是有意识地进行新颖性的设计或创作⑥。创造性维度包含了对即兴行为中新颖性和有用性的探索，但也承认创造性过程并非总是能够产生创造性的结果⑦。

---

① 马鸿佳，宋春华，葛宝山. 动态能力、即兴能力与竞争优势关系研究［J］. 外国经济与管理，2015，37（11）：25-37.

② Hughes P, Hodgkinson I R, Hughes M, et al. Explaining the entrepreneurial orientation-performance relationship in emerging economies：the intermediate roles of absorptive capacity and improvisation［J］. Asia Pacific Journal of Management，2018，35：1025-1053.

③ Secchi E, Roth A V, Verma R, et al. The impact of service improvisation competence on customer satisfaction：evidence from the hospitality industry［J］. Production and Operations Management，2019，28（6）：1329-1346.

④ 阮国祥，毛荐其，马立强. 员工即兴行为对个体创新绩效作用机制的跨层次研究——基于新能源创业企业的实证［J］. 中国软科学，2015（1）：108-117.

⑤ Hmieleski K M, Corbett A C. The contrasting interaction effects of improvisational behavior with entrepreneurial self-efficacy on new venture performance and entrepreneur work satisfaction［J］. Journal of Business Venturing，2008，23（4）：482-496.

⑥ Miner A S, Bassof P, Moorman C, et al. Organizational improvisation and learning：a field study［J］. Administrative Science Quarterly，2001，46（2）：304-337.

⑦ Drazin R, Glynn M A, Kazanjian R K, et al. Multilevel theorizing about creativity in organizations：a sensemaking perspective［J］. Academy of Management Review，1999，24（2）：286-307.

（二）自发性

自发性（spontaneous），又称立即反应（letting go）维度，是指能够对突发状况进行果断的、自发式的反应的特质①。自发性维度整合了即兴建构的时间导向，体现的是个体对某一时刻的刺激所作的反应，强调了创作与执行的同步发生，以及即兴活动的在线执行②。

三、即兴能力的测量

在即兴能力不同维度划分方式的基础上，已有研究对即兴能力的测量也形成了多种不同的方式。根据量表维度的多少将其概括为单维度量表、两维度量表和三维度量表。

单维度量表方面，穆尔曼和迈纳通过单一维度对即兴能力进行测量，他们从组织计划执行的角度来衡量组织即兴能力发挥的程度，因此形成了即兴能力的 3 题项量表，为后续即兴能力量表的开发和相关研究奠定基础。在穆尔曼和迈纳单维度量表的基础上，维拉和克罗森开发了即兴能力的二维度量表，从自发性和创造性两个维度对即兴能力进行测量，形成了 7 题项量表，其中自发性的测量题项有 3 个，创造性的测量题项有 4 个。国内学者马鸿佳等③采纳了维拉和克罗森对于即兴能力的维度划分方法和测量量表，并整合了帕夫洛（Pavlou）和萨维（Sawy)④ 等学者的相关研究，在创造性和自发性维度中增加了资源获取和利用的内容，形成了一套包括 10 个题项的即兴能力量表，其中自发性包括 4 个测量题项，创造性包括 6 个测量题项。叶竹馨和买忆媛⑤从双元性视角将即兴行为划分为探索式即兴和开发式即兴两个

---

① Vera D, Crossan M. Improvisation and innovative performance in teams [J]. Organization Science, 2005, 16 (3)：203-224.

② Moorman C, Miner A S. Organizational improvisation and organizational memory [J]. Academy of Management Review, 1998, 23 (4)：698-723.

③ 马鸿佳，宋春华，葛宝山. 动态能力、即兴能力与竞争优势关系研究 [J]. 外国经济与管理，2015, 37 (11)：25-37.

④ Pavlou P A, El Sawy O A. The "third hand"：IT-enabled competitive advantage in turbulence through improvisational capabilities [J]. Information Systems Research, 2010, 21 (3)：443-471.

⑤ 叶竹馨，买忆媛. 探索式即兴与开发式即兴：双元性视角的创业企业即兴行为研究 [J]. 南开管理评论，2018, 21 (4)：17-27.

维度，通过借鉴和整合维拉和克罗森、赫米列斯基和科贝特①等人的量表开发了即兴行为的10题项量表，其中探索式即兴和开发式即兴的测量题项各包含5个。三维度量表方面，韵江和王文敬②在维拉和克罗森总结的即兴能力的立即反应和意图创造两个特征的基础上增加了利用现有资源的特征，构成了即兴能力的三个测量维度，以此形成即兴能力的测量量表，其中立即反应能力和意图创造能力的量表采用了维拉和克罗森对于自发性和创造性测量的量表，利用现有资源能力借鉴了库尼亚等③研究中关于"利用现有资源"的题项进行测量，量表共包含12个题项。塞奇等④同样从创造性、自发性和资源拼凑三个维度对即兴能力进行测量，由此开发出9题项量表，创造性、自发性和资源拼凑均由3个题项进行测量。

由以上对于即兴能力测量相关研究的分析可知，随着即兴能力研究的不断深入，它的维度和内涵也不断得到丰富和完善。越来越多的研究在维拉和克罗森测量量表的基础上，增加资源拼凑或利用现有资源的内容以形成新的量表，突出即兴能力在利用现有资源中的角色和作用。因此，本研究在测量即兴能力时综合参考维拉和克罗森、马鸿佳等学者的量表，以求充分揭示即兴能力的内涵。

四、即兴能力的相关研究

本研究从前因变量研究和结果变量研究两方面对即兴能力的相关文献进行梳理。前因变量主要包括组织以及个人层面的一些影响因素，这些因素对于即兴能力的产生和作用发挥具有重要影响。结果变量关注的是即兴能力对

---

① Hmieleski K M, Corbett A C. The contrasting interaction effects of improvisational behavior with entrepreneurial self-efficacy on new venture performance and entrepreneur work satisfaction [J]. Journal of Business Venturing, 2008, 23 (4): 482-496.

② 韵江，王文敬. 组织记忆、即兴能力与战略变革 [J]. 南开管理评论，2015，18 (4): 36-46+105.

③ Cunha M P E, Cunha J V D, Kamoche K. Organizational improvisation: what, when, how and why [J]. International Journal of Management Reviews, 1999, 1 (3): 299-341.

④ Secchi E, Roth A V, Verma R, et al. The impact of service improvisation competence on customer satisfaction: evidence from the hospitality industry [J]. Production and Operations Management, 2019, 28 (6): 1329-1346.

企业的作用，包括即兴能力对企业绩效、创新绩效的影响。

（一）即兴能力的前因变量研究

通过梳理即兴能力的前因变量研究发现，即兴能力的影响因素可以概括为环境层面的因素、组织层面的因素以及个体层面的因素三类。

即兴行为往往是在时间压力和不确定性情景下产生的[①]。因此，环境因素被视为即兴能力产生的重要条件。卡姆奇（Kamoche）等[②]认为动荡变化的外部环境使得组织的既定计划与环境无法匹配，致使组织在时间压力下进行即兴决策，而外部环境的未知性也会激发组织探索外部机会的动力从而产生即兴能力。比尔森（Bilsen）[③]认为组织所面临的来自外部环境的时间压力或意外事件是触发即兴能力产生的主要因素，并影响着即兴能力发挥的有效性。艾尔沙德（Arshad）等[④]、叶竹馨等[⑤]在研究中指出，动荡的市场环境降低了企业既定计划执行的有效性，缩短了企业利用和把握市场机会的时间，从而迫使企业通过即兴行为来应对环境变化，由此增加了即兴能力产生的可能性，因此环境动荡性是激发组织即兴能力产生的重要因素。

组织层面影响即兴能力的因素包括组织记忆、组织忘却情景、组织遗忘、网络能力等。组织记忆方面，穆尔曼和迈纳[⑥]的研究指出，即兴能力受到来自不同组织记忆类型的不同影响，过程性记忆影响的是即兴能力的产

① Crossan M, Cunha M P E, Vera D, et al. Time and organizational improvisation [J]. Academy of Management Review, 2005, 30 (1): 129-145.

② Kamoche K, Cunha M P E, Cunha J V. Towards a theory of organizational improvisation: looking beyond the jazz metaphor [J]. Journal of Management Studies, 2003, 40 (8): 2023-2051.

③ Bilsen G. Leading organizational improvisation: an exploration of the influence of leadership style on organizational improvisation [D]. University of Twente, 2010.

④ Ahmad Arshad D, Razalli M R, Abu Bakar L J, et al. Exploring the incidence of strategic improvisation: evidence from Malaysian government link corporations [J]. Asian Social Science, 2015, 11 (24): 105-112.

⑤ 叶竹馨，买忆媛，王乐英. 创业企业即兴行为研究现状探析与未来展望 [J]. 外国经济与管理，2018，40 (4): 16-29+55.

⑥ Moorman C, Miner A S. Organizational improvisation and organizational memory [J]. Academy of Management Review, 1998, 23 (4): 698-723.

生，而陈述性记忆则是影响即兴能力的程度。韵江和王文敬①从不同维度揭示了组织记忆对即兴能力的影响，结果表明陈述性记忆和过程性记忆对立即反应、意图创造和利用现有资源这三个即兴能力的不同维度均产生积极影响，从而验证了组织记忆对即兴能力的积极作用。组织忘却情景方面，郭秋云等②以高技术企业为研究样本，探索组织忘却情景与即兴能力之间的作用关系，研究发现组织忘却情景的忘却活动维度与形成新知识维度都能够积极提升即兴能力。组织遗忘方面，王健和黄群慧③分析了企业原始性创新构建过程中组织遗忘对组织即兴的影响，结果发现组织遗忘能够对组织即兴产生积极作用。网络能力方面，王健和黄群慧④从网络能力视角构建了即兴型组织获得竞争优势的实现路径，研究发现网络能力在整体上积极影响组织即兴，而网络能力的不同维度对组织即兴的作用却并不相同，其中网络占位能力、规划能力和配置能力对组织即兴表现出正向影响，网络运作能力则对组织即兴产生负向影响。

个体层面影响即兴能力的因素包括领导风格、上级支持感等方面。其中，领导风格方面，韦克⑤认为，变革型领导能够授予员工更加充分的自主权，允许他们的大胆尝试和冒险行为，因此有助于员工通过即兴能力的发挥解决问题。李海东⑥从心理资源理论出发，验证了变革型领导对员工即兴行为的正向影响，并发现变革型领导可以通过影响心理资本进一步影响员工的

---

① 韵江，王文敬. 组织记忆、即兴能力与战略变革 [J]. 南开管理评论，2015，18 (4)：36-46+105.

② 郭秋云，李南，菅利荣. 组织忘却情景、即兴能力与突破性创新 [J]. 中国科技论坛，2017 (4)：55-61.

③ 王健，黄群慧. 组织遗忘、组织即兴与环境动态性视角下企业原始性创新构建路径 [J]. 科技进步与对策，2019，36 (10)：84-90.

④ 王健，黄群慧. 即兴型组织竞争优势的构建路径 [J]. 科学学研究，2019，37 (10)：1846-1856.

⑤ Weick K E. Organizational redesign as improvisation [C]. In：Huber GP, Glick W H (Eds.), Organizational Change and Redesign：346 - 379，1993. Oxford：Oxford University Press.

⑥ 李海东. 变革型领导对员工即兴发挥行为的影响研究——以心理资本为中介变量 [J]. 中央财经大学学报，2013 (9)：78-84.

即兴行为。王影和苏涛永①构建了创业型领导与员工即兴的作用机制，证实了创业型领导方式对于员工即兴能力的积极作用。上级支持感方面，尼苏拉（Nisula）② 检验了上级支持感与个人即兴能力的关系，结果发现上级支持感对个人即兴能力具有显著的正向影响，同时，上级支持感又能够通过心理赋权和自我效能的中介对个人即兴能力产生影响。

（二）即兴能力的结果变量研究

即兴能力对企业的作用结果表现在对企业绩效（竞争优势）、创新绩效、组织战略等方面的影响。

在即兴能力与企业绩效和竞争优势的关系方面。对于即兴能力是否能够提升企业绩效和竞争优势，已有研究得出了不同的结论。一些研究表明，即兴能力对企业绩效和竞争优势的提升具有积极作用。如阿克贡等③的研究发现即兴能力对提升新产品开发绩效具有正向影响。马鸿佳等④从能力和环境视角揭示了动态环境下即兴能力与动态能力对于提升新创企业竞争优势的作用，结果表明，即兴能力和动态能力均能有效提升新创企业绩效，而在高动态环境下，即兴能力对于新创企业竞争优势的提升作用比动态能力更为显著。王军等⑤将即兴能力划分为立即反应、意图创造、及时协同和资源整合等四个维度的能力，探索了即兴能力的不同维度对企业绩效的影响，结果显示，即兴能力的四个维度对企业绩效均表现出积极的影响。程松松等⑥从资源视角构建了组织即兴、资源整合和新创企业绩效的影响机制，发现组织即

---

① 王影，苏涛永. 创业型领导对员工即兴的影响机制研究 [J]. 软科学，2019，33（11）：69-74.

② Nisula A M. The relationship between supervisor support and individual improvisation [J]. Leadership & Organization Development Journal，2015，36（5）：473-488.

③ Akgün A E，Byrne J C，Lynn G S，et al. New product development in turbulent environments：impact of improvisation and unlearning on new product performance [J]. Journal of Engineering and Technology Management，2007，24（3）：203-230.

④ 马鸿佳，宋春华，葛宝山. 动态能力、即兴能力与竞争优势关系研究 [J]. 外国经济与管理，2015，37（11）：25-37.

⑤ 王军，曹光明，江若尘. 组织即兴与企业绩效的关系研究——基于313家企业的实证调查 [J]. 山西财经大学学报，2016，38（4）：62-73.

⑥ 程松松，董保宝，杨红，等. 组织即兴、资源整合与新创企业绩效 [J]. 南方经济，2019（3）：54-70.

兴能够通过积极影响资源整合行为进而提升新创企业绩效。而另外一些研究发现，即兴能力对于企业绩效和竞争优势的作用呈现出负向影响。比尔森①指出，即兴能力可能会无形中增加组织的紧张和焦虑感，使组织容易遭遇机会陷阱，从而对企业绩效产生不利的影响。刘宏泉和汪涛②在研究中国企业的组织即兴对其战略绩效的影响时发现，组织即兴负向影响企业的战略绩效。伯格和莉姆③、朱斯蒂尼亚诺（Giustiniano）等④的研究表明组织的即兴能力可能会造成机会陷阱、偏误性学习以及组织成员焦虑等诸多不利影响，因而对企业发展产生负面效应。

在即兴能力与创新绩效的关系方面。即兴能力对创新绩效的影响受到了学者们的广泛关注。一方面，即兴能力对创新绩效是否具有直接作用，已有研究并未得到一致的结论。另一方面，影响即兴能力与创新绩效关系的情境因素也得到越来越多研究的揭示。在个体即兴能力方面，阮国祥等⑤构建了员工即兴能力与创新绩效的关系模型，结果表明，员工即兴能力与创新绩效的关系受到内部社会资本的正向调节作用。团队即兴能力方面，维拉和克罗森⑥探讨了团队即兴能力与创新绩效的关系，研究发现团队即兴能力并不会直接影响创新绩效，而当具备团队合作和实验文化等情境时，团队即兴能力就会对创新绩效产生积极作用。吴东和裴颖⑦的研究则得到了不同的结论，

---

① Bilsen G. Leading organizational improvisation: an exploration of the influence of leadership style on organizational improvisation [D]. University of Twente, 2010.

② 刘泉宏，汪涛. 企业为何要即兴运作：对中国企业战略决策风格的一个检验 [J]. 商业经济与管理，2010，222（4）：25-32.

③ Bergh D D, Lim E N K. Learning how to restructure: absorptive capacity and improvisational views of restructuring actions and performance [J]. Strategic Management Journal, 2010, 29（6）：593-616.

④ Giustiniano L, e Cunha M P, Clegg S. The dark side of organizational improvisation: lessons from the sinking of Costa Concordia [J]. Business Horizons, 2016, 59（2）：223-232.

⑤ 阮国祥，毛荐其，马立强. 员工即兴行为对个体创新绩效作用机制的跨层次研究——基于新能源创业企业的实证 [J]. 中国软科学，2015（1）：108-117.

⑥ Vera D, Crossan M. Improvisation and innovative performance in teams [J]. Organization Science, 2005, 16（3）：203-224.

⑦ 吴东，裴颖. 团队即兴能力与创新绩效的关系研究 [J]. 科学管理研究，2010，28（6）：23-27.

他们认为无论是团队即兴能力的自发性还是创造性均能对团队创新绩效产生直接的正向影响。纪晓丽和蔡耀龙①的研究结果也表明，团队即兴能力的各维度均能积极影响团队创新绩效，共享心智模式在团队即兴能力与团队创新绩效关系间发挥显著的调节作用。组织即兴能力方面，奉小斌和王惠利②的研究发现，管理注意力能够正向调节组织即兴能力与新创企业创新绩效的关系。王健和黄群慧③的研究表明，组织即兴对创新绩效的直接影响并不显著，而在组织情绪能力和吸收能力等因素的调节作用下，组织即兴对创新绩效的影响变得正向显著。熊立等④从双元性视角探讨了双元创业即兴（探索式即兴与开发式即兴的交互）与双创绩效（创新绩效与创业绩效的交互）的关系，结果显示，双元创业即兴对双创绩效具有显著的正向影响，同时，双元创业即兴与双创绩效的关系受到企业资源管理能力的正向调节作用。

在即兴能力与组织战略的关系方面。已有研究主要包括即兴能力对战略变革、战略导向等因素的影响。其中，战略变革方面，奥利科夫斯基（Orlikowski）等⑤认为，即兴能力能够在发展和创新过程中推动企业的战略变革，即兴能力对战略变革的作用体现在它能为企业战略变革提供技术、观念以及工具方面的支持。韵江和王文敬⑥的研究进一步验证了即兴能力与战略变革的关系，结果发现即兴能力的立即反应和意图创造维度均能有效促进战略变革，而利用现有资源的维度仅对战略变革的观念差异维度起积极作

① 纪晓丽，蔡耀龙. 研发团队即兴能力与团队创新绩效关系研究——共享心智模式的调节作用 ［J］. 科技进步与对策，2013，30（14）：11-16.
② 奉小斌，王惠利. 新创企业搜索时机、即兴能力与创新绩效：管理注意力的调节作用 ［J］. 研究与发展管理，2017，29（4）：127-137.
③ 王健，黄群慧. 即兴型组织竞争优势的构建路径 ［J］. 科学学研究，2019，37（10）：1846-1856.
④ 熊立，杨勇，贾建锋. "能做"和"想做"：基于内驱力的双元创业即兴对双创绩效影响研究 ［J］. 管理世界，2019，35（12）：137-151.
⑤ Orlikowski W, Hoffman D. An improvisational model for change management：the case of groupware technologies ［J］. Inventing the Organizations of the 21st Century, MIT, Boston, MA, 1997：265-82.
⑥ 韵江，王文敬. 组织记忆、即兴能力与战略变革 ［J］. 南开管理评论，2015，18（4）：36-46+105.

用。战略导向方面，基姆（Kim）和希姆（Shim）① 分析了组织即兴能力对市场导向的作用，研究表明组织即兴能力能够显著提升市场导向。黎赔肆和焦豪②从动态环境视角揭示了组织即兴能力与创业导向之间的关系，结果显示组织即兴能力的创造性和即时性两个维度均能积极影响创业导向，而在环境动态性影响下，创造性维度对创业导向的正向影响更大。

由以上对即兴能力相关文献的梳理和分析可知，即兴能力的前因变量研究包括环境层面、组织层面以及个体层面的因素对即兴能力的影响；即兴能力的结果变量研究包括即兴能力对企业绩效、竞争优势、创新绩效以及组织战略等方面的影响，这些研究表明即兴能力的产生和发挥作用都受到诸多因素的影响，这就为本研究揭示即兴能力在创业导向与新创企业绩效关系中的作用提供了思路。

第三节 吸收能力

一、吸收能力的内涵

对于吸收能力的定义，学者们给出了不同的解释。科恩（Cohen）和利文索尔（Levinthal）③ 最早提出吸收能力的概念，将吸收能力界定为"企业识别、同化、应用有价值的外部信息或知识的能力"，为后续吸收能力的研究提供了基本框架。莫厄里（Mowery）和奥克斯利（Oxley）④ 进一步丰富

---

① Kim S H, Shim J S. The impact of organizational improvisation on market orientation [J]. International Journal of Contents, 2012, 8（1）：82-87.

② 黎赔肆，焦豪. 动态环境下组织即兴对创业导向的影响机制研究 [J]. 管理学报，2014, 11（9）：1366-1371.

③ Cohen W M, Levinthal D A. Absorptive capacity：a new perspective on learning and innovation [J]. Administrative Science Quarterly, 1990, 35（1）：128-152.

④ Mowery D C, Oxley J E. Inward technology transfer and competitiveness：the role of national innovation systems [J]. Cambridge Journal of Economics, 1995, 19（1）：67-93.

了吸收能力概念的内容，认为吸收能力是企业获取、吸收、转化外部隐性知识并将这些隐性知识应用于企业的能力，这一概念增加了知识获取和知识转化的维度，完善了知识吸收的过程。萨拉和乔治（George）① 通过整合科恩和利文索尔以及莫厄里和奥克斯利等人的概念，将吸收能力重新定义为"企业获取、消化、转化和利用知识以产生组织动态能力的一系列组织惯例和过程"，确定了吸收能力4个不同但互补的维度，并将吸收能力划分为潜在吸收能力和现实吸收能力两类。莱恩（Lane）等② 从过程视角对吸收能力进行定义，认为吸收能力是企业通过探索性学习、转化性学习和利用性学习三个连续的过程获取和利用外部知识的能力，其中，探索性学习有助于企业识别和理解外部知识，判断其潜在的价值；转化性学习可以用来消化企业从外部获得的信息和知识；利用性学习能够使企业进一步对消化的知识加以利用并实现商业产出。卡米松（Camisón）和福雷斯（Forés）③ 借鉴了萨拉和乔治的观点，将吸收能力定义为"以潜在吸收能力和现实吸收能力两个集合存在的系统的动态能力"，其中，潜在吸收能力包括知识获取和同化能力，反映了企业在评估、获取和消化新的外部知识方面所付出的努力；现实吸收能力包括知识转化和应用能力，代表了公司整合和重新配置现有的内部知识和新消化的知识，并将转化后的知识纳入公司的系统、流程、程序和操作的能力。由上述整理的吸收能力的定义可知，虽然学者们在吸收能力定义的具体阐述上有所不同，但大多数定义都还是基于科恩和利文索尔所提出的吸收能力概念的基本框架，吸收能力对于外部知识的作用也主要体现在对知识的识别、获取、消化（同化）、转化和应用（利用）等过程中。因此，考虑到吸收能力作用过程的完整性，本文采用萨拉和乔治等对于吸收能力的定义。

---

① Zahra S A, George G. Absorptive capacity: a review, reconceptualization, and extension [J]. Academy of Management Review, 2002, 27 (2): 185-203.

② Lane P J, Koka B R, Pathak S. The reification of absorptive capacity: a critical review and rejuvenation of the construct [J]. Academy of Management Review, 2006, 31 (4): 833-863.

③ Camisón C, Forés B. Knowledge absorptive capacity: new insights for its conceptualization and measurement [J]. Journal of Business Research, 2010, 63 (7): 707-715.

二、吸收能力的维度

对于吸收能力的维度，已有研究基于吸收能力的不同定义，形成了不同的维度划分方法。其中，最为典型的是基于过程视角的维度划分。科恩和利文索尔将吸收能力划分为知识识别、知识消化以及知识应用三个维度。萨拉和乔治将吸收能力划分为知识获取、知识消化、知识转化和知识利用四个维度。卡米松和福雷斯在萨拉和乔治维度划分的基础上将吸收能力划分为潜在吸收能力和现实吸收能力两个维度。此外，还有一些基于其他视角的吸收能力划分方法。如穆罗韦克（Murovec）和普罗丹（Prodan）① 从创新类型的角度将吸收能力划分为科学推动型和需求拉动型吸收能力两个维度。瓦苏戴瓦（Vasudeva）和阿南德（Anand）② 则从双元的角度将吸收能力划分为横向和纵向吸收能力。近年来，越来越多的学者以过程视角的两维度划分方法对吸收能力进行研究，揭示潜在吸收能力和现实吸收能力所发挥的不同作用③④。因此，本文借鉴卡米松和福雷斯等的划分方法，将吸收能力划分为潜在吸收能力和现实吸收能力两个维度，其中，潜在吸收能力包括知识获取和知识消化，现实吸收能力包括知识转化和知识应用。具体来说，知识获取是指企业识别和获取外部知识的能力；知识消化是指企业分析、解释、识别和理解知识的能力；知识转化是指促进外部环境中转移的知识与企业中已有知识相结合的能力；知识应用是指利用转化的知识产生新的知识或创意进而应用到公司运作中的能力。

① Murovec N, Prodan I. Absorptive capacity, its determinants, and influence on innovation output: cross-cultural validation of the structural model [J]. Technovation, 2009, 29 (12): 859-872.

② Vasudeva G, Anand J. Unpacking absorptive capacity: a study of knowledge utilization from alliance portfolios [J]. Academy of Management Journal, 2011, 54 (3): 611-623.

③ 盛伟忠，陈劲. 企业互动学习与创新能力提升机制研究 [J]. 科研管理, 2018, 39 (9): 1-10.

④ Limaj E, Bernroider E W N. The roles of absorptive capacity and cultural balance for exploratory and exploitative innovation in SMEs [J]. Journal of Business Research, 2019, 94: 137-153.

三、吸收能力的测量

对于吸收能力的测量主要包括客观测量和主观测量两种方式。早期的测量方式主要是将吸收能力看成单一维度，运用客观数据进行直接测量。这些研究认为企业的研发是吸收能力的重要体现和前提条件，因此他们选择使用与研发情况相关的指标来测量吸收能力。这些测量指标包括研发支出、研发强度、专利数量、研发和培训投入等①②。而此类指标由于在测量内容上过于单一，不能准确和全面地反映吸收能力的丰富内涵，因此受到很多学者的批判和质疑。为了能够解决这个问题，一些学者开始尝试以量表的形式从多个维度对吸收能力进行测量。而相关研究因为对于吸收能力测量所选择的维度不同，形成了不同的测量量表。如莱恩（Lane）等③从理解、同化和应用知识三个方面来测量吸收能力，形成了包括 24 个测量题项的量表。廖（Liao）等④分别从企业内部知识传播和企业外部知识获取这两个维度来测量吸收能力，形成了包含 13 个测量题项的量表。陈（Chen）⑤ 将吸收能力理解为消化并复制企业获取的新知识，以此形成 5 题项量表对吸收能力进行测量。詹森（Jansen）等⑥通过参考萨拉和乔治的研究，从潜在吸收能力和实际吸收能力

① George G，Zahra S A，Wheatley K K，et al. The effects of alliance portfolio characteristics and absorptive capacity on performance：a study of biotechnology firms［J］. The Journal of High Technology Management Research，2001，12（2）：205-226.

② Tsai W. Knowledge transfer in intraorganizational networks：effects of network position and absorptive capacity on business unit innovation and performance［J］. Academy of Management Journal，2001，44（5）：996-1004.

③ Lane P J，Salk J E，Lyles M A. Absorptive capacity，learning，and performance in international joint ventures［J］. Strategic Management Journal，2001，22（12）：1139-1161.

④ Liao J，Welsch H，Stoica M. Organizational absorptive capacity and responsiveness：an empirical investigation of growth-oriented SMEs［J］. Entrepreneurship Theory and Practice，2003，28（1）：63-86.

⑤ Chen C J. The effects of knowledge attribute，alliance characteristics，and absorptive capacity on knowledge transfer performance［J］. R&D Management，2004，34（3）：311-321.

⑥ Jansen J J P，Van den Bosch F A J，Volberda H W. Managing potential and realized absorptive capacity：how do organizational antecedents matter?［J］. Academy of Management Journal，2005，48（6）：999-1015.

两个维度来测量吸收能力，形成了 21 题项量表。帕夫洛和萨维①同样以萨拉和乔治的研究为基础，开发了一个 10 题项量表。吉梅内斯-巴利奥纽沃（Jiménez-Barrionuevo）等②从知识获取、知识同化、知识转化以及知识应用四个方面对吸收能力进行测量，最终形成了包括 18 个题项的量表。罗伯茨（Roberts）③对帕夫洛和萨维的量表做出适当调整和修改，分别用 4 个题项对潜在吸收能力和实际吸收能力两维度进行测量，最终形成即兴能力的 8 题项量表。由以上分析可知，对于吸收能力的测量方法是多样的，现有研究较多使用的是在萨拉和乔治研究基础上所开发的量表。同时，考虑到本研究仅从整体角度分析吸收能力在理论模型中的作用，并不揭示各个维度的影响，因此，不需要选择具有较多题项的量表。基于此，本研究采用罗伯茨的量表对吸收能力进行测量。

四、吸收能力的相关研究

通过对吸收能力的相关文献进行梳理发现，吸收能力的已有研究主要包括前因变量研究、结果变量研究以及所发挥的中介和调节效用研究四个方面。而前因变量研究是影响吸收能力的一些关键因素，结果变量研究则表现为吸收能力对各种绩效的影响。

（一）吸收能力前因变量研究

影响吸收能力的因素是多方面的，较为常见的影响因素包括领导风格、员工先验知识、知识属性、企业战略、组织结构、产业联盟网络、区域创新系统、国家文化等，因此可以将这些因素归纳为个体因素、团队因素、组织因素、行业因素以及区域因素。

---

① Pavlou P A, El Sawy O A. From IT leveraging competence to competitive advantage in turbulent environments: the case of new product development [J]. Information Systems Research, 2006, 17 (3): 198-227.

② Jiménez-Barrionuevo M M, García-Morales V J, Molina L M. Validation of an instrument to measure absorptive capacity [J]. Technovation, 2011, 31 (5-6): 190-202.

③ Roberts N. Absorptive capacity, organizational antecedents, and environmental dynamism [J]. Journal of Business Research, 2015, 68 (11): 2426-2433.

个体因素方面，孙（Sun）和安德森（Anderson）① 探索了高层和中层管理者不同的领导风格对吸收能力学习过程的影响，结果表明中高层管理者的变革型领导有利于促进探索性学习；而交易型领导则能够促进利用性学习。施魏斯福（Schweisfurth）和拉希（Raasch）② 分析了员工的需求型和方案型两种先验知识与吸收能力的相关关系，结果发现员工的方案型知识与吸收能力正相关，而需求型知识与吸收能力负相关。团队因素方面，狄克逊（Dixon）和戴（Day）③ 的研究表明，高层管理团队的思维模式、管理技能以及对学习行为的支持程度都会对企业吸收能力产生很大影响。洛维克（Lowik）等④的研究发现团队的整合机制、知识密集程度等都是团队吸收能力形成的重要影响因素。库拉多（Curado）等⑤的研究通过分析团队知识分享对团队吸收能力的影响发现，团队成员间对显性和隐性知识的分享能够有效提升团队的吸收能力。组织因素方面，詹森等的研究显示，组织对于知识吸收的相关机制对外部知识获取和消化能力的提升具有积极影响。范公广和施杰⑥探讨了组织惰性对吸收能力的影响，发现二者具有负向关系。罗德里格斯-塞兰（Rodriguez-Serran）和马丁-阿马里奥（Martin-Armario）⑦ 从战略导向视角验证了创业导向和市场导向在提升中小企业吸收能力过程中的作

① Sun P Y T, Anderson M H. The combined influence of top and middle management leadership styles on absorptive capacity [J]. Management Learning, 2012, 43 (1)：25-51.

② Schweisfurth T G, Raasch C. Absorptive capacity for need knowledge：antecedents and effects for employee innovativeness [J]. Research Policy, 2018, 47 (4)：687-699.

③ Dixon S E A, Day M. Leadership, administrative heritage and absorptive capacity [J]. Leadership & Organization Development Journal, 2007, 28 (8)：727-748.

④ Lowik S, Kraaijenbrink J, Groen A. The team absorptive capacity triad：a configurational study of individual, enabling, and motivating factors [J]. Journal of Knowledge Management, 2016, 20 (5)：1083-1103.

⑤ Curado C, Oliveira M, Maçada A C G, et al. Teams' innovation：getting there through knowledge sharing and absorptive capacity [J]. Knowledge Management Research & Practice, 2017, 15 (1)：45-53.

⑥ 范公广，施杰. 组织惰性与市场知识转移关系研究——吸收能力的中介作用 [J]. 科技进步与对策, 2017, 34 (21)：111-117.

⑦ Rodriguez-Serrano M A, Martin-Armario E. Born-Global SMEs, performance, and dynamic absorptive capacity：evidence from Spanish firms [J]. Journal of Small Business Management, 2019, 57 (2)：298-326.

用。郭津毓等①的研究表明组织期望和组织冗余都能够对潜在吸收能力的提升发挥积极作用。行业因素方面，詹坤等②讨论了产业联盟组合的网络结构对吸收能力的影响，发现产业联盟的网络规模和网络联系与吸收能力均具有显著的正向关系。区域因素方面，刘（Lau）和罗（Lo）③探讨了区域创新系统对企业吸收能力的影响，结果显示区域创新举措、价值链信息源等区域创新系统要素都会对提升企业的吸收能力具有积极影响。

（二）吸收能力的结果变量研究

吸收能力对各类绩效的影响是吸收能力结果变量研究中最为核心的部分。已有研究从创新绩效、企业绩效、技术转移绩效、新产品开发绩效等方面揭示了吸收能力对绩效提升的作用。

创新绩效方面，施魏斯福和拉希将个人层面的吸收能力划分为需求型吸收能力与方案型吸收能力，并验证了两种吸收能力对员工创新的影响，结果表明需求型吸收能力与方案型吸收能力均对员工创新具有积极作用。库拉多等从团队层面揭示吸收能力对创新的影响，发现团队吸收能力对促进团队创新具有积极的作用。许骞④检验了知识吸收能力对企业创新绩效的作用，结果显示企业创新绩效受到知识吸收能力的正向影响。朱俊杰和徐承红⑤的研究讨论了区域吸收能力对区域创新绩效的影响，结果发现吸收能力对区域创新绩效具有非线性的影响。企业绩效方面，威尔士等⑥检验了吸收能力与企业绩效的作用关系，研究发现吸收能力与企业绩效之间是倒 U 型关系，即当

---

① 郭津毓，邹波，李艳霞. 知识吸收能力的形成与发展机理——基于企业微观行为的视角 [J]. 科研管理，2020，41（4）：192-199.

② 詹坤，邵云飞，唐小我. 联盟组合的网络结构对企业创新能力影响的研究 [J]. 研究与发展管理，2018，30（6）：47-58.

③ Lau A K W, Lo W. Regional innovation system, absorptive capacity and innovation performance：an empirical study [J]. Technological Forecasting and Social Change, 2015, 92：99-114.

④ 许骞. 创新开放度、知识吸收能力对企业创新绩效的影响机制研究——基于环境动态性视角 [J]. 预测，2020，39（5）：9-15.

⑤ 朱俊杰，徐承红. 区域创新绩效提升的门槛效应——基于吸收能力视角 [J]. 财经科学，2017（7）：116-128.

⑥ Wales W J, Parida V, Patel P C. Too much of a good thing? Absorptive capacity, firm performance, and the moderating role of entrepreneurial orientation [J]. Strategic Management Journal, 2013, 34（5）：622-633.

吸收能力处于中等水平时，对企业绩效的正向影响最大。郭津毓等①在揭示吸收能力形成和发展过程的作用机理时发现，无论是潜在吸收能力还是现实吸收能力对企业绩效均表现出显著的正向影响。技术转移绩效方面，陈怡安等②、简兆权和占孙福③探讨了企业吸收能力对技术转移绩效的影响，发现吸收能力正向影响技术转移绩效。新产品开发绩效方面，施托克（Stock）等④检验了吸收能力对新产品开发绩效的影响，结果表明吸收能力与新产品开发绩效之间呈倒 U 型关系。吴家喜和吴贵生⑤在探索我国制造业企业吸收能力对新产品开发的作用机制时发现，企业的吸收能力能够显著提升新产品开发绩效。

（三）吸收能力的中介和调节作用研究

吸收能力在影响企业各种绩效的过程中发挥着重要的作用，除了直接影响以外，吸收能力所发挥的中介作用和调节作用也得到了学者们的广泛研究。

在吸收能力中介作用的研究中，吸收能力在影响创新绩效、创新类型、企业绩效过程中的中介作用得到揭示。创新绩效方面，已有研究表明，吸收能力在外部知识流入⑥、外部知识搜索广度和深度⑦、外部创新资源⑧、组织

① 郭津毓，邹波，李艳霞. 知识吸收能力的形成与发展机理——基于企业微观行为的视角 [J]. 科研管理，2020，41（4）：192-199.
② 陈怡安，占孙福，李中斌. 吸收能力、知识整合对组织知识与技术转移绩效的影响——以珠三角地区为实证 [J]. 经济管理，2009，31（3）：126-132.
③ 简兆权，占孙福. 吸收能力、知识整合与组织知识及技术转移绩效的关系研究 [J]. 科学学与科学技术管理，2009，30（6）：81-86.
④ Stock G N, Greis N P, Fischer W A. Absorptive capacity and new product development [J]. The Journal of High Technology Management Research, 2001, 12（1）：77-91.
⑤ 吴家喜，吴贵生. 组织整合与新产品开发绩效关系实证研究：基于吸收能力的视角 [J]. 科学学研究，2009，27（8）：1220-1227.
⑥ Moilanen M, Østbye S, Woll K. Non – R&D SMEs：external knowledge, absorptive capacity and product innovation [J]. Small Business Economics, 2014, 43（2）：447-462.
⑦ Ferreras-Méndez J L, Newell S, Fernández-Mesa A, et al. Depth and breadth of external knowledge search and performance：the mediating role of absorptive capacity [J]. Industrial Marketing Management, 2015, 47：86-97.
⑧ 王涛，黄兰兰，周正. 外部创新源对企业创新绩效影响的实证研究——以吸收能力为中介变量 [J]. 软科学，2016，30（5）：50-53+73.

关系层①、创新开放度②、组织遗忘③、技术广度多元化④、企业互动学习⑤、正式和非正式合作网络⑥等因素与企业创新绩效的关系中起到显著的中介作用。创新类型方面，已有研究发现，吸收能力在跨界搜寻与商业模式创新⑦、强关系与突破式创新⑧、关系嵌入与颠覆性创新⑨、外部知识搜索与工艺创新⑩等关系中具有显著的中介作用；企业绩效方面，吸收能力对高层管理团队共享式领导⑪、智力资本⑫、创业导向⑬等因素与企业绩效关系间的中介作

① 张大鹏，孙新波，刘鹏程，张平．整合型领导力对组织创新绩效的影响研究［J］．管理学报，2017，14（3）：389-399.
② 高俊光，陈劲，孙雪薇．创新开放度对新创小企业创新绩效影响研究［J］．科学学研究，2019，37（4）：729-738.
③ Huang D, Chen S, Zhang G, et al. Organizational forgetting, absorptive capacity, and innovation performance［J］. Management Decision, 2018, 56（1）: 87-104.
④ 徐蕾，李明贝．技术多元化对创新绩效的双中介作用机理研究［J］．科研管理，2019，40（5）：110-119.
⑤ 徐奕红，赵红岩，陈文杰．企业互动学习与创新绩效关系的实证研究［J］．预测，2019，38（5）：16-22.
⑥ 路畅，于渤，刘立娜，张晶．正式/非正式合作网络对中小企业创新绩效的影响研究［J］．研究与发展管理，2019，31（6）：24-36.
⑦ 朱益霞，周飞，沙振权．跨界搜寻与商业模式创新的关系——吸收能力的视角［J］．经济管理，2016，38（11）：92-104.
⑧ 王永健，谢卫红，王田绘，成明慧．强弱关系与突破式创新关系研究——吸收能力的中介作用和环境动态性的调节效应［J］．管理评论，2016，28（10）：111-122.
⑨ Wang Z, Ling J, Chok J I. Relational embeddedness and disruptive innovations: the mediating role of absorptive capacity［J］. Journal of Engineering and Technology Management, 2020, 57: 101587.
⑩ Aliasghar O, Rose E L, Chetty S. Where to search for process innovations? The mediating role of absorptive capacity and its impact on process innovation［J］. Industrial Marketing Management, 2019, 82: 199-212.
⑪ Daspit J J, Ramachandran I, D'Souza D E. TMT shared leadership and firm performance: investigating the mediating role of absorptive capacity［J］. Journal of Managerial Issues, 2014: 219-239.
⑫ Ahmed S S, Guozhu J, Mubarik S, et al. Intellectual capital and business performance: the role of dimensions of absorptive capacity［J］. Journal of Intellectual Capital, 2019, 21（1）: 23-39.
⑬ Hernández-Perlines F, Moreno-García J, Yáñez-Araque B. Family firm performance: the influence of entrepreneurial orientation and absorptive capacity［J］. Psychology & Marketing, 2017, 34（11）: 1057-1068.

用在相关研究中得到检验。

在吸收能力调节作用的研究中，吸收能力在影响创新绩效、创新能力、企业绩效时所起到的调节作用受到学者们的广泛关注。创新绩效方面，已有研究显示，吸收能力在企业网络位置[①]、知识特性[②]、正式外部知识搜索宽度[③]、入驻科技园[④]、研发组合结构[⑤]、独占机制[⑥]、知识共享宽度[⑦]、研发投入[⑧]等因素与企业创新绩效的关系间具有显著的调节作用。创新能力方面，吸收能力对联盟惯例[⑨]、国际化程度[⑩]、知识搜索[⑪]等因素与企业创新能力之间关系的调节效应得到相关研究的验证。企业绩效方面，已有研究揭示了吸

① 钱锡红，杨永福，徐万里. 企业网络位置、吸收能力与创新绩效——一个交互效应模型 [J]. 管理世界，2010（5）：118-129.

② Wang C, Han Y. Linking properties of knowledge with innovation performance: the moderate role of absorptive capacity [J]. Journal of Knowledge Management, 2011, 15 (5): 802-819.

③ 阮爱君，陈劲. 正式/非正式知识搜索宽度对创新绩效的影响 [J]. 科学学研究，2015, 33（10）：1573-1583.

④ Ubeda F, Ortiz-de-Urbina-Criado M, Mora-Valentín E M. Do firms located in science and technology parks enhance innovation performance? The effect of absorptive capacity [J]. The Journal of Technology Transfer, 2019, 44 (1): 21-48.

⑤ 李欠强，陈衍泰，范彦成. 中国企业海外研发组合结构与创新绩效研究 [J]. 科研管理，2019, 40（6）：19-28.

⑥ 曹勇，程前，周蕊，永田晃也. 独占机制对创新绩效的影响：知识泄露与竞争对手吸收能力的调节效应 [J]. 科技进步与对策，2019, 36（7）：98-104.

⑦ 喻登科，周子新. 普适性信任、知识共享宽度与企业开放式创新绩效 [J]. 科技进步与对策，2020, 37（1）：112-121.

⑧ Zhu H, Zhao S, Abbas A. Relationship between R&D grants, R&D investment, and innovation performance: the moderating effect of absorptive capacity [J]. Journal of Public Affairs, 2020, 20 (1): e1973.

⑨ 王思梦，井润田，邵云飞. 联盟惯例对企业双元创新能力的影响机制研究 [J]. 管理科学，2019, 32（2）：19-32.

⑩ 李东阳，郑磊，袁秀秀. 国际化程度对企业创新能力的影响——基于中国制造业上市公司的实证检验 [J]. 财经问题研究，2019（4）：122-128.

⑪ 秦鹏飞，申光龙，胡望斌，王星星. 知识吸收与集成能力双重调节下知识搜索对创新能力的影响效应研究 [J]. 管理学报，2019, 16（2）：219-228.

收能力对资源获取①、创业导向②、创新成果可转化性③、协作模式④等因素
与企业绩效关系间的调节作用。

从以上对于吸收能力相关文献的梳理可知，吸收能力在受到多种因素影
响的同时，也对各种绩效产生重要影响。特别是在影响企业绩效或创新绩效
的过程中，吸收能力不仅能够起到中介作用，而且还可能发挥一定的调节效
应。然而，已有研究更多的是关注吸收能力对企业创新绩效的影响，而对吸
收能力在影响新创企业绩效过程中的作用探讨得较少。因此，本研究将进一
步揭示吸收能力在创业导向影响新创企业绩效的路径中所发挥的中介和调节
作用。

第四节　环境动态性

一、环境动态性的内涵

邓肯（Duncan）⑤指出，环境是企业从事商业活动所面对的包括经济、政

① Kim C, Zhan W, Erramilli M K. Resources and performance of international joint
ventures: the moderating role of absorptive capacity [J]. Journal of Asia Business
Studies, 2011, 5 (2): 145-160.

② Engelen A, Kube H, Schmidt S, et al. Entrepreneurial orientation in turbulent environments:
the moderating role of absorptive capacity [J]. Research Policy, 2014, 43 (8): 1353-
1369.

③ Patel P C, Kohtamaki M, Parida V, et al. Entrepreneurial orientation-as-experimentation
and firm performance: the enabling role of absorptive capacity [J]. Strategic Management
Journal, 2015, 36 (11): 1739-1749.

④ Santoro G, Bresciani S, Papa A. Collaborative modes with cultural and creative industries
and innovation performance: the moderating role of heterogeneous sources of knowledge and
absorptive capacity [J]. Technovation, 2020, 92: 102040.

⑤ Duncan K D. Characteristics of organizational environments and perceived environmental
uncertainty [J]. Administrative Science Quarterly, 1972, 17 (3): 313-327.

治、社会和法律等因素在内的所有外部因素的总称。加特纳（Gartner）① 基于创业过程视角定义了创业环境的概念，认为创业环境不仅包括政治、经济、技术和文化等在内的宏观因素，还包括由市场需求、行业竞争等构成的中观因素，以及资金、劳动力等组成的微观因素。环境动态性被认为是企业所处环境的一个重要特征②。对于环境动态性的概念，学术界还未形成统一的定义。米勒和弗里森③认为，环境动态性是指特定行业在产品或服务技术、消费者偏好和竞争模式等方面表现出的变化程度和不可预测性。德丝和比尔德（Beard）④、普里姆（Priem）等⑤将环境动态性定义为企业外部环境变化的速率和不可预测性，他们认为环境的动态性是动荡性与不稳定性两种特征的混合，环境的动态变化没有能够遵循的固定模式，因此表现出很强的不确定性。鲍姆（Baum）和沃利（Wally）⑥ 指出，环境动态性表现为环境变动的快速性以及难以预测的水平。此外，国内学者在已有研究的基础上也提出了对于环境动态性内涵的理解。陈国权和王晓辉⑦认为，环境动态性所涉及的环境变化是多方面的，因此可以将其定义为组织的合作伙伴、顾客、竞争对手以及政府等利益相关者的需求或行为的变化程度，以及行业趋势、技术创新、产品或服务类型的变化程度。宝贡敏和龙思颖⑧根据环境动态性的构成

---

① Gartner W B. A conceptual framework for describing the phenomenon of firm creation [J]. The Academy of Management Review, 1995, 10 (4): 696-709.

② Lumpkin G, Dess G. Linking two dimensions of entrepreneurial orientation to firm performance: the moderating role of environment and industry life cycle [J]. Journal of Business Venturing, 2001, 16 (5): 429-441.

③ Miller D, Friesen P H. Strategy-making and environment: the third link [J]. Strategic Management Journal, 1983, 4 (3): 221-235.

④ Dess G G, Beard D W. Dimensions of organizational task environments [J]. Administrative Science Quarterly, 1984, 29 (1): 52-73.

⑤ Priem R L, Rasheed A M A, Kotufic A G. Rationality in strategic decision processes, environmental dynamism and firm performance [J]. Journal of Management, 1995, 21 (5): 913-929.

⑥ Baum J R, Wally S. Strategic decision speed and firm performance [J]. Strategic Management Journal, 2003, 24 (11): 1107-1129.

⑦ 陈国权，王晓辉. 组织学习与组织绩效：环境动态性的调节作用 [J]. 研究与发展管理，2012, 24 (1): 52-59.

⑧ 宝贡敏，龙思颖. 企业动态能力研究：最新述评与展望 [J]. 外国经济与管理，2015, 37 (7): 74-87.

维度将环境动态性解释为企业所处行业在市场、竞争以及技术三方面的变化程度。由以上对于环境动态性的定义及其内涵的分析可知，已有研究主要围绕环境变化的内容和特征进行定义，环境变化的内容主要包括生产技术、市场需求、竞争态势等在内的行业环境的变化，环境变化的特征主要表现为不可预测性、快速性、不确定性等。本研究主要考虑行业（中观）层面的环境变化，因此采用米勒和弗里森对于环境动态性的定义。

二、环境动态性的维度

环境动态性是一个由多个维度组成的构念，已有研究在对环境动态性进行测量的过程中形成了不同的维度划分方法。其中，米勒和弗里森是较早对环境动态性进行维度划分的学者，他们将环境动态性划分为环境变化的难以预测程度和变化速度两个维度。德丝和比尔德也采用了这种维度划分方法，并进一步完善了相关量表。贾沃斯基（Jaworski）和科利（Kohli）[①] 从市场和技术两个方面对环境动态性做出解释，并将其维度划分为市场动态性和技术动态性。在贾沃斯基和科利划分方法的基础上，怀尔登（Wilden）和古德盖姆（Gudergan）[②] 增加了竞争性维度，进一步将环境动态性划分为市场动态性、技术动态性和竞争动态性三个维度。张学艳等[③]在整合前人研究的基础上从动态性和敌对性两方面划分环境动态性的维度，形成了包括技术动态性、市场动态性、制度敌对性以及竞争敌对性在内的四维度划分方法。此外，很多学者将环境动态性作为单一维度从环境变化的难以预测程度和变化

① Jaworski B, Kohli A K. Market orientation: antecedents and consequences [J]. Journal of Marketing, 1993, 57 (3): 53-70.

② Wilden R, Gudergan S P. The impact of dynamic capabilities on operational marketing and technological capabilities, investigating the role of environmental turbulence [J]. Journal of the Academy of Marketing Science, 2015, 43 (2): 181-199.

③ 张学艳，周小虎，包佳妮. 动态能力视角下的科技型创业者政治技能与创业绩效 [J]. 管理学报，2020，17 (8)：1179-1187.

速度或者市场动态性、技术动态性和竞争动态性等方面直接测量①②③。本研究借鉴米勒和弗里森、陈国权和王晓辉以及黎赔肆和焦豪④的做法，将环境动态性视为单一维度，并从环境变化的难以预测程度和变化速度两方面对环境动态性进行解释和测量。其中，环境变化的难以预测程度描述的是环境在动态变化过程中所表现出来的没有规律、没有趋势和难以预测的特征；环境变化的速度是指组织所处的外部环境在一定时期内发生变化的频率或幅度。

三、环境动态性的测量

环境动态性的测量可以分为主客观两种不同的方法。第一种方法是采用可以替代的客观指标对环境动态性进行间接地测量。较为常见的做法是将行业中的某一些变量，如出货量、销售收入或者是顾客对某产品需求，对于时间进行回归，再经过一定的计算得到可以衡量环境动态性的数值⑤⑥。济慈（Keats）和希特（Hitt）⑦是较早采用这种方法对环境动态性进行测量的学者，他们首先将行业的销售额与时间之间进行回归，进而得到回归系数的标准误，然后利用标准误的值除以销售额的均值得到环境不确定性这一变量的标准化指数，以此来衡量整个行业的环境动态性水平。在此之后，很多学

① Miller D, Friesen P H. Innovation in conservative and entrepreneurial firms: two models of strategic momentum [J]. Strategic Management Journal, 1982, 3 (1): 1-25.

② Miller D. The structural and environmental correlates of business strategy [J]. Strategic Management Journal, 1987, 8 (1): 55-76.

③ 王启亮，虞红霞. 协同创新中组织声誉与组织间知识分享——环境动态性的调节作用研究 [J]. 科学学研究, 2016, 34 (3): 425-432.

④ 黎赔肆，焦豪. 动态环境下组织即兴对创业导向的影响机制研究 [J]. 管理学报, 2014, 11 (9): 1366-1371.

⑤ Boyd B. CEO duality and firm performance: a contingency model [J]. Strategic Management Journal, 1995, 16 (4): 301-312.

⑥ Simerly R, Li M. Environmental dynamism, capital structure and performance: a theoretical integration and an empirical test [J]. Strategic Management Journal, 2000, 21 (1): 31-50.

⑦ Keats B W, Hitt M A. A causal model of linkages among environmental dimensions, macro organizational characteristics, and performance [J]. Academy of Management Journal, 1988, 31 (3): 570-598.

者也开始使用这种方法对环境动态性进行测量①②。

环境动态性的第二种测量方法，也是目前应用最为广泛的方法，就是通过问卷调查的方式对变量进行直接测量，这种方法是一种基于主观意识的测量方式，主要依靠管理人员对于企业所处的外部环境动态变化的感知。在通过问卷方式对环境动态性进行测量的研究中，较为常用的测量方式主要包括以下几种。第一种是米勒及其合作者在研究中所开发和使用的环境动态性量表。其中，米勒和弗里森在研究中将环境动态性作为单一的维度，从企业营销实践的变化程度、产品或服务的过时率、顾客需求或偏好的难以预测程度、竞争者行为的难以预测程度以及产品或服务模式的变化速度等方面进行测量。一些学者在借鉴米勒和弗里森量表的基础上对相关题项做出取舍或修改。比如，兰普金和德丝选取了米勒和弗里森量表的产品或服务的过时率、市场变化速度等三个题项对环境动态性进行测量。黎赔肆和焦豪对米勒和弗里森量表做出适当修改，增加了生产技术以及经济社会等宏观环境的变化情况作为环境动态性的测量题项。米勒从外部环境增长机会变化、产品或服务技术变化、研发活动变化和产品或服务创新率变化四个方面测量了环境动态性。在米勒量表的基础上，谢洪明③进一步将环境动态性划分为市场动态性与技术动态性两个维度，市场动态性通过市场变化、顾客偏好变化程度等方面的量表进行测量；技术动态性利用技术变化程度、创新中的领导力等方面的量表加以测量。陈国权和王晓辉对米勒的量表作了修改和补充，从客户需求、竞争对手行为、合作伙伴行为、政府政策变化程度，以及技术创新、行业动态、产品与服务类型变化程度等方面对环境动态性进行测量。第二种是贾沃斯基和科利在研究中所使用的量表。在对环境动态性进行测量时，贾沃斯基和科利主要从市场与技术动态性两个方面进行。其中，市场动态性重点关注顾客的产品喜好变化、新老顾客的需求差异、顾客对价格的接受程度、

---

① Krishnan R, Martin X, Noorderhaven N. When does trust matter to alliance performance? [J]. Academy of Management Journal, 2006, 49 (5): 894-917.

② 申慧慧，于鹏，吴联生. 国有股权、环境不确定性与投资效率 [J]. 经济研究，2012 (7): 113-126.

③ 谢洪明. 市场导向与组织绩效的关系——环境与组织学习的影响 [J]. 南开管理评论，2005, 8 (3): 47-53.

潜在顾客需求等方面；技术动态性重点强调行业技术变化速度、未来技术的可预测性、技术变化创造的行业机会、行业技术突破所带来的新思想等方面。贾沃斯基和科利所开发的量表得到了后续诸多研究的采用①②，成为学者们在测量环境动态性时可以参考的重要文献。第三种是詹森等③在研究中开发和使用的量表。詹森等围绕当地市场环境变化的剧烈程度和持续性、客户对于新产品和新服务的需求频率、市场上产品和服务交付数量的变化等几个方面对环境动态性展开测量。这种测量方法同样得到了学者们的认可和广泛使用④⑤。由以上分析可知，环境动态性这一变量的测量方法是多样的，已有研究往往是在实际应用过程中根据所研究问题的需要做出选择，或是直接采用已有量表，或是对原有量表的题项做出适当取舍或修改。因此，考虑到本研究的问题，以及所选变量概念与测量的一致性，本文通过整合米勒和弗里森、陈国权和王晓辉以及黎赔肆和焦豪的量表来测量环境动态性。

四、环境动态性的相关研究

(一) 环境动态性对新创企业的影响

环境动态性是影响新创企业生存和成长的一个重要环境特征。动态环境在为新创企业带来许多发展机会的同时也使企业面临更多的威胁和挑战。因此，环境动态性成为很多学者在探索新创企业绩效作用机制时经常考虑的重要因素。在环境动态性对新创企业影响的研究方面，米勒是较早研究环境因

① Kumar K, Jones E, Venkatesan R, et al. Is market orientation a source of sustainable competitive advantage or simply the cost of competing? [J]. Journal of Marketing, 2011, 75 (1): 16-30.
② 李浩, 胡海青. 孵化网络治理机制对网络绩效的影响: 环境动态性的调节作用 [J]. 管理评论, 2016, 28 (6): 100-112.
③ Jansen J J P, Van d B F A J, Volberda H W. Exploratory innovation, exploitative innovation, and performance: effects of organizational antecedents and environmental moderators [J]. Management Science, 2006, 52 (11): 1661-1674.
④ 管建世, 罗瑾琏, 钟竞. 动态环境下双元领导对团队创造力影响研究——基于团队目标取向视角 [J]. 科学学与科学技术管理, 2016, 37 (8): 159-169.
⑤ 孙锐, 李树文. 动态环境下科技企业领导成员交换、组织情绪能力与组织绩效关系研究: 一个有调节的中介模型 [J]. 科学学与科学技术管理, 2017, 38 (8): 167-180.

素与创业战略关系的学者，他认为，环境因素特别是环境不确定性和环境动态性能够影响创业战略制定和实施的有效性，对于新创企业来说，环境的变化可能会进一步影响到整个创业进程。信谊（Sine）和大卫（David）① 发现，新创企业的机会创造和其他创业活动都会在一定程度上受到环境动态性的影响。鲍姆和沃利②指出，动态变化的外部环境会对企业资源的获取、整合和利用等行为产生很大的影响。仲伟仵和芦春荣③的研究表明，环境动态性能够积极影响创业者的个人特质、社会网络和先验知识，从而有利于创业机会的识别。因此，环境动态性对于新创企业的影响表现出两面性。一方面，环境动态性对新创企业的生存和发展具有积极的作用。动态环境能够为新创企业提供更多的信息和知识，使企业快速从技术和市场需求的变化中发现商业机会，技术和需求的快速变化也将促使企业加大研发投入，不断推出新的产品或服务以获得竞争优势④。另一方面，环境动态性对于新创企业的成长也会产生一定的消极影响。相较于成熟的大企业，新创企业往往面临"小而弱性"和"新生弱性"的困境⑤，动态变化的环境无疑给新创企业获得资源、制定战略等方面带来更加严峻的挑战和更多的不确定性。

（二）环境动态性的调节作用

在环境动态性的已有研究中，环境动态性所发挥的调节作用受到学者们的广泛关注。在国外研究方面，多蒂（Doty）等⑥认为，环境动态性能够影

① Sine W D, David R J. Environmental jolts, institutional change, and the creation of entrepreneurial opportunity in the US electric power industry [J]. Research Policy, 2003, 32 (2): 185-207.

② Baum J R, Wally S. Strategic decision speed and firm performance [J]. Strategic Management Journal, 2003, 24 (11): 1107-1129.

③ 仲伟仵，芦春荣. 环境动态性对创业机会识别可行性的影响路径研究——基于创业者个人特质 [J]. 预测, 2014, 33 (3): 27-33.

④ Cai L, Liu Q, Deng S, et al. Entrepreneurial orientation and external technology acquisition: an empirical test on performance of technology-based new ventures [J]. Journal of Business Economics and Management, 2014, 15 (3): 544 - 561.

⑤ 祝振铎，李新春. 新创企业成长战略：资源拼凑的研究综述与展望 [J]. 外国经济与管理, 2016, 38 (11): 71-82.

⑥ Doty D H, Glick W H, Huber G P. Fit, equifinality, and organizational effectiveness: a test of two configurational theories [J]. Academy of Management Journal, 1993, 36 (6): 1196-1250.

响企业绩效对创业战略的依赖关系，高环境动态性水平下企业绩效的获得更加依赖创业战略决策。兰普金和德丝①的研究表明，环境动态性这一环境因素在战略导向与新创企业绩效关系间起到显著的调节作用。恩斯利（Ensley）和皮尔斯（Pearce）②的研究结果显示，在动态环境影响下，创业者的行为对企业绩效的提升作用更为显著。詹森等③探索了环境因素对双元创新与财务绩效关系的影响，发现环境动态性对探索式创新和财务绩效关系具有正向调节作用，对利用式创新和财务绩效关系具有负向调节作用。阿多马可（Adomako）④ 等在讨论组织外部建言行为与环境动态性对创业导向与企业绩效关系的影响时，发现组织外部建言行为对创业导向与企业绩效关系的调节作用又受到环境动态性的正向调节。

国内研究方面，焦豪等⑤从环境视角分析了创业导向对组织绩效的影响，探讨了环境动态性对创业导向的不同维度与组织绩效关系的影响，结果发现，随着环境动态性水平的不断增加，风险承担性维度对组织绩效的正向影响也不断提高，而环境动态性对创新性以及超前行动性维度与组织绩效关系的调节效应不显著。魏泽龙等⑥讨论了多变环境情境下动态能力对探索型和应用型创新的影响，研究发现环境动态性在动态能力与两种创新之间的调节作用并不相同，环境动态性仅能显著调节动态能力与探索型创新的关系。胡

---

① Lumpkin G, Dess G. Linking two dimensions of entrepreneurial orientation to firm performance: the moderating role of environment and industry life cycle [J]. Journal of Business Venturing, 2001, 16 (5): 429-441.

② Ensley M D, Pearce A C. Shared cognition in top management teams: implications for new venture performance [J]. Journal of Organizational Behavior, 2001 (22): 145-160

③ Jansen J J P, Van den Bosch F A J, Volberda H W. Managing potential and realized absorptive capacity: how do organizational antecedents matter?   [J]. Academy of Management Journal, 2005, 48 (6): 999-1015.

④ Adomako S, Narteh B, Danquah J K, et al. Entrepreneurial orientation in dynamic environments: the moderating role of extra - organizational advice [J]. International Journal of Entrepreneurial Behavior & Research, 2016, 22 (5): 616-642.

⑤ 焦豪, 周江华, 谢振东. 创业导向与组织绩效间关系的实证研究——基于环境动态性的调节效应 [J]. 科学学与科学技术管理, 2007, 28 (11): 70-76.

⑥ 魏泽龙, 弋亚群, 李垣. 多变环境下动态能力对不同类型创新的影响研究 [J]. 科学学与科学技术管理, 2008, 29 (5): 44-47.

望斌和张玉利①以新创企业为研究对象，揭示了环境因素在创业导向的不同维度与企业绩效间的调节作用，结果表明环境动态性在创新性、先动性与企业绩效的关系中都具有显著的正向调节作用，而动态环境的变化并未对风险承担性与企业绩效的关系产生显著的影响。陈国权和王晓辉②对组织学习、环境动态性与组织绩效的关系进行了研究，证实了环境动态性在组织学习影响组织绩效过程中所具有的调节作用，结果显示，高动态环境下探索式学习和利用式学习对组织绩效的影响相较于低动态环境下的影响均有所下降。赵忠伟等③以中小型科技企业为研究样本，检验了组织柔性影响企业成长过程中环境动态性所起到的调节作用，结果表明，在环境动态性的影响下，结构柔性、文化柔性和能力柔性三者均更有利于促进企业质的优化；文化柔性和能力柔性在高动态环境下更能够实现企业量的扩张。马鸿佳和吴娟④的研究揭示了环境动态性对新创企业即兴行为与企业绩效关系的影响，结果显示，环境动态性在即兴行为与企业绩效间发挥正向调节作用。

　　已有研究表明，无论是与知识吸收相关的组织学习，还是以自发和创造性方式产生的组织即兴，它们都受到环境动态性的影响。与组织学习和组织即兴相对应的是企业的两种重要能力，即吸收能力和即兴能力，这两种能力的产生和作用发挥也同样受到环境动态性的影响。库尼亚等⑤构建了一个组织即兴能力的情境模型，对环境动态性与组织即兴能力的作用关系进行研究，结果发现环境动态性与组织即兴能力有一个曲线关系，较高或较低的环境动荡均降低了即兴能力发生的可能性。黎赔肆和焦豪⑥建构了环境动态性、

① 胡望斌，张玉利. 新企业创业导向转化为绩效的新企业能力：理论模型与中国实证研究 [J]. 南开管理评论，2011 (1)：85-97.
② 陈国权，王晓辉. 组织学习与组织绩效：环境动态性的调节作用 [J]. 研究与发展管理，2012，24 (1)：52-59.
③ 赵忠伟，李睿，朱冰洁. 组织柔性对中小型高科技企业成长影响研究 [J]. 科研管理，2019，40 (7)：247-256.
④ 马鸿佳，吴娟. 新创企业即兴行为和惯例对绩效的影响研究 [J]. 管理学报，2020，17 (9)：1355-1363.
⑤ Cunha J V D, Kamoche K, Cunha M P E. Organizational improvisation: a contextual approach [J]. International Review of Sociology, 2003, 13 (3): 567-589.
⑥ 黎赔肆，焦豪. 动态环境下组织即兴对创业导向的影响机制研究 [J]. 管理学报，2014，11 (9)：1366-1371.

组织即兴与创业导向的关系模型，探索环境动态性背景下组织即兴的不同维度与创业导向的关系，结果发现环境动态性能够正向调节创造性维度与创业导向之间的关系，而对自发性维度与创业导向关系的调节作用并不显著。马鸿佳等①通过研究发现，环境动态性能够影响即兴能力与企业竞争优势的关系，当环境动态性水平增加时，即兴能力对企业竞争优势的提升作用变得更加显著。许骞②通过实证分析检验了动态环境影响下企业创新开放度、吸收能力与创新绩效的关系，结果表明环境动态性对吸收能力与创新绩效的关系具有正向调节作用，同时，环境动态性也调节了吸收能力在创新开放度与创新绩效关系间的中介作用。

由以上梳理的环境动态性的相关文献可知，现有文献所关注的环境动态性的研究主题是多方面的。然而，虽然已有研究已经证实了环境动态性在创业导向与企业绩效关系间、即兴能力与企业竞争优势关系间以及吸收能力与企业创新绩效关系间的调节作用，但并未探讨环境动态性如何影响创业导向与即兴能力之间以及创业导向与吸收能力之间的关系。此外，环境动态性对创业导向与新创企业绩效的调节作用是否通过即兴能力和吸收能力两条路径的中介作用来实现，还鲜有研究进行揭示。因此，本文将探索环境动态性在调节创业导向与新创企业绩效关系过程中的被中介的调节效应，进一步深化环境动态性的调节效应研究，弥补现有研究存在的不足。

第五节　新创企业绩效

一、新创企业及其绩效的内涵

新创企业（New venture 或 Start-up），通常代表着一种处于创建或发展

---

① 马鸿佳，宋春华，葛宝山. 动态能力、即兴能力与竞争优势关系研究 [J]. 外国经济与管理，2015，37（11）：25-37.

② 许骞. 创新开放度、知识吸收能力对企业创新绩效的影响机制研究——基于环境动态性视角 [J]. 预测，2020，39（5）：9-15.

初期的企业形态，是创业者从外部环境中发现市场机会而建立的一个经济组织。克里斯曼（Chrisman）等①将新创企业看作是通过创建和组织新业务等一系列行为的结果，所要实现的目标是获得成长和利润，所实施的行为主要包括研发、生产制造以及销售产品或服务等。已有研究主要从企业创立时间的角度来判定一个企业是否为新创企业。然而，对于新创企业创立时间界限的认定学术界还未形成统一的共识。全球创业观察（GEM）曾在报告中明确指出，新创企业是指成立时间不足 42 个月的企业。萨拉②等学者将成立时间在 8 年以内的企业定义为创业企业。赫米列斯基和巴伦（Baron）③ 指出，新创企业的创立时间应该限定在 3 年以内。基斯（Kiss）和巴尔（Barr）④ 将新创企业的创立时间标准设定为 10 年，科文和斯莱文⑤则提出了 12 年以内的企业都可以界定为新创企业的观点。国内研究方面，胡望斌等⑥认为新创企业的创立年限为 5 年，李新春等⑦、蔡莉和单标安⑧等学者则都将新创企业的成立年限界定为 8 年。由以上分析可知，虽然国内外学者对于新创企业成立年限的判定标准不同，但多数研究采用 8 年这一年限来界定新创企业。因此，本研究借鉴萨拉、蔡莉和单标安等学者的观点，将成立时间在 8 年以内的企业界定为新创企业，进而为研究样本的确定提供依据。

① Chrisman J J, Bauerschmidt A, Hofer C W. The determinants of new venture performance: an extended model [J]. Entrepreneurship Theory and Practice, 1998, 23 (1): 5-29.

② Zahra S A. A conceptual model of entrepreneurship as firm behavior [J]. Entrepreneurship Theory and Practice, 1993, 17 (4): 5-21.

③ Hmieleski K M, Baron R A. Entrepreneurs' optimism and new venture performance: a social cognitive perspective [J]. Academy of Management Journal, 2009, 52 (3): 473-488.

④ Kiss A N, Barr P S. New product development strategy implementation duration and new venture performance: a contingency-based perspective [J]. Journal of Management, 2017, 43 (4): 1185-1210.

⑤ Covin J G, Slevin D P. A conceptual model of entrepreneurship as firm behavior [J]. Entrepreneurship Theory and Practice, 1991, 16 (1): 7-25.

⑥ 胡望斌，张玉利，牛芳. 我国新企业创业导向、动态能力与企业成长关系实证研究 [J]. 中国软科学, 2009 (4): 107-118.

⑦ 李新春，梁强，宋丽红. 外部关系-内部能力平衡与新创企业成长——基于创业者行为视角的实证研究 [J]. 中国工业经济, 2010 (12): 97-107.

⑧ 蔡莉，单标安. 创业网络对新企业绩效的影响——基于企业创建期、存活期及成长期的实证分析 [J]. 中山大学学报（社会科学版）, 2010, 50 (4): 189-197.

　　新创企业绩效的内涵源自企业绩效或组织绩效，用于描述新创企业在经营过程中所达成目标的效果和程度。同时，新创企业绩效又不完全等同于一般意义上的企业绩效，因为它代表的是企业在成熟期之前创立和成长阶段所获得的绩效。因此，对于新创企业绩效内涵的解释应该与企业绩效不同。莫利特诺（Moliterno）和维塞曼（Wiersema）① 认为新创企业绩效体现的是企业的经营情况以及创业活动所取得的成果。易朝辉②将新创企业绩效定义为新创企业所开展的创业活动的效率和业绩，是对新创企业所制定的成长性战略目标的完成程度。拉斯科瓦娅（Laskovaia）等③将新创企业绩效视为新创企业的生存和成长情况以及企业目标的完成情况。

二、新创企业绩效的维度与测量

　　目前，学术界对于新创企业绩效的维度划分和变量测量包括很多种方法。为了能够准确、全面地揭示新创企业绩效的内涵，已有研究通常从两个或多个维度对新创企业绩效进行测量。通过对已有文献的梳理可知，新创企业绩效维度的划分标准主要包括财务与非财务指标、获利性与成长性指标等，以此为基础形成了不同的测量方式。

　　（一）财务指标和非财务指标

　　伯切特（Burchett）和德梅斯（Demeuse）④ 将企业绩效的评价测量体系划分为两大类，一类主要是企业绩效的财务指标，包括净收益率、投资回报率、净收益增长速度、市场占有率、销售额等内容，另一类则是企业绩效的

---

① Moliterno T P, Wiersema M F. Firm performance, rent appropriation, and the strategic resource divestment capability [J]. Strategic Management Journal, 2007, 28 (11): 1065-1087.

② 易朝辉. 网络嵌入、创业导向与新创企业绩效关系研究 [J]. 科研管理, 2012, 33 (11): 105-115.

③ Laskovaia A, Shirokova G, Morris M H. National culture, effectuation, and new venture performance: global evidence from student entrepreneurs [J]. Small Business Economics, 2017, 49 (3): 687-709.

④ Burchett S R, Demeuse K P. Performance appraisal and the law [J]. Personnel, 1985, 62 (7): 29-37.

非财务指标，包括产品市场份额、产品质量等内容。汉森（Hansen）[1] 也指出企业的绩效评价体系应该由财务和非财务两类指标组成。通过对新创企业绩效的已有研究进行总结和分析发现，学者们在对新创企业绩效测量方法的选择中表现出不同的做法。一些学者认为仅需要从财务指标的角度来测量新创企业绩效，在他们的研究中，投资回报率、销售增长率、收入增长率、利润率等是测量新创企业绩效的常用财务指标[2][3]。而另一些学者则认为完全以财务指标对企业绩效特别是新创企业绩效进行测量存在一定的局限性。首先，财务指标并不能有效反映企业形象、声誉、顾客满意度等企业无形资产的价值，因此无法准确地测量出企业的总体绩效水平[4]；其次，新创企业多是处于初创或成长阶段的中小企业，前期生产和市场运营中的成本投入还未获得稳定收益，企业并不具备良好的财务绩效，企业的发展更多地体现在员工增加、市场份额扩大、顾客满意度提升等方面，致使财务指标无法全面体现企业的成长和未来价值[5]。因此，这些学者开始将财务指标与非财务指标相结合来测量企业绩效[6][7]。常用的非财务指标主要包括市场份额增长率、新产品或服务增加速度、员工数量增长速度、顾客满意度、顾客保留率和企业声誉等。

[1] Hansen E L. Entrepreneurial networks and new organization growth [J]. Entrepreneurship Theory and Practice, 1995, 19 (4): 7-19.

[2] McGee J E, Dowling M J, Megginson W L. Cooperative strategy and new venture performance: the role of business strategy and management experience [J]. Strategic Management Journal, 1995, 16 (7): 565-580.

[3] Chen C J. Technology commercialization, incubator and venture capital, and new venture performance [J]. Journal of Business Research, 2009, 62 (1): 93-103.

[4] 沈超红，罗亮. 创业成功关键因素与创业绩效指标研究 [J]. 中南大学学报（社会科学版），2006, 12 (2): 231-235.

[5] Cooper A C. Challenges in predicting new firm performance [J]. Journal of Business Venturing, 1993, 8 (3): 241-253.

[6] Brush C G, Vanderwerf P A. A comparison of methods and sources for obtaining estimates of new venture performance [J]. Journal of Business Venturing, 1992, 7 (2): 157-170.

[7] 朱秀梅，费宇鹏. 关系特征、资源获取与初创企业绩效关系实证研究 [J]. 南开管理评论，2010, 13 (3): 125-135.

（二）获利性指标与成长性指标

布拉什（Brush）和范德沃夫（Vanderwerf）认为，由于新创企业绩效结构的复杂性，需要从成长性和获利性两个方面对新创企业绩效进行测量。安东纳奇和海斯里奇[①]将新创企业的成长性解释为新创企业在创业过程中表现出的增长潜力，主要表现在市场份额增长速度、销售额增长速度等指标方面。萨拉和博格纳（Bogner）[②]认为获利性体现了新创企业有效利用其资源实现盈利的成功程度，并用净资产收益率（ROE）对其进行测量。现有研究主要从市场份额增长速度（市场占有率）、员工数量增加速度（雇员增长率）、新产品或新服务增加速度、顾客满意度和公司声誉等指标来测量企业的成长性；从资产收益率（资产报酬率）、销售增长率、利润增长率以及投资回报率等指标方面来测量企业的获利性。如，李等[③]采用投资回报率、利润增长率、资产收益率等指标对获利性绩效进行测量，通过市场份额增长率、企业整体声誉等指标对成长性绩效进行测量。易朝辉等[④]采用市场占有率、顾客满意度以及雇员增长率三个指标来测量新创企业的成长性；通过投资回报率、利润增长率以及销售增长率三个指标来衡量获利性。

除了以上的测量方式以外，新创企业绩效的测量还可以分为客观指标测量和主观指标测量两种类型。客观指标通常是基于企业的财务数据如财务报告等所得到的有关企业绩效的真实数据，以此来衡量企业的绩效水平。如江（Jiang）等[⑤]通过使用样本企业的资产回报率（ROA）来测量企业绩效。主观指标则是基于受访者对企业绩效与竞争对手绩效对比情况的主观判断，以

① Antoncic B, Hisrich R D. Intrapreneurship：construct refinement and cross - cultural validation［J］. Journal of Business Venturing, 2001, 16（5）：495-527.
② Zahra S A, Bogner W C. Technology strategy and software new ventures' performance［J］. Journal of Business Venturing, 2000, 15（2）：135-173.
③ Li H, Zhang Y, Chan T S. Entrepreneurial strategy making and performance in China's new technology ventures-the contingency effect of environments and firm competences［J］. The Journal of High Technology Management Research, 2005, 16（1）：37-57.
④ 易朝辉, 段海霞, 任胜钢. 创业自我效能感、创业导向与科技型小微企业绩效［J］. 科研管理, 2018, 39（8）：99-109.
⑤ Jiang X, Liu H, Fey C, et al. Entrepreneurial orientation, network resource acquisition, and firm performance：a network approach［J］. Journal of Business Research, 2018, 87：46-57.

问卷量表形式所做的测量。两种测量方式各有优缺点，其中，客观指标能够更加真实、准确地反映企业的绩效水平，从而使研究结果更加可信和可靠，但由于企业财务数据特别是新创企业的财务数据通常不对外公布，因此增加了研究者获得客观数据的难度。主观指标的测量因为依据受访人的主观评价，测量的准确性主要取决于受访人对所在企业绩效情况的判断是否准确，因此难以完全地确保绩效测量结果的准确性，但主观指标的可操作性强，也更具实用性。同时，已有研究表明主观评价对企业绩效所做的测量不会改变预测变量与因变量的相关关系，能够提供与客观数据一致的结果①。因此，通过主观指标测量企业绩效的方法得到了学术界的普遍接受和广泛应用。此外，也有学者将客观指标与主观指标相结合来测量新创企业绩效，以求更加准确和全面地衡量企业绩效水平②。

由以上对相关文献的梳理和分析可知，新创企业绩效的两种维度划分方式所形成的测量指标存在一定的重合性，比如新创企业的获利性主要是通过财务指标来测量，成长性则主要采用非财务指标来衡量。而不管是财务指标与非财务指标，还是获利性指标和成长性指标，这些维度都可以采用客观指标或是以主观方式进行测量。根据本研究样本数据的可获得性，以及学者们较为常用的新创企业绩效维度划分和测量方式，本文选择以主观自评的问卷方式，从成长性和获利性两个方面对新创企业绩效进行测量。

三、新创企业绩效的影响因素研究

新创企业绩效是创业领域最受关注也是最为核心的研究主题。已有研究从不同视角揭示了对新创企业绩效产生重要作用的各种因素，以此探索提升企业绩效、实现企业成长的有效途径。由新创企业绩效的相关文献梳理可知，影响新创企业绩效的因素是多样性的，既包括企业内部因素，也包括企业外部因素，既包含个体层面、团队层面和组织层面的因素，也包括外部环

---

① Rauch A，Wiklund J. Lumpkin G T，et al. Entrepreneurial orientation and business performance：an assessment of past research and suggestions for the future［J］. Entrepreneurship Theory and Practice，2009，33（3）：761-787.

② Stam W，Elfring T. Entrepreneurial orientation and new venture performance：the moderating role of intra-and extra-industry social capital［J］. Academy of Management Journal，2008，51（1）：97-111.

境层面的因素。结合本研究的主题和理论模型，本文将重点梳理和总结影响新创企业绩效的创业者因素、创业团队和管理团队因素、企业资源因素、企业能力因素、企业战略因素以及外部环境因素。

创业者因素方面，创业者的个人特质、行为和能力对新创企业绩效的影响得到了相关研究的探讨。包括创业者的领导行为①、即兴行为②、社会技能③、政治技能④、个性⑤、先前经验⑥、创业激情⑦、领导风格⑧等。

创业和管理团队因素方面，已有研究探讨了创业团队的能力⑨、构成特

---

① Ensley M D, Pearce C L, Hmieleski K M. The moderating effect of environmental dynamism on the relationship between entrepreneur leadership behavior and new venture performance [J]. Journal of Business Venturing, 2006, 21 (2)：243-263.

② Hmieleski K M, Corbett A C. The contrasting interaction effects of improvisational behavior with entrepreneurial self-efficacy on new venture performance and entrepreneur work satisfaction [J]. Journal of Business Venturing, 2008, 23 (4)：482-496.

③ Baron R A, Tang J. Entrepreneurs' social skills and new venture performance：mediating mechanisms and cultural generality [J]. Journal of Management, 2009, 35 (2)：282-306.

④ Tocher N, Oswald S L, Shook C L, et al. Entrepreneur political skill and new venture performance：extending the social competence perspective [J]. Entrepreneurship & Regional Development, 2012, 24 (5-6)：283-305.

⑤ de Jong A, Song M, Song L Z. How lead founder personality affects new venture performance：the mediating role of team conflict [J]. Journal of Management, 2013, 39 (7)：1825-1854.

⑥ 王巧然，陶小龙. 创业者先前经验对创业绩效的影响——基于有中介的调节模型 [J]. 技术经济, 2016, 35 (6)：24-34.

⑦ Ma C, Gu J, Liu H. Entrepreneurs' passion and new venture performance in China [J]. International Entrepreneurship and Management Journal, 2017, 13 (4)：1043-1068.

⑧ 张海丽，Michael Song. 初创战略、领导风格与新创企业绩效的中美比较研究 [J]. 科学学与科学技术管理, 2019, 40 (10)：14-37.

⑨ Zhao Y L, Song M, Storm G L. Founding team capabilities and new venture performance：the mediating role of strategic positional advantages [J]. Entrepreneurship Theory and Practice, 2013, 37 (4)：789-814.

征①、关系治理②、高层管理团队的管理经验③、共同认知④、凝聚力⑤、共同真实型领导⑥等因素与新创企业绩效的关系。

企业的资源因素方面，一些研究从企业资本角度，如人力和财务资本⑦、智力资本⑧、社会资本⑨等方面讨论了这些因素对新创企业绩效的影响。另一些研究从组织资源角度，包括知识资源⑩、市场信息资源⑪、网络资源⑫等方面对新创企业绩效的影响因素进行分析。

① Jin L, Madison K, Kraiczy N D, et al. Entrepreneurial team composition characteristics and new venture performance：a meta-analysis ［J］. Entrepreneurship Theory and Practice, 2017, 41（5）：743-771.

② 朱仁宏，周琦，张书军. 创业团队关系治理与新创企业绩效倒 U 型关系及敌对环境的调节作用［J］. 南开管理评论，2020，23（5）：202-212.

③ McGee J E, Dowling M J, Megginson W L. Cooperative strategy and new venture performance：the role of business strategy and management experience ［J］. Strategic Management Journal, 1995, 16（7）：565-580.

④ Ensley M D, Pearce A C. Shared cognition in top management teams：implications for new venture performance ［J］. Journal of Organizational Behavior, 2001（22）：145-160.

⑤ Ensley M D, Pearson A W, Amason A C. Understanding the dynamics of new venture top management teams：cohesion, conflict, and new venture performance ［J］. Journal of Business Venturing, 2002, 17（4）：365-386.

⑥ Hmieleski K M, Cole M S, Baron R A. Shared authentic leadership and new venture performance ［J］. Journal of Management, 2012, 38（5）：1476-1499.

⑦ Cooper A C, Gimeno‐Gascon F J, Woo C Y. Initial human and financial capital as predictors of new venture performance ［J］. Journal of Business Venturing, 1994, 9（5）：371-395.

⑧ Juma N, Mcgee J. The relationship between intellectual capital and new venture performance：an empirical investigation of the moderating role of the environment ［J］. International Journal of Innovation and Technology Management, 2006, 3（4）：379-405.

⑨ 王庆金，王强，周键. 社会资本、创业拼凑与新创企业绩效——双重关系嵌入的调节作用［J］. 科技进步与对策，2020，37（20）：49-57.

⑩ West G P, Noel T W. The impact of knowledge resources on new venture performance ［J］. Journal of Small Business Management, 2009, 47（1）：1-22.

⑪ Parry M E, Song M. Market information acquisition, use, and new venture performance ［J］. Journal of Product Innovation Management, 2010, 27（7）：1112-1126.

⑫ 李宇，张雁鸣. 网络资源、创业导向与在孵企业绩效研究—基于大连国家级创业孵化基地的实证分析［J］. 中国软科学，2012（8）：98-110.

　　企业的能力因素方面，网络能力①、资源整合能力②、机会能力③、市场能力④等组织能力都是学者们在研究新创企业绩效影响机制时所关注的因素。

　　企业的战略因素方面，产生于组织层面的企业战略是影响新创企业绩效的重要因素。已有研究揭示了商业和技术战略⑤、伙伴关系增长战略⑥等企业战略对新创企业绩效的影响。此外，还有学者从战略导向层面探讨了创业导向⑦、市场导向⑧等因素对新创企业绩效的影响。

　　环境因素方面，已有研究揭示了各种环境因素以及环境特征对新创企业绩效的影响。其中，环境因素包括：行业环境⑨、国家环境⑩、创业环境⑪

---

① Mu J. Networking capability, new venture performance and entrepreneurial rent [J]. Journal of Research in Marketing and Entrepreneurship, 2013, 15 (2): 101-123.

② 王玲玲, 赵文红. 创业资源获取、适应能力对新企业绩效的影响研究 [J]. 研究与发展管理, 2017, 29 (3): 1-12.

③ 杜跃平, 王欢欢. 创业导向下双元机会能力对新企业绩效的影响——以陕西地区民营新创企业为例 [J]. 科技进步与对策, 2018, 35 (8): 76-83.

④ Martin S L, Javalgi R R G, Ciravegna L. Marketing capabilities and international new venture performance: the mediation role of marketing communication and the moderation effect of technological turbulence [J]. Journal of Business Research, 2020, 107: 25-37.

⑤ Dowling M J, McGee J E. Business and technology strategies and new venture performance: a study of the telecommunications equipment industry [J]. Management Science, 1994, 40 (12): 1663-1677.

⑥ Chen X, Zou H, Wang D T. How do new ventures grow? Firm capabilities, growth strategies and performance [J]. International Journal of Research in Marketing, 2009, 26 (4): 294-303.

⑦ 胡望斌, 张玉利. 新企业创业导向转化为绩效的新企业能力：理论模型与中国实证研究 [J]. 南开管理评论, 2011 (1): 85-97.

⑧ Styles C, Kropp F, Lindsay N J, et al. Entrepreneurial, market, and learning orientations and international entrepreneurial business venture performance in South African firms [J]. International Marketing Review, 2006, 23 (5): 504-523.

⑨ Sandberg W R, Hofer C W. Improving new venture performance: the role of strategy, industry structure, and the entrepreneur [J]. Journal of Business Venturing, 1987, 2 (1): 5-28.

⑩ Shane S, Kolvereid L. National environment, strategy, and new venture performance: a three country study [J]. Journal of Small Business Management, 1995, 33 (2): 37.

⑪ 王海花, 熊丽君, 李玉. 众创空间创业环境对新创企业绩效的影响 [J]. 科学学研究, 2020, 38 (4): 673-684.

等；环境特征包括环境敌意性①、环境不确定性②、环境可持续性③等。

由以上梳理的新创企业绩效的相关文献可知，已有研究从不同视角和多个层面对新创企业绩效的影响因素进行了揭示。这些影响因素之间往往存在一定的联系，通过相互作用和关联对新创企业绩效产生作用，这就为本研究探索新创企业绩效的影响机制提供了一定的思路。具体来说，企业战略、企业能力和外部环境都是影响新创企业绩效的重要因素，战略导向能够通过影响企业能力进而作用于新创企业绩效，而环境因素又对战略导向、企业能力与新创企业绩效之间的相互作用关系产生重要的影响。因此，本研究试图探索环境动态性在影响创业导向与新创企业绩效关系的过程中，即兴能力和吸收能力两种企业能力所发挥的作用，从而构建起环境动态性影响下创业导向、即兴能力、吸收能力与新创企业绩效关系的影响模型。

第六节　本章小结

本章对创业导向、即兴能力、吸收能力、环境动态性以及新创企业绩效等变量的相关文献做了系统的梳理和总结，包括变量的内涵、维度划分、测量以及相关的实证研究等内容。通过对文献的分析发现，现有文献在探讨相关变量与新创企业绩效关系的研究中还存在一定的局限。

新创企业绩效一直都是创业领域最为重要的研究主题。以往研究在探讨新创企业绩效影响机制时大多基于战略管理或组织研究的相关理论，将成熟的理论应用于解释新创企业成长和发展的原因，缺少对新创企业自身特征和

① Li H. How does new venture strategy matter in the environment-performance relationship? [J]. The Journal of High Technology Management Research, 2001, 12 (2): 183-204.

② Song L, Augustine D, Yang J Y. Environmental uncertainty, prospector strategy, and new venture performance: the moderating role of network capabilities [J]. International Entrepreneurship and Management Journal, 2016, 12 (4): 1103-1126.

③ Amankwah-Amoah J, Danso A, Adomako S. Entrepreneurial orientation, environmental sustainability and new venture performance: does stakeholder integration matter? [J]. Business Strategy and the Environment, 2019, 28 (1): 79-87.

创业情境的思考，不能很好地挖掘新创企业成长的真正原因。具体来说，在探讨创业导向影响新创企业绩效的关系时，已有研究大多将成熟企业的战略特征用于描述新创企业的情况，使研究结果产生偏差。在从环境和能力视角探讨创业导向影响新创企业绩效的边界条件的研究中，大部分学者关注的是环境或能力等因素在调节创业导向与新创企业绩效关系时所发挥的作用，或是环境因素对组织能力与新创企业绩效关系的调节作用，鲜有研究从环境因素调节创业导向与能力因素关系的角度来揭示创业导向影响新创企业绩效的过程，即环境因素对创业导向与新创企业绩效关系的调节是不是通过能力因素的中介来实现的问题。在对吸收能力与绩效关系的研究中，多数研究关注于吸收能力在影响创新绩效、企业绩效过程中所发挥的调节作用，对吸收能力影响新创企业绩效的中介作用讨论得较少。在从组织学习和能力视角探索创业导向与新创企业绩效关系的研究中，以往研究多是以单一中介变量探索创业导向影响新创企业绩效的实现路径，较少考虑以两个或多个中介变量从多条路径揭示创业导向与新创企业绩效的关系。此外，不同的组织能力或是不同的学习模式之间往往可以相互影响，形成互补效应，共同对企业绩效产生作用，而已有研究中还很少有学者从能力或学习模式交互的角度来讨论组织能力或组织学习对新创企业绩效的影响。

基于以上分析，本研究从组织学习和能力视角，构建了创业导向与新创企业绩效关系的理论模型，揭示环境动态性调节创业导向与新创企业绩效关系的路径中两种组织学习和能力因素（即即兴能力和吸收能力）所起到的中介作用，以及二者的交互作用对新创企业绩效的影响。

第二章

理论分析与研究假设

首先，梳理本研究的相关理论。本研究参考了资源基础、企业能力、组织学习和创业战略等方面的理论研究，为厘清环境动态性情境下的创业导向、即兴能力、吸收能力与新创企业绩效之间的关系奠定理论基础。因此，本文的理论基础主要包括资源基础理论、企业能力理论、组织学习理论以及创业战略相关理论。然后，结合相关理论和案例分析推导和构建出本研究的理论模型，进一步确定主要变量间的作用关系。最后，根据理论模型提出本研究的相关假设。

第一节 理论基础

如何获得持续的竞争优势是战略管理理论的焦点和核心议题之一。针对组织竞争优势的来源以及如何维持竞争优势、如何获得企业持续成长等问题学者们从不同的理论视角做出了解释。资源基础理论认为，企业竞争优势来自其所能支配的稀缺的、有价值的、不可替代的和难以模仿的资源[①]；企业能力理论认为，企业所具有的核心能力、动态能力等组织能力是其竞争优势

---

① Wernerfelt B. A resource - based view of the firm [J]. Strategic Management Journal, 1984, 5 (2): 171-180.

的基础①②；组织学习理论认为，通过组织学习所实现的资源获取和能力提升是企业保持竞争优势的重要原因③；创业战略相关理论认为，创业战略是新创企业获取和保持竞争优势的关键④。下面将对这几个重要理论的代表性观点进行总结和梳理。

一、资源基础理论

资源基础理论（Resource-Based Theory）诞生于 20 世纪 80 年代，是战略管理研究的重要内容。它的产生背景源于学术界对组织竞争优势的讨论。以波特（Porter）等⑤为代表的产业组织理论学者认为，企业所处的产业以及产业的外部环境决定着企业的竞争优势。这一观点过分强调了外部因素对企业竞争优势和企业绩效的影响，而忽视了企业内部资源对于提升组织竞争优势的作用。因此，以彭罗斯（Penrose）、沃纳菲尔特（Wernerfelt）和巴尼（Barney）等为代表的学者开始从企业内部资源角度寻找组织获得竞争优势的原因，逐渐发展为资源基础理论。

彭罗斯⑥被认为是最早奠定资源基础理论的学者，其著作《企业成长理论》一书深刻地阐明了企业资源与成长之间的关系，为资源基础理论的形成奠定了初步的理论基础。彭罗斯指出，企业的成长过程是一个管理与资源互动、资源间优势互补的动态过程，这一过程创造了企业的竞争优势；企业能够跟随时间的推移而动态调整成长战略，通过资源的快速转移来寻求新的商

---

① Hafeez K, Zhang Y B, Malak N. Core competence for sustainable competitive advantage: a structured methodology for identifying core competence [J]. IEEE Transactions on Engineering Management, 2002, 49 (1): 28-35.

② Teece, D J, Pisano G, Shuen A. Dynamic capabilities and strategic management [J]. Strategic Management Journal, 1997, 18 (7): 509-533.

③ Day G S. Continuous learning about markets [J]. California Management Review, 1994, 36 (4): 9-31.

④ Russell R D, Russell C J. An examination of the effects of organizational norms, organizational structure, and environmental uncertainty on entrepreneurial strategy [J]. Journal of Management, 1992, 18 (4): 639-656.

⑤ Porter M. Competitive advantage [M]. New York: Free Press, 1985.

⑥ Penrose E T. The theory of the growth of the firm [M]. Oxford University Press, Oxford, 1959.

业机会、适应不断变化的外部环境。沃纳菲尔特在《企业的资源基础观》一书中首次提出资源观的概念，认为企业是各种资源的独特组合，标志着资源基础观的正式形成。沃纳菲尔特所提出的资源而非产品是企业竞争优势来源的思想，使企业战略研究从"产品"视角转变到"资源"视角，确立了资源基础理论在战略管理研究中的地位。安索夫（Ansoff）① 的研究提出了企业资源和能力通过影响战略选择进而影响企业竞争优势的逻辑，因此形成了"资源—战略—绩效"的理论框架，成为资源基础理论的重要内容。巴尼②在《企业资源与持续竞争优势》一文中提出了资源所具有的 VRIN 四个特征，将拥有四个特征的资源与企业竞争优势相联结，指出企业所拥有的稀缺的、有价值的、不可替代的和难以模仿的资源是企业竞争优势的来源。格兰特（Grant）③ 第一次将资源基础观表述为资源基础理论，表明资源基础观开始由一种战略观念发展为独立的战略理论。格兰特将企业所具备的能力和资源视为其利润和竞争优势的来源，并讨论了资源对企业战略所产生的影响，结果发现企业的内部资源对其战略方向具有一定的引导作用。彼得罗夫（Peteraf）④ 继承和发展了彭罗斯的思想，提出能够创造企业竞争优势的资源需要满足四个条件，分别是异质性、不完全流动性以及对竞争的事前和事后限制。巴尼⑤对先前关于企业竞争优势与资源关系的研究进行了修正和完善，提出了二者关系的 VIRO 框架，即具备价值性（Value）、难以模仿性（Imitability）、稀缺性（Rarity）以及组织性（Organization）四个特征的资源能够使企业具有竞争优势。同时，巴尼进一步指出了造成企业间资源禀赋差异的原因，一是企业资源往往具有一定的异质性，二是这种异质性资源又表现出不完全流动性。

① Ansoff H. The emerging paradigm of strategic behavior [J]. Strategic Management Journal，1987，8（1）：31-42.

② Barney J B. Firm resources and sustained competitive advantage [J]. Journal of Management，1991，17（1）：99-121.

③ Grant R M. The resource-based theory of competitive advantage：implications for strategy formulation [J]. California Management Review，1991，33（3）：114-135.

④ Peteraf M A. The cornerstones of competitive advantage：a resource-based view [J]. Strategic Management Journal，1993，14（3）：179-191.

⑤ Barney J B. Gaining and sustaining competitive advantage [M]. New York：Pearson Education Incorporated，2002.

资源基础理论认为企业的竞争优势源自其内部异质性、稀缺性、有价值的资源，强调了企业竞争优势的内生性而非外生性，突破了波特等产业组织理论学者将企业竞争优势归因于产业吸引力和外部环境的局限，回答了何为企业以及企业竞争优势来源的关键性问题①。本文在研究创业导向与新创企业绩效的作用机制时，认为通过吸收能力和即兴能力所实现的资源获取、整合和利用是创业导向向企业绩效转化的重要路径，资源在提升新创企业绩效和竞争优势中发挥着至关重要的作用，这正好符合了资源基础理论的观点。因此，本文将资源基础理论作为重要的理论基础。

二、企业能力理论

与资源基础理论强调"物"化的资源是企业竞争优势来源不同的是，企业能力理论更加看重"人"在企业竞争优势取得过程中的作用。帕拉哈拉德（Prahalad）和哈梅尔（Hamel）② 是较早提出企业能力观点的学者，他们认为企业应被看作是一个能力的集合体，企业所具有的各种能力是其独特的组织资源，在此基础上他们进一步提出了企业核心能力的概念，将核心能力界定为整合多种技术、协调不同生产技能的组织累积性学习的能力。企业能力理论中持核心能力观点的学者们认为，企业的核心能力是企业持续保持竞争优势的原因，通过组织集体学习所实现的核心能力强化了企业的竞争能力，成为竞争能力的核心。同时，企业的核心能力具备三个最为基本的特征，包括独特性（竞争对手难以模仿和取代）、用户价值（为用户感知和识别多个市场产品的实用性提供帮助）以及延展性（为企业提供了进入市场的机会）。此外，核心能力观还指出，企业能力除了核心能力外，还包括一些附属能力，并且附属能力与核心能力在来源和作用上具有很大的不同。核心能力具有异质性，是竞争对手难以模仿和实现超越的，附属能力具有同质性，是企业较为基础的能力；在获取途径上，核心能力往往产生于企业的生产运营过程中，是组织内部不断学习和积累而来的，而附属能力的获取则相对简单，既可以通过购买的方式从市场获得，也可以通过组织的学习和积累生成。

---

① 杨春华．资源基础理论及其未来研究领域［J］．商业研究，2010，（7）：26-29.

② Prahalad C K, Hamel G. The core competence of the corporation［J］. Harvard Business Review, 1990, 68（3）：79-91.

　　然而，随着企业核心能力研究的不断深入，核心能力理论在解释具体的管理实践中暴露出了一定的局限，这引起了学术界和理论界的广泛讨论。其中，最为显著的局限在于过分关注和强调核心能力容易致使企业产生路径依赖，这进一步造成了企业核心能力的刚性，导致企业难以适应动态发展的市场环境，不能根据环境的动态变化而适时调整和应用核心能力①。因此，在这一背景下，动态能力的观点应运而生。动态能力是企业能力理论的重要研究内容，它的概念最早是由蒂斯（Teece）等人在《动态能力与战略管理》一文中提出的，动态能力被界定为"企业有效构建和整合各种资源、重构组织内部和外部能力，以适应不断变化的环境的能力"。在蒂斯等人看来，动态能力是能够持续改变或保持企业作为竞争优势基础能力的能力，也就是那些能够根据环境的动态变化而促使企业变革流程和产品的能力，与外部环境保持动态平衡是企业竞争优势的来源，即企业持续保持竞争优势的关键是不断响应环境的变化实现组织内部能力的发展、调动与更新。此外，蒂斯等提出了动态能力的三个关键要素，即组织过程、位置以及发展路径，认为通过市场位势和路径依赖可以取得和保持企业的竞争优势。

　　企业能力理论认为企业的竞争优势来源于企业所具有的各种能力，特别是企业的核心能力和动态能力，它是对传统资源基础理论的发展和延伸，企业竞争优势也从资源基础理论所强调的静态的物化资源向企业能力理论所关注的动态构建的能力转变。本文在创业导向与新创企业绩效关系的研究中参考了企业能力理论，将吸收能力和即兴能力这两种重要的企业能力视为新创企业实现成长并获得竞争优势的基础。企业能力是创业导向向企业绩效转化的关键要素，而吸收能力作为企业识别、同化、应用有价值的外部信息或知识的能力，即兴能力作为企业在动态环境和时间压力下，利用现有可得资源，以创新和自发的方式实现管理目标的能力，必然在新创企业创业导向影响企业绩效的过程中发挥重要的作用，对于这一作用机制的揭示符合了企业能力理论的观点。因此，企业能力理论是本研究的重要理论基础。

---

① Leonard - Barton D. Core capabilities and core rigidities: a paradox in managing new product development [J]. Strategic Management Journal, 1992, 13: 111-125.

三、组织学习理论

组织学习的概念在学术界很早就被提了出来①，但是组织学习理论一直到 20 世纪 70 年代才得到重视和系统化发展。阿吉里斯（Argyris）被认为是早期组织学习理论的重要奠基人。他从过程和行为视角对组织学习作出解释，将组织学习视为一个不断检验和纠正错误的过程，并且指出，组织中的学习形式可以分为单环学习和双环学习两种类型②。阿吉里斯和舍恩（Schon）③ 更加系统和全面地对组织学习作出解释，认为组织学习是组织根据过去所积累的经验，对其产生的错误行为进行检验，进而提高相应的知识和能力，以便在未来的行动中加以运用的一系列过程。同时，阿吉里斯和舍恩根据组织学习的过程提出了发现、发明、执行和推广的四阶段模型。赫德伯格（Hedberg）④ 从组织行为与环境变化相适应的角度对组织学习作出解释，他指出，组织学习是知识在组织内部实现转化以及组织为适应动态变化的外部环境不断调整和修正组织行为的过程。森格（Senge）⑤ 从学习型组织的视角对组织学习展开研究，提出了学习型组织创建所需经历的系统思考、自我超越、心智模式、共同愿景和团队学习等五项修炼，为组织学习提供了更加丰富的理论内涵。西蒙（Simon）⑥ 指出了组织学习与个体学习之间的联系，认为组织学习是通过个体学习实现知识积累的，是个体学习行为基础上的集体学习行为，而非个体学习的简单积累。此外，组织学习与企业竞争优

① Cyert R M, March J G. A behavioral theory of the firm, 2nd ed ［M］. Prentice Hall, Englewood Cliffs, NJ, 1963.

② Argyris C. Double loop learning in organizations ［J］. Harvard Business Review, 1977, 55 (5)：115-125.

③ Argyris C, Schon D. Organizational learning：a theory of action perspective ［M］. Reading, MA：Addison Wesley, 1978.

④ Hedberg B. How organizations learn and unlearn? in P C Nystrom, and W H Starbuck (Eds.), Handbook of Organizational Design ［C］. New York：Oxford University Press, 1981：3-27.

⑤ Senge P M. The fifth discipline ［M］. New York：Doubleday, 1990.

⑥ Simon L, Andreas E, Malte B. Top management's social capital and learning in new product development and its interaction with external uncertainties ［J］. Industrial Marketing Management, 2012, 41 (3)：521-530.

势的关系也成为组织学习理论讨论的重要议题。戴指出，企业可以通过组织学习在原有的资源和能力的基础上开发出新的业务，以此形成企业的竞争优势，因此，可以将组织学习视为企业能够取得和维持竞争优势的重要资源。迪克森（Dickson）① 认为，发展和维持较优的、高阶的组织学习能够使企业拥有长期的、可持续的竞争优势。国内学者也持有同样的观点。叶勤② 指出，组织学习理论将组织学习解释为企业经验和知识在组织内部的有效传递，组织内部成员通过学习所实现的优势逐渐转化为企业的整体优势，最终将形成企业的竞争优势。王伟③ 认为组织学习是组织内的个体和团体利用组织内部信息和知识等资源进行持续创新以形成竞争力的过程，组织学习能够确保企业获得持续的竞争优势。苏中锋等④ 认为组织学习有助于企业提升各方面的水平，构建杰出的企业能力，从而建立起企业竞争优势。

组织学习理论关注的是组织内部资源（特别是知识和经验等无形资源）和能力的形成过程，在一定程度上回答了"资源和能力从何而来"的问题，企业通过组织学习可以获得竞争优势的观点的提出，也进一步深化和补充了资源基础理论和企业能力理论对企业竞争优势来源的解释。本文在研究创业导向与新创企业绩效的作用机制时，揭示了吸收能力和即兴能力以及二者的交互作用在这一关系中的作用。吸收能力和即兴能力可以被看作是两种具有不同特征的组织学习模式。其中，吸收能力反映的是一种有意识的、累积的和重复性的学习过程⑤，是企业识别、获取、同化和应用外部信息或知识的行为和能力⑥，即兴能力体现的是一种自发的、短期的、经验学习和创造同

---

① Dickson P R. The static and dynamic mechanics of competition: a comment on Hunt and Morgan's comparative advantage theory [J]. Journal of Marketing, 1996, 60 (4): 102-106.

② 叶勤. 企业战略理论的竞争优势观及其演进 [J]. 经济评论, 2004 (2): 61-64.

③ 王伟. 组织学习理论研究述评 [J]. 郑州大学学报: 哲学社会科学版, 2005, 38 (1): 68-71.

④ 苏中锋, 谢恩, 李垣. 资源管理: 企业竞争优势与价值创造的源泉 [J]. 管理评论, 2007, 19 (6): 31-36.

⑤ Bergh D D, Lim E N K. Learning how to restructure: absorptive capacity and improvisational views of restructuring actions and performance [J]. Strategic Management Journal, 2010, 29 (6): 593-616.

⑥ Cohen W M, Levinthal D A. Absorptive capacity: a new perspective on learning and innovation [J]. Administrative Science Quarterly, 1990, 35 (1): 128-152.

时发生的学习过程，是企业在感知环境变化时及时拼凑资源以快速和创造性地解决突发问题的能力①。因此，本研究可以从组织学习的视角来讨论新创企业创业导向向企业绩效转化的过程，组织学习理论可以作为本研究的理论基础。

四、创业战略相关理论

创业战略是战略管理理论和创业理论研究中的重要内容。新创企业对于创业战略的选择不仅影响着企业的成长，还关系到企业能否取得竞争优势并提升自身绩效②。因此，创业战略的相关理论也成为战略管理理论中解释企业竞争优势的重要理论基础。默里（Murry）③认为，创业战略是组织建立或重新建立其与外部环境之间关系的手段，是一种组织所采用的决策模式同时改变的战略。罗素（Russell）和罗素（Russell）④将创业战略视为企业通过不断创新而获得竞争优势的战略。兰普金和德丝提出，创业战略是企业在不确定性的环境中进入新的业务领域的决策行为、实践和过程，创业战略的制定包括创新性、风险承担性和前瞻性三个组成部分。芙恩（Fern）等⑤指出创业战略是新创企业为实现创业目标所采取的包括配置资源在内的一系列行动，既可以是企业层面的战略也可以是创业者主导的战略。我国学者在已有研究的基础上也提出了对创业战略的相关解释。其中，徐二明⑥认为，创业

---

① Secchi E, Roth A V, Verma R, et al. The impact of service improvisation competence on customer satisfaction: evidence from the hospitality industry [J]. Production and Operations Management, 2019, 28 (6): 1329-1346.

② Dess G G, Lumpkin G T, Covin J G. Entrepreneurial strategy making and firm performance: tests of contingency and configurational models [J]. Strategic Management Journal, 1997, 18 (9): 677-695.

③ Murray J A. A concept of entrepreneurial strategy [J]. Strategic Management Journal, 1984, 5 (1): 1-13.

④ Russell R D, Russell C J. An examination of the effects of organizational norms, organizational structure, and environmental uncertainty on entrepreneurial strategy [J]. Journal of Management, 1992, 18 (4): 639-656.

⑤ Fern M J, Cardinal L B, O'Neill H M. The genesis of strategy in new ventures: escaping the constraints of founder and team knowledge [J]. Strategic Management Journal, 1992, 33 (4): 427-447.

⑥ 徐二明. 公司型创业战略 [J]. 南开学报（哲学社会科学版），2004 (1): 17-18.

战略是企业为了实现既定的创业目标，针对创业活动所制定的计划和策略，表现出企业自我变革、行动领先和创新性等特征。张映红①指出，创业战略是企业所表现出的创业姿态，即企业在创业活动中的战略决策过程以及决策风格。林嵩②认为创业战略是新创企业在经营过程中的一种发展规划和战略选择。陈彪等③将新创企业的创业战略解释为企业基于既定发展目标所实施的产品生产和市场推广的竞争战略。

在创业战略与企业绩效和竞争优势的关系上，德丝等认为，新创企业创业战略的制定对于企业取得竞争优势和提升创业绩效具有重要的作用。罗珀（Roper）④指出，制定有效的创业战略、采取弹性的经营策略是新创企业适应动态变化的市场需求并实现成功创业的关键。李构建了创业战略选择与创业绩效关系的创业模型，将创业战略视为整个模型的中心，指出企业创业绩效的最终获得取决于其对创业战略的选择。同时，国内学者林嵩等⑤认为，创业战略的实施决定着创业企业的成长效果，正确的创业战略有利于更好地实现企业成长并取得创业成功。陈彪等的研究发现，包括产品创新战略、低成本战略和营销差异化战略在内的创业战略对于企业竞争优势的提升都发挥积极的作用。

创业战略本质上是一种竞争战略，创业战略的相关理论从战略层面解释了创业战略的制定和选择对企业绩效和竞争优势的影响，为企业竞争优势来源的解释提供了一定的理论基础。本文所研究的创业导向是一种战略导向，是企业在创业过程中从创新性、风险承担性和前瞻性等方面所采取的战略决策模式和体现出的战略制定风格。因此，创业导向可以被认为是创业战略的一种表现形式。本文所研究的创业导向与新创企业绩效的作用机制，是在揭

① 张映红. 动态环境对公司创业战略与绩效关系的调节效应研究 [J]. 中国工业经济, 2008 (1): 105-113.

② 林嵩, 张炜, 姜彦福. 创业战略的选择：维度，影响因素和研究框架 [J]. 科学学研究, 2006, 24 (1): 79-84.

③ 陈彪, 鲁喜凤, 尹苗苗. 投机导向、创业战略与新企业竞争优势 [J]. 科研管理, 2019, 40 (8): 82-91.

④ Roper S. Entrepreneurial characteristics, strategic choice and small business performance [J]. Small Business Economics, 1998, 11 (1): 11-24.

⑤ 林嵩, 姜彦福, 张帏. 创业机会识别：概念、过程、影响因素和分析架构 [J]. 科学学与科学技术管理, 2005 (6): 128-132.

示新创企业在经营过程中所制定的以创新性、风险承担性和前瞻性为主要特征的创业战略对企业绩效产生的影响，契合了创业战略相关理论的基本观点。因此，可以将创业战略的相关理论作为本研究的理论基础。

第二节　理论模型构建

理论模型的构建不仅需要建立在相关文献和理论分析的基础上，还需要结合一定的案例分析加以佐证，为模型主要变量间作用关系的厘清提供理论和现实情境支撑，进而提高理论模型构建的有效性。本节在前文相关文献和理论梳理的基础上，根据研究的主题和目的，选取了位于上海市和深圳市的三家新创企业为研究对象进行走访调查，获得了与本研究主要变量相关的访谈材料。接着，对所收集的数据进行渐进式编码，提炼出与本研究主要变量和变量间相互关系有关的条目，并通过与相关文献分析相结合，来构建本研究的理论模型。

一、研究设计

（一）研究方法

案例分析能够真实地描述研究对象的现实情况，有效地揭示调研对象的复杂性①。因此，案例分析常被作为理论构建过程中的一种重要方法，通过对案例材料进行分析、比较、归纳和推导，得到与研究主题相关的命题或结论，从而形成一定的理论框架。

案例研究方法分为单案例研究和多案例研究两类。单案例研究是以单一典型案例为研究对象，具有一定的特殊性和极端性，在外部效度方面存在一定缺陷②。多案例研究通过多个案例的分析和比较，能够实现对理论观点的

① Yin R K. Case study research: design and methods（5th ed.）[M]. Thousand Oaks, CA: Sage, 2014.

② 徐光，李慧明媚，田也壮. 组织即兴诱发机制：基于舞台创意过程的研究 [J]. 管理科学，2020，33（5）：116-125.

反复验证，因此所得结论更具有稳健性和普适性①。基于此，本文选择探索性多案例研究的分析方法，深度探索和揭示主要变量之间的逻辑关系，以此构建本研究的理论模型。

（二）案例选择

对于案例的选择需要具有典型的代表性，本研究选择 3 家新创企业（以下分别称为企业 A、B 和 C）作为研究对象，主要基于以下原因：（1）选取的 3 家企业分别属于不同的行业，在创业导向、环境动态性、即兴能力、吸收能力和企业绩效方面存在一定的差异，能够通过相互之间的比较得到可靠的结论；（2）3 家企业都是其所在领域较为成功的创业企业，都非常重视培养企业的战略导向、组织学习和能力，并认为可以通过战略导向、组织学习和能力的改善进一步提升企业绩效，3 家企业对于研究主题所涉及的相关概念的正确理解和认识为案例材料的有效性提供了重要保证。三家企业的基本信息如表 2-1 所示。

表 2-1　案例企业基本信息

案例企业	成立时间	所在城市	所属行业	企业绩效情况	受访对象
企业 A	2016 年 1 月	深圳	人工智能	好	创始人
企业 B	2016 年 6 月	上海	新材料	较好	创始人
企业 C	2016 年 9 月	上海	交通出行	优秀	创业团队成员

企业 A 所在城市为深圳市，受访对象为企业的创始人。该企业成立于 2016 年 1 月，是一家集研发、生产和销售于一体的智能配送机器人解决方案商。致力于以机器人为媒介，助力客户完成餐饮人工智能化的流程再造，实现餐饮管理智能化、运营高效化、服务标准化，把餐饮业者从繁复工作中释放出来。目前，企业已申请数百项核心专利，主要产品为配送机器人、迎宾机器人、回收机器人和消毒机器人等。该企业的机器人产品现已应用于国内外的餐厅、医院、学校、办公楼等场景，产品畅销全球 50 多个国家和 500 多个城市。企业不仅得到了深圳市和国家的高新技术企业认证，还获得了"中

---

① Eisenhardt K M, Graebner M E. Theory building from cases: opportunities and challenges [J]. Academy of Management Journal, 2007, 50 (1): 25-32.

国最具投资价值新星企业深圳 50 强""中国创新成长企业 100 强""AI 商业应用领域最具影响力创新企业 TOP10"等称号。

企业 B 所在城市为上海市，受访对象为企业的创始人。该企业创建于 2016 年 6 月，是一家集产学研为一体的环保新材料科技公司。企业致力于将新型多功能材料运用于传统的建筑、装修装饰材料中，为客户提供更加舒适、安全、健康的室内环境。目前，企业拥有多个授权专利和多项技术储备，主营产品为室内有害气体吸附材料、小型制氧机等。获得"上海市最具投资五十佳企业"、"上海市杨浦区专精特新企业"等荣誉称号，并获批为上海市高新技术企业。

企业 C 同样位于上海市，受访对象是企业创业团队的一名主要成员，该企业创立于 2016 年 9 月，是国内领先的本地出行及生活服务平台，致力于为人们提供更便捷的出行以及更好的普惠生活服务。目前，企业的主营业务为单车出行（两轮出行）、顺风车（四轮出行）等，其中共享两轮业务共进驻全国超 400 城，注册用户超过 3 亿；顺风车业务已覆盖全国 300 多城市，认证车主超过千万名。该企业获得"胡润独角兽排行榜"最年轻的新晋独角兽企业之一、艾媒咨询"最具投资价值出行平台"等荣誉称号。

（三）数据收集

为了避免由于个人认知偏差等原因影响到所收集数据的有效性，在调研之前成立由多名博士组成的调研小组，共同完成访谈工作并合作收集和核对有关资料，确保获取数据的真实性和有效性。访谈工作开展的时间集中在 2019 年 1-4 月和 2021 年 4-5 月两个时间段，以实现对案例企业发展情况的动态跟踪，更好地揭示动态环境影响下创业导向、即兴能力、吸收能力与新创企业绩效的作用关系。为了保证数据的外在效度，事先根据本研究的理论设计拟定访谈提纲，在访谈中对受访者进行提问，做到访谈内容紧扣研究主题。每次访谈均由 3 名成员组成，分别完成访谈的提问、补充、记录以及材料的收集等工作，访谈时间控制在两个小时左右，并确保在访谈结束后的 24 小时内完成对访谈材料的整理，对于整理后的材料还需发回受访者进行确认和修改。此外，在资料来源的选择上，本研究除了通过访谈、问卷调查等方式获得企业的一手数据，还通过企业官网、主流权威媒体（如权威报纸、杂志、网站等）获得关于企业的二手数据，通过对比不同来源的资料，实现资料信息的交叉验证，尽可能地确保资料的有效性和真实性。

（四）数据编码分析

本文借鉴施特劳斯（Strauss）[1]、迈尔斯（Miles）和休伯曼（Huberman）[2]所使用的分析方法对所收集的数据进行编码，由作者与调研团队的成员分别对材料进行通读、总结、分类和编码，最终形成了包括12个类别在内的编码方案，具体类别名称及编码符号如下：创业导向（EO）、即兴能力（IC）、吸收能力（AC）、环境动态性（ED）、新创企业绩效（NVP）、创业导向与新创企业绩效作用关系（EO-NVP）、创业导向、即兴能力与新创企业绩效作用关系（EO-IC-NVP）、创业导向、吸收能力与新创企业绩效作用关系（EO-AC-NVP）、即兴能力和吸收能力的交互对新创企业绩效的作用关系（（IC-AC）-NVP）、环境动态性调节创业导向与新创企业绩效的作用关系（（EO-ED）-NVP）、环境动态性调节创业导向与即兴能力的作用关系（（EO-ED）-IC）、环境动态性调节创业导向与吸收能力的作用关系（（EO-ED）-AC）。经过初步编码并剔除无效条目后，共获得有效条目957条。其中，创业导向的相关条目共183条，即兴能力的相关条目有89条，吸收能力的相关条目75条，环境动态性的相关条目94条，新创企业绩效的相关条目121条，创业导向与新创企业绩效关系的相关条目78条，创业导向、即兴能力与新创企业绩效作用关系的相关条目65条，创业导向、吸收能力与新创企业绩效作用关系的相关条目53条，即兴能力和吸收能力的交互对新创企业绩效影响的相关条目49条，环境动态性调节创业导向与新创企业绩效关系的相关条目72条，环境动态性调节创业导向与即兴能力关系的相关条目41条，环境动态性调节创业导向与吸收能力关系的相关条目37条。

二、结果分析与理论模型构建

（一）创业导向与新创企业绩效的关系

创业导向是企业在开展新业务时所采取的一种战略态势，体现了企业内

---

① Strauss A L. Qualitative analysis for social scientists ［M］. Cambridge University Press, 1987.

② Miles M B, Huberman A M. Qualitative data analysis （2nd ed. ）［M］. Thousand Oaks, CA：Sage，1994.

部对创新、风险承担和战略先动的意愿和倾向，创业导向的维度因此也可以划分为创新性、风险承担性和前瞻性三个方面①。表 2-2 列举了能够体现案例企业创业导向的一些典型条目，其中，企业 A 的受访者提到"我们更加专注于服务机器人本体的研发，并掌握了餐饮机器人的核心技术"，企业 B 的受访者讲到"产品和技术创新是我们创造机会的重要条件，创新在我们企业内部受到相当的重视"，企业 C 受访者指出"我们非常重视产品和技术的自主创新，我们仅用了两年的时间就申请了 130 余项专利，这使我们的服务充满智能和科技含量"，这些材料体现的是三个案例企业创业导向中的创新性特征。而企业 A 的受访者所提及的"我们通过五年的努力实现了从无到有，从 0 到 1 的跨越，但起初对于产品的研发投入我们还是冒了很大的风险"，企业 B 的受访者所讲到的"面对国外高端产品有力的市场竞争，我们决定冒险尝试一把"，企业 C 的受访者所提到的"在共享单车领域遭遇寒冬的时候，我们看到的是风险中的转机，一方面扩大融资，另一方面扩展业务领域"，则表明了案例企业具有较高的风险承担性。再则，企业 A 的受访者提到"据我们的市场调查，餐饮市场的规模已超过四万亿，送餐机器人的市场前景十分广阔"，企业 B 的受访者谈到"由于人们对去除室内有害气体的普遍需求以及市面上现有产品效果不佳且价格较高等原因，使我们看到了研发室内有害气体吸附材料的市场前景"，企业 C 讲到"在一线市场被两大巨头掌控的时候，我们看到了二、三线城市所未被开发的市场需求，因此果断采取了'农村包围城市'的战略"，体现的是案例企业的前瞻性特征。

表 2-2 创业导向的维度及典型条目

案例企业	条目数	典型条目
企业 A	73	"我们更加专注于服务机器人本体的研发，并掌握了餐饮机器人的核心技术——从场景出发的自主定位导航算法"。 "我们通过五年的努力实现了从无到有，从 0 到 1 的跨越，但起初对于产品的研发投入我们还是冒了很大的风险"。 "据我们的市场调查，餐饮市场的规模已超过四万亿，送餐机器人的市场前景十分广阔"。

---

① Miller D. The correlates of entrepreneurship in three types of firms [J]. Management Science, 1983, 29 (7): 770-791.

案例企业	条目数	典型条目
企业 B	51	"由于人们对去除室内有害气体的普遍需求以及市面上现有产品效果不佳且价格较高等原因，使我们看到了研发室内有害气体吸附材料的市场前景"。 "面对国外高端产品有力的市场竞争，我们决定冒险尝试一把"。 "产品和技术创新是我们创造机会的重要条件，创新在我们企业内部受到相当的重视"。
企业 C	59	"在一线市场被两大巨头掌控的时候，我们看到了二、三线城市所未被开发的市场需求，因此果断采取了'农村包围城市'的战略"。 "我们非常重视产品和技术的自主创新，我们仅用了两年的时间就申请了130余项专利，这使我们的服务充满智能和科技含量"。 "在共享单车领域遭遇寒冬的时候，我们看到的是风险中的转机，一方面扩大融资，另一方面扩展业务领域"。

新创企业绩效反映了新创企业的生存和成长情况以及企业目标的完成情况[①]。表2-3列举了案例企业新创企业绩效的典型条目，其中，企业 A 受访者的观点"我们的送餐机器人推出后不久，很快就获得了市场的广泛认可，目前在火锅、中餐、西餐的市场占有率处于行业领先"，企业 B 受访者的描述"目前我们的产品在行业内拥有很高的知名度和辨识度，也占有较高的市场份额"，以及企业 C 的论述"经过 4 年多的努力，我们实现了逆袭，现在共享单车的市场占有率位居同行业首位"，都反映了案例企业在市场份额上的成长。企业 B 受访者所提到的"由于市场的广泛需求和我们产品的高品质，在我们产品线搭建完成的当年，就吸引了大量客户的订单，并获得了盈利"，体现的是案例企业在利润上的成长。而企业 C 所谈到的"在两轮车业务稳定以后，我们又积极拓展顺风车业务，实现了营收的快速增长"，体现的是案例企业在销售额上的成长。

① Laskovaia A, Shirokova G, Morris M H. National culture, effectuation, and new venture performance: global evidence from student entrepreneurs [J]. Small Business Economics, 2017, 49 (3): 687-709.

表 2-3 新创企业绩效的典型条目

案例企业	条目数	典型条目
企业 A	42	"我们的送餐机器人推出后不久，很快就获得了市场的广泛认可，目前在火锅、中餐、西餐的市场占有率处于行业领先"。 "近两年我们在积极拓展产品的应用场景，除了餐厅以外，我们的产品市场还扩展至医院、银行、政府部门、办公楼、学校等场所"。
企业 B	34	"由于市场的广泛需求和我们产品的高品质，在我们产品线搭建完成的当年，就吸引了大量客户的订单，并获得了盈利"。 "目前我们的产品在行业内拥有很高的知名度和辨识度，也占有较高的市场份额"。
企业 C	45	"经过4年多的努力，我们实现了逆袭，现在共享单车的市场占有率位居同行业首位"。 "在两轮车业务稳定以后，我们又积极拓展顺风车业务，实现了营收的快速增长"。

通过对创业导向与企业绩效关系的文献梳理发现，多数学者认为创业导向对企业绩效具有显著的积极作用[1][2]。而针对创业导向的不同维度，很多学者也得出了创新性、风险承担性和前瞻性三个维度对企业绩效均起到正向影响的结论[3][4]。

表2-4列出了创业导向与新创企业绩效关系的典型条目，三个案例企业受访者分别提到的"我们公司始终秉承创新的理念和发明家的精神，这使我们能够不断实现技术突破，构建起技术壁垒和完整的产品体系，从而在市场中保持领先""我们在技术上的突破打破了国外的垄断，不仅达到了国外产

---

① Covin J G, Slevin D P. A conceptual model of entrepreneurship as firm behavior [J]. Entrepreneurship Theory and Practice, 1991, 16 (1): 7-25.

② Wiklund J, Shepherd D. Entrepreneurial orientation and small business performance: a configurational approach [J]. Journal of Business Venturing, 2005, 20: 71-91.

③ 胡望斌，张玉利. 新企业创业导向转化为绩效的新企业能力：理论模型与中国实证研究 [J]. 南开管理评论，2011 (1)：85-97.

④ 龙海军. 转型情境下创业导向对企业绩效的影响：创业行为的中介效应 [J]. 系统工程，2016，34 (1)：70-76.

品同样的使用效果，还降低了成本，这是我们能够获得大量客户订单的原因""除了技术创新和产品创新之外，盈利模式的创新更是我们获得生存和打败竞争对手的关键"，均体现了创业导向的创新性维度对新创企业绩效具有积极影响。而企业 A 受访者"当时瞄准商用服务机器人的商机并大胆地投入资源进行产品研发和市场推广，使我们现在更有优势，也掌握住了主动权"的观点，企业 B 受访者"公司能有今天的发展得益于我们对市场需求的准确把握，还有我们不畏风险、敢想敢干的开拓精神"的论述，以及企业 C 受访者"在我们进入共享单车市场之前，已经有两个头部玩家抢占了部分市场，但我们觉得这个市场足够大，所以值得冒险尝试，没想到我们不仅活了下来，还取得了领先的地位"的陈述，都表明了创业导向的风险承担性和前瞻性维度对新创企业绩效具有积极作用。因此，从总体角度来说，创业导向是能够积极影响新创企业绩效的。

表 2-4　创业导向与新创企业绩效关系的典型条目

案例企业	条目数	典型条目
企业 A	29	"我们公司始终秉承创新的理念和发明家的精神，这使我们能够不断实现技术突破，构建起技术壁垒和完整的产品体系，从而在市场中保持领先"。 "当时瞄准商用服务机器人的商机并大胆地投入资源进行产品研发和市场推广，使我们现在更有优势，也掌握住了主动权"。
企业 B	17	"我们在技术上的突破打破了国外的垄断，不仅达到了国外产品同样的使用效果，还降低了成本，这是我们能够获得大量客户订单的原因"。 "公司能有今天的发展得益于我们对市场需求的准确把握，还有我们不畏风险、敢想敢干的开拓精神"。
企业 C	32	"除了技术创新和产品创新之外，盈利模式的创新更是我们获得生存和打败竞争对手的关键"。 "在我们进入共享单车市场之前，已经有两个头部玩家抢占了部分市场，但我们觉得这个市场足够大，所以值得冒险尝试，没想到我们不仅活了下来，还取得了领先的地位"。

（二）即兴能力和吸收能力的中介作用

即兴能力是一种组织战略性地改变日常运作并利用所有资源应对新的环

境状况的能力①，具有立即反应（即时性）和意图创造（创造性）的特征②。表2-5列举了案例企业即兴能力的典型条目，其中，企业A受访者提到"我们会根据市场的变化动态调整公司的经营策略，确保资源投入和市场开发是高效的"，企业B受访者指出"我们有一支很年轻的创业团队，敢想敢干，善于思考和共同探讨，因此在遇到突发状况时总能找到一些新的思路或方法来加以应对"，企业C受访者讲到"在遇到市场风向突然变化等特殊情况时，我们能够通过'头脑风暴'的方式快速研究出应对问题的方案"，这些观点均体现出了即兴能力立即反应和意图创造的特征，即能够对突发状况进行果断的、自发式的反应，并不断调整自己、有意识地进行新颖性创造的特质。

表2-5　即兴能力的典型条目

案例企业	条目数	典型条目
企业A	31	"我们会根据市场的变化动态调整公司的经营策略，确保资源投入和市场开发是高效的"。 "我们鼓励员工提出建设性的建议，通过新的思路和方法来完成工作，这有利于我们更好地发现机会，更高效地解决问题"。
企业B	20	"作为一家大学生创业的企业，我们一开始就充分利用了学校的各种资源，比如聘请了创业导师、入驻国家科技园进行孵化等"。 "我们有一支很年轻的创业团队，敢想敢干，善于思考和共同探讨，因此在遇到突发状况时总能找到一些新的思路或方法来加以应对"。
企业C	38	"我们在开展业务过程中能够适时调整方向，整个组织的运作具有弹性"。 "在遇到市场风向突然变化等特殊情况时，我们能够通过'头脑风暴'的方式快速研究出应对问题的方案"。

① Pavlou P A, El Sawy O A. The "third hand": IT-enabled competitive advantage in turbulence through improvisational capabilities [J]. Information Systems Research, 2010, 21 (3): 443-471.

② Vera D, Crossan M. Improvisation and innovative performance in teams [J]. Organization Science, 2005, 16 (3): 203-224.

吸收能力是指企业识别、同化、应用有价值的外部信息或知识的能力①，包括知识的获取、消化、转化和利用等内容②。表2-6列举了案例企业吸收能力的典型条目，其中，企业A受访者提到的"市场信息的获取对我们来说十分重要，因此公司特别重视对于市场部门的建设，确保能够及时获取行业发展、客户需求、竞争对手等相关信息"，和企业B受访者所谈到的"我们的团队十分重视、也很善于学习，经常通过各种关系获取到各方面的知识"，描述的是案例企业在知识获取方面的能力；企业A受访者所讲到的"我们能够快速评估和分析潜在的市场需求，并以此进行技术和产品的研发"，企业B受访者所提到的"我们在处理信息过程中都会做好分工"，以及企业C受访者所陈述的"作为一个从后往前追的企业，我们更加努力地去了解和适应用户的需求，并根据需求的变化和市场反馈来改进产品和服务"，则反映的是案例企业在知识消化、转化和利用方面的能力。

表2-6 吸收能力的典型条目

案例企业	条目数	典型条目
企业A	23	"市场信息的获取对我们来说十分重要，因此公司特别重视对于市场部门的建设，确保能够及时获取行业发展、客户需求、竞争对手等相关信息"。 "我们能够快速评估和分析潜在的市场需求，并以此进行技术和产品的研发"。
企业B	19	"我们的创业团队虽然年轻，但在感知市场变化、获取市场信息方面是十分迅速的，并且我们在处理信息过程中都会做好分工"。 "我们的团队十分重视、也很善于学习，经常通过各种关系获取到各方面的知识"。

① Cohen W M, Levinthal D A. Absorptive capacity: a new perspective on learning and innovation [J]. Administrative Science Quarterly, 1990, 35 (1): 128-152.

② Zahra S A, George G. Absorptive capacity: a review, reconceptualization, and extension [J]. Academy of Management Review, 2002, 27 (2): 185-203.

续表

案例企业	条目数	典型条目
企业 C	33	"在建立品牌认知的过程中，我们充分学习和借鉴了美国公司在提升品牌调性和用户认知上的做法"。 "作为一个从后往前追的企业，我们更加努力地去了解和适应用户的需求，并根据需求的变化和市场反馈来改进产品和服务"。

在创业导向实现企业绩效的路径和内部作用机制的研究中，通过影响企业的资源和能力是创业导向提升企业绩效的重要实现路径①。而组织学习作为企业获取资源和培养能力的一种重要方式，它在创业导向与企业绩效关系间的中介作用得到验证②。即兴能力和吸收能力作为两种组织内部并存的、作用和特点各不相同的学习模式的观点近年来被学者们提了出来③，其中，即兴能力代表了一种组织即时地获取和创造性利用信息和其他资源的学习模式，吸收能力则代表了一种组织利用现有相关知识来识别、同化、应用外部新知识的学习模式④。在创业导向、即兴能力与企业绩效的关系方面，已有研究发现，创业导向能够促进组织即兴和资源拼凑等行为的产生⑤，进而形成企业的即兴能力；而即兴能力又可以通过快速感知外部环境的变化，及时制定决策并调整战略规划，积极影响资源整合的战略行为，从而积极影响企

---

① 胡望斌，张玉利，杨俊. 基于能力视角的新企业创业导向与绩效转化问题探讨 [J]. 外国经济与管理，2010，32（2）：1-8.

② 李璟琰，焦豪. 创业导向与组织绩效间关系实证研究：基于组织学习的中介效应 [J]. 科研管理，2008，29（5）：35-41.

③ Bergh D D, Lim E N K. Learning how to restructure：absorptive capacity and improvisational views of restructuring actions and performance [J]. Strategic Management Journal，2010，29（6）：593-616.

④ Hughes P, Hodgkinson I R, Hughes M, et al. Explaining the entrepreneurial orientation-performance relationship in emerging economies：the intermediate roles of absorptive capacity and improvisation [J]. Asia Pacific Journal of Management，2018，35：1025-1053.

⑤ 祝振铎. 创业导向、创业拼凑与新企业绩效：一个调节效应模型的实证研究 [J]. 管理评论，2015，27（11）：57-65.

业绩效①。在创业导向、吸收能力与企业绩效的关系方面，已有研究表明，创业导向有利于促进企业创新行为的产生，加快信息和知识在组织中的流动和吸收②③，进而提升企业的吸收能力；而吸收能力又能够通过快速搜寻和获取外部环境中的信息和知识，增加企业的知识存量，加速知识的创造和产品的商业化进程④⑤，进一步提高企业绩效。基于以上分析，本文提出"创业导向—即兴能力—新创企业绩效"和"创业导向—吸收能力—新创企业绩效"的中介机制模型。

表2-7列举了案例企业创业导向、即兴能力和新创企业绩效关系的典型条目。由表中的内容描述我们可以得到以下几点结论，首先，企业 A 受访者的观点"'拥抱变化'和'发明家的精神'的企业文化激励着我们用创造性的思维和方式来应对一切变化，这使我们可以更加高效地解决问题，提高企业整体的运营效率"，和企业 B 受访者的论述"正是对于创新的重视才有了我们今天的一个又一个新产品，创新的文化氛围让我们可以发挥各自的创造力，比如通过新的方法开发产品，通过新的渠道推广产品"，充分体现了创新性→即兴能力→新创企业绩效的作用关系。其次，企业 A 受访者谈到"无论是技术研发还是市场推广都具有很大的不确定性，想要获得成功就必须放手去做，因此在发现机会时我们团队会立即分析和讨论，及时做出决策，并采取快速的行动，这使我们总能先于竞争对手推出新的产品"，企业 C 受访者提及"创业就会有失败的风险，我们在进入这个行业之前就做好了思想准备，但要干就要干得漂亮，所以我们比其他竞争对手都更快地采取了行动，

---

① 程松松，董保宝，杨红，等．组织即兴、资源整合与新创企业绩效［J］．南方经济，2019（3）：54-70.
② Menon A，Varadarajan P R. A model of marketing knowledge use within firms［J］．Journal of Marketing，1992，56（4）：53-71.
③ Tseng C C. Connecting self-directed learning with entrepreneurial learning to entrepreneurial performance［J］．International Journal of Entrepreneurial Behavior & Research，2013，19（4）：425-446.
④ Chen Y S，Lin M J J，Chang C H. The positive effects of relationship learning and absorptive capacity on innovation performance and competitive advantage in industrial markets［J］．Industrial Marketing Management，2009，38（2）：152-158.
⑤ 王淑敏．企业能力如何"动""静"组合提升企业绩效？——能力理论视角下的追踪研究［J］．管理评论，2018，30（9）：121-131.

不论是在决策制定方面，整合资源方面，还是市场开拓方面，都要做到快人一步，最后我们还是把握住了 6 个月的窗口期"，这些材料均描述了风险承担性→即兴能力→新创企业绩效的作用关系。最后，企业 B 受访者所谈到的"我们对市场需求始终保持灵敏的嗅觉，这种嗅觉让我们有了快速行动的冲动，在这种冲动的驱使下，我们会想尽办法快速地整合资源、开发产品，来开拓新的市场"，和企业 C 受访者所描述的"我们能从这个竞争激烈的行业中存活下来并取得领先的位置，一个关键的原因就是我们创业团队和整个组织所具有的优势，在预见市场即将出现变化时能够立即调整经营的策略和方向，不断适应用户的需要"，这些论述都表现了前瞻性→即兴能力→新创企业绩效的作用关系。因此，总的来说，即兴能力在创业导向与新创企业绩效关系间发挥中介的作用。

表 2-7　创业导向、即兴能力和新创企业绩效关系的典型条目

案例企业	条目数	典型条目
企业 A	23	"'拥抱变化'和'发明家的精神'的企业文化激励着我们用创造性的思维和方式来应对一切变化，这使我们可以更加高效地解决问题，提高企业整体的运营效率"。 "公司的发展不仅要靠管理团队对市场需求的及时预见，还要靠公司的愿景调动员工工作的主动性和创造性，通过积极的付诸行动来实现企业目标"。 "无论是技术研发还是市场推广都具有很大的不确定性，想要获得成功就必须放手去做，因此在发现机会时我们团队会立即分析和讨论，及时做出决策，并采取快速的行动，这使我们总能先于竞争对手推出新的产品"。
企业 B	14	"正是对于创新的重视才有了我们今天的一个又一个新产品，创新的文化氛围让我们可以发挥各自的创造力，比如通过新的方法开发产品，通过新的渠道推广产品"。 "我们对市场需求始终保持灵敏的嗅觉，这种嗅觉让我们有了快速行动的冲动，在这种冲动的驱使下，我们会想尽办法快速地整合资源、开发产品，来开拓新的市场"。 "都说初生牛犊不怕虎，面对国外大品牌的市场竞争，我们也毫不示弱，硬是通过快速地研发和推广新产品打开了市场"。

续表

案例企业	条目数	典型条目
企业 C	28	"创业就会有失败的风险，我们在进入这个行业之前就做好了思想准备，但要干就要干得漂亮，所以我们比其他竞争对手都更快地采取了行动，不论是在决策制定方面，整合资源方面，还是市场开拓方面，都要做到快人一步，最后我们还是把握住了 6 个月的窗口期"。 "我们能从这个竞争激烈的行业中存活下来并取得领先的位置，一个关键的原因就是我们创业团队和整个组织所具有的优势，在预见市场即将出现变化时能够立即调整经营的策略和方向，不断适应用户的需要"。 "创新是我们的理念也是我们的企业文化，它不仅要求企业要实现技术创新、服务创新，更重要的是要实现管理创新、经营理念创新，在我们发展出现瓶颈的时候，创新的理念让我们摆脱出现有的经营模式，积极探索出更多元的盈利模式，这才成就了今天企业的成长"。

同样地，表 2-8 列举了案例企业创业导向、吸收能力和新创企业绩效关系的典型条目。由表中的内容描述我们可以得出以下结论，首先，企业 A 受访者的观点"作为一家重技术、重创新的公司，我们努力获取并消化整个行业的技术链条，确保产品是高度智能和颠覆想象的，从而吸引更多的客户"，和企业 C 受访者的陈述"创新使我们获得了竞争优势，特别是针对在后期提供服务过程中出现的单车管理上的问题，我们通过积极引入新技术对其实现了有效的管控，既降低了企业的运营成本，也获得了政府部门和用户的认可"，均体现了创新性→吸收能力→新创企业绩效的作用关系。其次，企业 A 受访者谈到"我们的某些项目开发是存在一定风险的，但高风险背后是无限的商机，因此我们会尽可能地做好市场调查和风险评估，努力将风险成本降到最低"，企业 B 受访者提及"为了降低研发的风险和高投入，对于有的项目我们采取引进外部技术并加以内部消化的方式来尽可能地加快产品的商业化"，这些材料均描述了风险承担性→吸收能力→新创企业绩效的作用关系。最后，企业 A 受访者所谈到的"对于潜在的市场需求，我们力求充分评估、深度挖掘，准确找到市场痛点和诉求，从而开发出更好满足市场的好产品"，和企业 B 受访者所描述的"我们从不打无准备之仗，为了能够领先竞争对手，我们会对对手的产品优劣势进行分析，找准对方的弱项作为产品开

发的方向，从而形成一定的差异化"，这些内容都表现了前瞻性→吸收能力→新创企业绩效的作用关系。因此，总体来说，吸收能力在创业导向与新创企业绩效关系间起到中介的作用。

表2-8 创业导向、吸收能力和新创企业绩效关系的典型条目

案例企业	条目数	典型条目
企业A	19	"作为一家重技术、重创新的公司，我们努力获取并消化整个行业的技术链条，确保产品是高度智能和颠覆想象的，从而吸引更多的客户"。 "对于潜在的市场需求，我们力求充分评估、深度挖掘，准确找到市场痛点和诉求，从而开发出更好满足市场的好产品"。 "我们的某些项目开发是存在一定风险的，但高风险背后是无限的商机，因此我们会尽可能地做好市场调查和风险评估，努力将风险成本降到最低"。
企业B	13	"我们从不打无准备之仗，为了能够领先竞争对手，我们会对对手的产品优劣势进行分析，找准对方的弱项作为产品开发的方向，从而形成一定的差异化"。 "无论是技术还是产品的创新都是为了满足市场需求服务的，因此我们的产品开发都是建立在仔细的市场调研和分析基础上的，并且会根据需求的变化和用户的反馈不断改进，从而留住老顾客，增加新顾客"。 "为了降低研发的风险和高投入，对于有的项目我们采取引进外部技术并加以内部消化的方式来尽可能地加快产品的商业化"。
企业C	21	"我们对共享出行领域一直非常关注，虽然当时行业里已经出现两强竞争的局面，但面对巨大的市场需求我们还是决定放手一试，于是我们开始分析竞争对手的市场布局、产品和服务特性，并应用于我们的产品开发和市场开拓等方面，这使我们推出的产品和服务更具优势，市场开发上也避开了与两强的直接竞争"。 "创新使我们获得了竞争优势，特别是针对在后期提供服务过程中出现的单车管理上的问题，我们通过积极引入新技术对其实现了有效的管控，既降低了企业的运营成本，也获得了政府部门和用户的认可"。

（三）环境动态性的调节作用

环境动态性是指企业所处的外部环境发生变化的速度以及不可预知性①。表2-9列举了能够体现案例企业环境动态性的一些典型条目，其中，企业A的受访者提到"目前商用机器人行业已经进入到爆发式发展阶段，市场竞争日趋激烈，这给我们带来压力，也带来动力"，企业C的受访者指出"整个行业从2017年年初爆发到年底遭遇寒冬许多企业纷纷倒闭仅用了半年多的时间，头部两大公司的竞争和快速扩张挤压了小公司的生存空间"，这些材料表明案例企业所处行业的市场竞争激烈，竞争对手的行为较难预测；企业B的受访者谈到"市场上同类治理装修污染的产品很多，产品的更新换代也比较快"、"技术需要不断更新和跟进，否则就会被竞争对手赶上或超越"，则体现出案例企业所处行业的产品和技术的变化速度较快。

表2-9 环境动态性的典型条目

案例企业	条目数	典型条目
企业A	34	"目前商用机器人行业已经进入到爆发式发展阶段，市场竞争日趋激烈，这给我们带来压力，也带来动力"。 "新冠疫情的影响给餐饮行业造成了巨大的打击，也改变了服务业对于无接触服务和无接触配送的需求"。
企业B	23	"市场上同类治理装修污染的产品很多，产品的更新换代也比较快"。 "技术需要不断更新和跟进，否则就会被竞争对手赶上或超越"。
企业C	37	"整个行业从2017年年初爆发到年底遭遇寒冬许多企业纷纷倒闭仅用了半年多的时间，头部两大公司的竞争和快速扩张挤压了小公司的生存空间"。 "由于市场提供同类服务的竞争对手较多，不同企业的服务质量很难体现出差异化，因此很难形成用户黏性"。

已有研究发现，在动态成长的环境中，企业的创业活动对企业绩效的积

① Baum J R, Wally S. Strategic decision speed and firm performance [J]. Strategic Management Journal, 2003, 24 (11): 1107-1129.

极影响更加显著①。现有研究也表明环境动态性在创业导向与企业绩效的关系中起到显著的调节作用②。表2-10列举了案例企业环境动态性调节创业导向与新创企业绩效关系的典型条目。由表中的内容可知，企业A受访者所提到的"新冠疫情的暴发对各行各业的冲击都是巨大的，很多创业公司都在疫情的影响下倒了下去，但我们却在危机中看到了转机，我们瞄准了那些需要无接触服务的市场，运用创新技术不断开发出各种送餐和消毒机器人，满足了餐厅、酒店、医院、写字楼等多种场所的需求，极大地开拓了市场"，企业B受访者所讲述的"懂技术、懂市场、肯冒险，这是我们创业能够成功的关键，特别是在市场环境或是政策环境发生变化时，我们总能找到好的机会，确定好的项目来扩展公司的业务，使公司不断发展壮大"，以及企业C受访者所描述的"市场的变化是瞬息万变的，而机会是要靠自己去努力发现的，跟在别人后面跑注定还是要被淘汰，所以我们一直坚持做别人想不到或不敢做的事情，比如当大家都在抢一线城市市场的时候我们转战二、三线城市，当滴滴等顺风车业务遭遇挫败时，我们顺势发展自己的顺风车业务，因此我们的市场越做越大，业务也更加多元"，这些材料都表明动态变化的环境在为新创企业带来风险和不确定的同时，也带来了机遇和可能，而具有创业导向的企业能够利用创新性、风险承担性和前瞻性的特质更好地发现和利用机会，进而实现企业的成长和发展。因此，本文认为环境动态性对创业导向与新创企业绩效的关系起到调节作用。

表2-10　环境动态性调节创业导向与新创企业绩效关系的典型条目

案例企业	条目数	典型条目
企业A	29	"新冠疫情的暴发对各行各业的冲击都是巨大的，很多创业公司都在疫情的影响下倒了下去，但我们却在危机中看到了转机，我们瞄准了那些需要无接触服务的市场，运用创新技术不断开发出各种送餐和消毒机器人，满足了餐厅、酒店、医院、写字楼等多种场所的需求，极大地开拓了市场"。

① Zahra S A. Environment, corporate entrepreneurship, and financial performance: a taxonomic approach [J]. Journal of Business Venturing, 1993, 8 (4): 319-340.

② 焦豪，周江华，谢振东. 创业导向与组织绩效间关系的实证研究——基于环境动态性的调节效应 [J]. 科学学与科学技术管理, 2007, 28 (11): 70-76.

续表

案例企业	条目数	典型条目
企业 B	18	"懂技术、懂市场、肯冒险，这是我们创业能够成功的关键，特别是在市场环境或是政策环境发生变化时，我们总能找到好的机会，确定好的项目来扩展公司的业务，使公司不断发展壮大"。
企业 C	25	"市场的变化是瞬息万变的，而机会是要靠自己去努力发现的，跟在别人后面跑注定还是要被淘汰，所以我们一直坚持做别人想不到或不敢做的事情，比如当大家都在抢一线城市市场的时候我们转战二、三线城市，当滴滴等顺风车业务遭遇挫败时，我们顺势发展自己的顺风车业务，因此我们的市场越做越大，业务也更加多元"。

　　吸收能力和即兴能力不仅属于企业能力的范畴，还是两种重要的组织学习模式。通过对文献的梳理发现，环境动态性对创业导向与组织学习、创业导向与企业能力之间的关系均起到一定的调节作用①②，这为本研究探索环境动态性对创业导向与即兴能力、创业导向与吸收能力关系的影响提供了思路。已有研究表明，在动态变化的环境中，技术和市场需求变化迅速，风险与机会并存③，重视创新、敢于冒险和想要超前行动的企业为了能够快速识别和开发市场机会，会加强企业在技术、信息和知识方面的获取、转化和应用④，同时提升决策制定和资源拼凑的响应速度⑤。因此，我们提出"环境动态性调节创业导向与即兴能力以及创业导向与吸收能力之间的关系"这一作用机制。

　　表2-11列举了案例企业环境动态性调节创业导向与即兴能力、吸收能

① 胡望斌，张玉利，杨俊．基于能力视角的新企业创业导向与绩效转化问题探讨 [J]．外国经济与管理，2010，32（2）：1-8.
② 林筠，孙晔，刘伟．基于资源观的创业导向与联盟中组织学习绩效关系研究 [J]．科技管理研究，2009，29（3）：219-221.
③ 焦豪，周江华，谢振东．创业导向与组织绩效间关系的实证研究——基于环境动态性的调节效应 [J]．科学学与科学技术管理，2007，28（11）：70-76.
④ 邢蕊，王国红，唐丽艳．创业导向对在孵企业技术吸收能力的影响研究 [J]．科学学与科学技术管理，2013，34（11）：82-93.
⑤ 祝振铎．创业导向、创业拼凑与新企业绩效：一个调节效应模型的实证研究 [J]．管理评论，2015，27（11）：57-65.

力关系的典型条目。其中，企业 A 受访者的观点"我们是这个领域的领导者，因此在各方面都想做到领先，面对越来越多竞争对手的入局，我们选择'拥抱变化'、直面竞争，这促使我们更加及时、更加精准地了解市场需求，并对各种变化做出更快的反应，从而实现产品开发与市场需求的精准对接，解决市场痛点"，企业 B 受访者的描述"我们这个行业无论是技术还是产品，它的更新换代的速度都比较快，所以对我们来说，不断掌握市场动态、持续变革技术和产品都是至关重要的，而为了能够实现这个目标，我们一方面在强化自身应对市场变化的快速反应能力，另一方面也在提高自己的技术和产品开发水平"，以及企业 C 受访者的陈述"我们这个行业的环境变化是十分剧烈的，从成为投资风口到遭遇资本寒冬仅仅用了不到一年的时间，在这段时间内涌入的企业超过 70 多家，创业者的本能告诉我们必须快速掌握市场的变化情况和竞争对手的动态，利用一切资源来应对任何风险和挑战"，都表明在动态环境的影响下，案例企业的创业导向促进了即兴能力和吸收能力的提升，因此一定程度上证明了环境动态性在创业导向与即兴能力、创业导向与吸收能力关系间调节作用的存在。

表 2-11　环境动态性调节创业导向与即兴能力、吸收能力关系的典型条目

案例企业	条目数	典型条目
企业 A	27	"我们是这个领域的领导者，因此在各方面都想做到领先，面对越来越多竞争对手的入局，我们选择'拥抱变化'、直面竞争，这促使我们更加及时、更加精准地了解市场需求，并对各种变化做出更快的反应，从而实现产品开发与市场需求的精准对接，解决市场痛点"。
企业 B	20	"我们这个行业无论是技术还是产品，它的更新换代的速度都比较快，所以对我们来说，不断掌握市场动态、持续变革技术和产品都是至关重要的，而为了能够实现这个目标，我们一方面在强化自身应对市场变化的快速反应能力，另一方面也在提高自己的技术和产品开发水平"。
企业 C	31	"我们这个行业的环境变化是十分剧烈的，从成为投资风口到遭遇资本寒冬仅仅用了不到一年的时间，在这段时间内涌入的企业超过 70 多家，创业者的本能告诉我们必须快速掌握市场的变化情况和竞争对手的动态，利用一切资源来应对任何风险和挑战"。

（四）即兴能力与吸收能力的交互作用

已有研究表明，不同的组织学习模式之间具有一定的互补性，这种互补性体现在不同学习模式之间的交互作用能够对企业绩效、企业创新等产生积极的影响[1][2]。伯格和莉姆[3]从组织学习的视角揭示了与吸收能力和组织即兴两种学习过程相对应的经验在提升企业绩效中所发挥的作用，并指出吸收能力和组织即兴可能存在互补效应。一方面，具有高吸收能力的企业能够通过外部信息和知识的获取和消化为即兴能力的发挥提供经验和知识基础[4]，使即兴能力所做的即时决策和资源拼凑等行为更具合理性，降低即兴行为在影响企业绩效过程中的不确定性。另一方面，高即兴能力能够使企业在动态环境下进行实时性的学习和快速的信息收集[5]，先于竞争对手发现市场机会，为企业通过吸收能力获取、消化和应用外部信息和知识提供正确的方向，使知识吸收与市场机会开发相匹配，从而提高企业竞争优势。因此，即兴能力与吸收能力之间具有相互依赖和相互促进的关系，它们的交互作用很可能对提升新创企业绩效具有积极影响。

表 2-12 列举了案例企业即兴能力与吸收能力的交互对新创企业绩效的影响的典型条目。其中，企业 A 受访者所提及的"在组织能力的构建上，我们实现了技术和市场的并重，我们建立的团队不仅具有强大的技术背景，能够利用自身的技术和外部渠道获得的知识开发出各种新产品，还具有出色的市场应变能力，可以快速跟踪市场的发展变化，及时地调整市场策略。正是这两种能力的相互匹配，才让我们既能发现机会，又能抓住机会，建立起自

---

[1]　He Z L, Wong P K. Exploration vs. exploitation：an empirical test of the ambidexterity hypothesis [J]. Organization Science, 2004, 15 (4)：481-494.

[2]　林春培，张振刚. 基于吸收能力的组织学习过程对渐进性创新与突破性创新的影响研究 [J]. 科研管理, 2017, 38 (4)：38-45.

[3]　Bergh D D, Lim E N K. Learning how to restructure：absorptive capacity and improvisational views of restructuring actions and performance [J]. Strategic Management Journal, 2010, 29 (6)：593-616.

[4]　程松松，董保宝，杨红，等. 组织即兴、资源整合与新创企业绩效 [J]. 南方经济, 2019 (3)：54-70.

[5]　Hmieleski K M, Corbett A C, Baron R A. Entrepreneurs' improvisational behavior and firm performance：a study of dispositional and environmental moderators [J]. Strategic Entrepreneurship Journal, 2013, 7 (2)：138-150.

身的优势"，企业 B 受访者所讲到的"作为一家技术创业型公司，我们既重视学习新的知识来不断更新自己的技术体系，也重视随时关注市场和竞争对手的动态来及时地做出反应，只有这两个方面都做好了，我们才能在产品和市场上都保持竞争力"，企业 C 受访者所陈述的"我们组织的能力体现在，一方面我们能够准确掌握行业的变化，时刻关注头部两强的动作，另一方面对突发状况我们能快速讨论出应对的解决方案，做完决策就立马行动，这两项能力的相互补充让我们的组织运行更加顺畅和高效"，这些内容都充分表明了即兴能力和吸收能力在影响新创企业绩效的过程中具有互补性，即即兴能力与吸收能力的交互作用能够积极影响新创企业绩效。

表 2-12　即兴能力与吸收能力的交互对新创企业绩效影响的典型条目

案例企业	条目数	典型条目
企业 A	17	"在组织能力的构建上，我们实现了技术和市场的并重，我们建立的团队不仅具有强大的技术背景，能够利用自身的技术和外部渠道获得的知识开发出各种新产品，还具有出色的市场应变能力，可以快速跟踪市场的发展变化，及时地调整市场策略。正是这两种能力的相互匹配，才让我们既能发现机会，又能抓住机会，建立起自身的优势"。
企业 B	14	"作为一家技术创业型公司，我们既重视学习新的知识来不断更新自己的技术体系，也重视随时关注市场和竞争对手的动态来及时地做出反应，只有这两个方面都做好了，我们才能在产品和市场上都保持竞争力"。
企业 C	18	"我一直都觉得我们的成功是来自整个团队和整个组织的共同努力，我们能顺利进入共享单车领域，能将业务扩展到顺风车领域，能在公司最艰难的时候获得 VC 的支持等等，都是因为我们有一个优秀的组织和创业团队。我们组织的能力体现在，一方面我们能够准确掌握行业的变化，时刻关注头部两强的动作，另一方面对突发状况我们能快速讨论出应对的解决方案，做完决策就立马行动，这两项能力的相互补充让我们组织的运行更加地顺畅和高效"。

基于以上的理论和案例分析，本文厘清了创业导向、环境动态性、即兴能力、吸收能力与新创企业绩效之间的逻辑关系，并以此构建出如图 2-1 所示的理论模型，试图从组织学习和能力视角揭示环境动态性调节创业导向与

新创企业绩效关系过程中即兴能力和吸收能力所发挥的中介作用，以及即兴能力与吸收能力的交互作用对新创企业绩效的影响。由图可知，本研究的理论模型可以分为以下几个部分：

首先是即兴能力和吸收能力在创业导向与新创企业绩效关系间的中介作用。主要包括：（1）创业导向及其不同维度对新创企业绩效的影响；（2）创业导向及其不同维度对即兴能力和吸收能力的影响；（3）吸收能力和即兴能力在创业导向及其不同维度与新创企业绩效关系间的中介作用。

然后是环境动态性在创业导向影响新创企业绩效关系路径中的被中介的调节作用。主要包括：（1）环境动态性对创业导向与新创企业绩效关系的调节作用；（2）环境动态性对创业导向与即兴能力关系的调节作用；（3）环境动态性对创业导向与吸收能力关系的调节作用；（4）环境动态性与创业导向的交互通过即兴能力的中介作用影响新创企业绩效；（5）环境动态性与创业导向的交互通过吸收能力的中介作用影响新创企业绩效。

最后是即兴能力、吸收能力的交互效应以及被调节的中介作用。主要包括：（1）即兴能力、吸收能力的交互作用对新创企业绩效的影响；（2）即兴能力调节吸收能力对创业导向与新创企业绩效关系的中介作用；（3）吸收能力调节即兴能力对创业导向与新创企业绩效关系的中介作用。

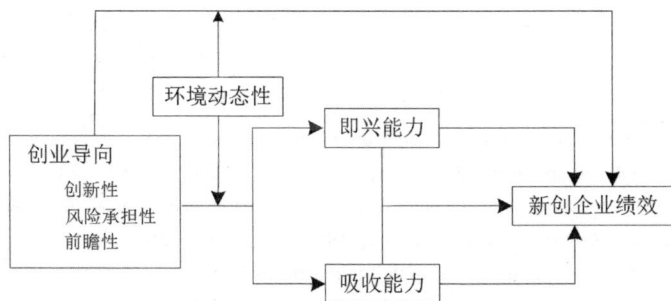

图 2-1　研究的理论模型

第三节 假设的提出

一、创业导向对新创企业绩效的影响关系假设

已有研究表明，创业导向对新创企业绩效具有积极的促进作用[1][2]。科文和斯莱文指出，创业导向与创业绩效存在着一定的正向关系，它是促进企业持续获得竞争优势的关键性资源或能力。威克洛德[3]的研究表明，具有较高创业导向水平的企业比其他企业更有可能发现和利用新机会，并通过率先行动赢得先动优势。萨拉和科文[4]的研究也发现，创业导向能够促使企业密切关注市场的发展变化，先于竞争对手采取行动，在市场定位和价格索取方面取得优势，从而取得较好的创业绩效。弗里斯（Frese）等[5]的研究进一步指出，创业导向与新企业的创业成功有着密切的关系。国内学者胡望斌和张玉利[6]认为，创业导向能够强化新创企业的革新行为，提升和整合企业战略，弥补新创企业在资源能力和市场力量方面的不足，因此有利于企业绩效的提

① Wiklund J, Shepherd D. Entrepreneurial orientation and small business performance: a configurational approach [J]. Journal of Business Venturing, 2005, 20: 71-91.
② Covin J G, Slevin D P. A conceptual model of entrepreneurship as firm behavior [J]. Entrepreneurship Theory and Practice, 1991, 16 (1): 7-25.
③ Wiklund J. The sustainability of the entrepreneurial orientation-performance relationship [J]. Entrepreneurship Theory and Practice, 1999, 24 (1): 37-48.
④ Zahra S A, Covin J G. Contextual influences on the corporate entrepreneurship-performance relationship: a longitudinal analysis [J]. Journal of Business Venturing, 1995, 10 (1): 43-58.
⑤ Frese M, Brantjes A, Hoorn R. Psychological success factors of small scale businesses in Namibia: the roles of strategy process, entrepreneurial orientation and the environment [J]. Journal of Developmental Entrepreneurship, 2002, 7 (3): 259-282.
⑥ 胡望斌, 张玉利. 新企业创业导向转化为绩效的新企业能力: 理论模型与中国实证研究 [J]. 南开管理评论, 2011 (1): 85-97.

升。尹苗苗等①的研究也表明，新创企业无论是处在创建阶段还是成长阶段，创业导向对提升新创企业绩效都发挥着积极作用。因此，基于以上论述，本文认为创业导向对新创企业绩效具有显著的正向影响。

由于创业导向可以划分为创新性、风险承担性和前瞻性三个维度，每个维度代表了不同内涵和方向的战略倾向，已有研究也常以三个维度来分析创业导向对企业绩效的作用关系。因此，本文也将从这三个维度来分别阐述创业导向对新创企业绩效的影响。

创新性方面，创新性描述的是企业尝试新想法以激发新产品、新服务或技术进步产生过程的意愿和倾向②。具有较高创新倾向的企业，往往具有很强的创新意识，愿意投入大量资源来提升企业的创新能力③，因此具备创新特征的企业更有可能在技术和产品上实现突破，不断推出新产品形成市场竞争力。威克洛德和谢波德指出，重视创新的企业往往具有开拓进取的精神，能够通过新产品和新技术的开发来赢得更多的市场机会。德丝和兰普金④认为，创新性有利于企业获得资源和竞争优势，为企业经营创造出更高水平的绩效。

风险承担性方面，风险承担性是指在不确定的环境下，企业大胆进入未知领域或是将大量资源投入目标业务活动中的倾向⑤。市场机会往往稍纵即逝，较高的风险承担性意味着新创企业在面对高风险、高收益的潜在机会时能够果断决策，通过采取积极的行动来识别和利用环境中的机会，从而促进

---

① 尹苗苗，毕新华，王亚茹．新企业创业导向、机会导向对绩效的影响研究——基于中国情境的实证分析［J］．管理科学学报，2015，18（11）：47-58．

② Lumpkin，G T，Dess G G. Clarifying the entrepreneurial orientation construct and linking it to performance ［J］. Academy of Management Review，1996，21（1）：135-172.

③ 邢蕊，王国红，唐丽艳．创业导向对在孵企业技术吸收能力的影响研究［J］．科学学与科学技术管理，2013，34（11）：82-93．

④ Dess G G，Lumpkin G T. The role of entrepreneurial orientation in stimulating effective corporate entrepreneurship ［J］. Academy of Management Executive，2005，19（1）：147-156.

⑤ Lumpkin G，Dess G. Linking two dimensions of entrepreneurial orientation to firm performance：the moderating role of environment and industry life cycle ［J］. Journal of Business Venturing，2001，16（5）：429-441.

企业成长①。刘小元等②指出，风险承担性能够转化为新创企业的经营决策，使企业敢于冒险制定目标和战略，并积极采取具体的战略行动。任胜钢和赵天宇③认为，高风险承担性的新创企业能够使创业者大胆开展创业活动，积极投入资源进行机会的开发，因此也更容易获得企业的长远利益。

前瞻性方面，前瞻性反映了企业对积极寻求新机会、领先竞争对手以及预期未来顾客需求的主动性倾向。对于新创企业来说，前瞻性的战略倾向是企业把握先机并取得竞争优势的关键④。一方面，前瞻性增强了新创企业对环境的感知能力，使企业能够快速掌握技术、市场和政策等外部环境的变化趋势，通过先于竞争对手识别和开发新的机会，获得产品和市场的先发优势⑤⑥。另一方面，新创企业凭借前瞻性所建立的先发优势，又能为企业在市场中树立品牌形象、提高顾客忠诚度赢得先机，使企业先于竞争对手站稳脚跟，从而进一步构建起参与市场竞争的能力。

由以上的分析可知，创业导向的三个维度均能有效促进创业活动的开展，使新创企业获得各方面的发展优势，进而提升企业绩效。因此，提出假设：

H1：创业导向对新创企业绩效具有正向影响。

H1a：创新性对新创企业绩效具有正向影响；

H1b：风险承担性对新创企业绩效具有正向影响；

H1c：前瞻性对新创企业绩效具有正向影响。

---

① 尹苗苗，刘玉国. 新企业战略倾向对创业学习的影响研究 [J]. 科学学研究，2016，34 (8)：1223-1231.

② 刘小元，林嵩，李汉军. 创业导向、家族涉入与新创家族企业成长 [J]. 管理评论，2017，29 (10)：42-57.

③ 任胜钢，赵天宇. 创业导向、网络跨度与网络聚合对新创企业成长绩效的影响机制研究 [J]. 管理工程学报，2018，32 (4)：232-238.

④ 贾建锋，赵希男，于秀凤. 创业导向有助于提升企业绩效吗——基于创业导向型企业高管胜任特征的中介效应 [J]. 南开管理评论，2013，16 (2)：47-56.

⑤ Carroll G R. A stochastic model of organizational mortality：review and reanalysis [J]. Social Science Research，1983，12 (4)：303-329.

⑥ 杜运周，任兵，陈忠卫，张玉利. 先动性、合法化与中小企业成长——一个中介模型及其启示 [J]. 管理世界，2008 (12)：126-138+148.

二、创业导向对即兴能力和吸收能力的影响关系假设

（一）创业导向对即兴能力的影响关系假设

与组织即兴相比，即兴能力不仅具有创新性和自发性的特征，还具有资源拼凑（利用现有一切资源）的内涵[1]。虽然还鲜有研究直接揭示创业导向与即兴能力的关系，但学者们分别对创业导向与组织即兴、创业导向与资源拼凑的关系进行了讨论。其中，休斯等人[2]发现，创业导向可以促进组织即兴的产生以快速应对不确定性事件；白景坤和王健[3]的研究进一步证实了创业导向对组织即兴的积极作用；祝振铎[4]的研究表明，创业导向对资源拼凑具有积极的促进作用。因此，本研究认为创业导向对即兴能力的提升同样具有积极的影响。

在创新性维度上，创业导向的创新性特征可以在企业内部产生大胆变革和积极创新的组织文化，促使组织形成鼓励创新、知识共享、包容试错的文化氛围[5]，在激发员工完成任务的积极性和创造性的同时[6]，也提升了组织的创新能力和对市场环境的感知应变能力[7]，为即兴能力的立即反应和意图创造提供了组织基础。同时，创新性又能使新创企业打破常规、另辟蹊径，

----

① 马鸿佳，宋春华，葛宝山．动态能力、即兴能力与竞争优势关系研究［J］．外国经济与管理，2015，37（11）：25-37.

② Hughes P，Hodgkinson I R，Hughes M，et al. Explaining the entrepreneurial orientation-performance relationship in emerging economies：the intermediate roles of absorptive capacity and improvisation［J］. Asia Pacific Journal of Management，2018，35：1025-1053.

③ 白景坤，王健．创业导向能克服组织惰性吗？［J］．科学学研究，2019，37（3）：492-499.

④ 祝振铎．创业导向、创业拼凑与新企业绩效：一个调节效应模型的实证研究［J］．管理评论，2015，27（11）：57-65.

⑤ Madhoushi M，Sadati A，Delavari H，et al. Entrepreneurial orientation and innovation performance：the mediating role of knowledge management［J］. Asian Journal of Business Management，2011，3（4）：310-316.

⑥ 易华．创业导向有助于激发员工创新行为吗——创新意愿的中介作用［J］．财经理论与实践，2018，39（1）：134-139.

⑦ 马喜芳，颜世富．创业导向对组织创造力的作用机制研究——基于组织情境视角［J］．研究与发展管理，2016，28（01）：73-83.

通过资源拼凑的方式突破资源瓶颈，提高企业及时获取和利用手头资源的能力①。

在风险承担性方面，创业导向的风险承担性特征能够克服组织即兴的障碍，提高组织即兴发生的可能性②。敢于承担风险的企业能够快速投入大量资源以开发市场机会③，为即兴能力的发挥提供资源基础。同时，在敢于尝试、允许失败的氛围影响下，企业员工和团队可以摆脱思想束缚，通过"边思考边行动"的方式大胆尝试解决问题的新思路和新方法，快速应对和解决突发问题④，从而提升组织在不确定环境中的响应能力。此外，风险承担性扩大了创业者整合和利用资源的空间，使新创企业能够突破常规、惯例和流程进行创业拼凑，提升了资源获取的灵活性和拼凑能力⑤。

在前瞻性方面，创业导向的前瞻性特质要求企业能够把握市场变化趋势、洞察市场先机，并通过超前行动开发机会、抢占市场⑥，这就促使企业提升在决策制定、战略调整和资源整合等方面的立即反应能力，缩短计划与执行之间的时间⑦。此外，在前瞻性战略导向的影响下，资源拼凑成为新创企业开发机会、抢得先机最为有效的资源配置方式，因此，前瞻性将会强化新创企业的资源拼凑行为。

综上所述，创业导向的三个维度分别从不同方面促进了即兴能力的产

① Salunke S，Weerawardena J，Mccoll-Kennedy J R. Competing through service innovation：the role of bricolage and entrepreneurship in project-oriented firms［J］. Journal of Business Research，2013，66（8）：1085-1097.

② 白景坤，王健. 创业导向能克服组织惰性吗？［J］. 科学学研究，2019，37（3）：492-499.

③ 任胜钢，赵天宇. 创业导向、网络跨度与网络聚合对新创企业成长绩效的影响机制研究［J］. 管理工程学报，2018，32（4）：232-238.

④ 奉小斌，王惠利. 新创企业搜索时机、即兴能力与创新绩效：管理注意力的调节作用［J］. 研究与发展管理，2017，29（4）：127-137.

⑤ 张秀娥，张坤. 创业导向对新创社会企业绩效的影响——资源拼凑的中介作用与规制的调节作用［J］. 科技进步与对策，2018，35（9）：91-99.

⑥ Carroll G R. A stochastic model of organizational mortality：review and reanalysis［J］. Social Science Research，1983，12（4）：303-329.

⑦ Bergh D D，Lim E N K. Learning how to restructure：absorptive capacity and improvisational views of restructuring actions and performance［J］. Strategic Management Journal，2010，29（6）：593-616.

生。基于此，提出假设：

H2：创业导向对即兴能力具有正向影响。

H2a：创新性对即兴能力具有正向影响；

H2b：风险承担性对即兴能力具有正向影响；

H2c：前瞻性对即兴能力具有正向影响。

（二）创业导向对吸收能力的影响关系假设

创业导向是企业感知和获取知识的一个重要因素，它能够通过网络关系获取知识以提高企业的吸收能力①。梅农（Menon）和瓦拉达拉杰（Varadarajan）② 指出，创业导向在促进创新行为的同时，激发了员工之间创造性思维的交流，加快了信息在组织中的流动。曾（Tseng）③ 认为，为了开发新产品及其生产流程，增强企业适应环境变化的动态能力，创业导向水平的提高将会促进知识的快速吸收。因此，本文认为，创业导向对吸收能力的提升具有积极的影响。

具体来说，创新性方面，企业在产品和技术上的创新是企业外部知识获取和内部知识积累、消化和应用的结果④，一方面，具有创新性的企业往往具有较强的创新意识和创新理念，愿意加大企业在技术获取和产品研发上的资源投入⑤，为企业吸收能力的提升提供了良好的资源基础。另一方面，创新性在组织内部所营造的积极创新和变革的文化氛围，促进了组织成员间的经验和知识分享，拓展了员工利用信息和知识的思路和方法，为企业吸收能

---

① Kreiser P M. Entrepreneurial orientation and organizational learning：the impact of network range and network closure ［J］. Entrepreneurship Theory and Practice，2011，35（5）：1025-1050.

② Menon A，Varadarajan P R. A model of marketing knowledge use within firms ［J］. Journal of Marketing，1992，56（4）：53-71.

③ Tseng C C. Connecting self - directed learning with entrepreneurial learning to entrepreneurial performance ［J］. International Journal of Entrepreneurial Behavior & Research，2013，19（4）：425-446.

④ 刘景东，党兴华，谢永平. 不同知识位势下知识获取方式与技术创新的关系研究——基于行业差异性的实证分析 ［J］. 科学学与科学技术管理，2015，36（1）：44-52.

⑤ 邢蕊，王国红，唐丽艳. 创业导向对在孵企业技术吸收能力的影响研究 ［J］. 科学学与科学技术管理，2013，34（11）：82-93.

力和创新能力的提升提供了组织基础①。

风险承担性方面，风险承担性反映了企业在面对具有高风险的市场机会时采取积极决策和行动的态度。具有风险承担性的企业愿意投入大量资源进行产品和市场的开发活动②，其中就包括了为了发现和利用市场机会所进行的信息、技术和知识的获取、消化和应用。由于技术和知识的获取和转化具有很高的不确定性，高风险承担的企业能够克服压力强化在知识和技术获取和转化中的投入③，为吸收能力的提升提供资源基础。同时，风险承担性能够促进企业特别是新创企业形成包容开放，敢于接受新知识、新事物和新观点的组织文化，为新创企业开展创业学习、获取和更新知识提供了良好的文化氛围④。

前瞻性方面，前瞻性要求企业能够密切关注和准确掌握政策、技术和市场变化的趋势，为发现新机会提供及时可靠的信息⑤。而为了能够先于竞争对手采取切实有效的行动，新创企业往往会积极搜集客户和竞争对手的资料和情报，同时借助网络能力吸收嵌入在网络关系中的隐性知识⑥。此外，前瞻性还能够有效提升新创企业的学习倾向，使企业长期保持学习状态，通过对外部信息和知识的获取和消化，达到学习的目的⑦。

相比于成熟企业，新创企业在探索和开发机会的过程中面临着更多的风

---

① Yang Z, Nguyen V T, Le P B. Knowledge sharing serves as a mediator between collaborative culture and innovation capability: an empirical research [J]. Journal of Business & Industrial Marketing, 2018, 33 (7): 958-969.

② Lumpkin G, Dess G. Linking two dimensions of entrepreneurial orientation to firm performance: the moderating role of environment and industry life cycle [J]. Journal of Business Venturing, 2001, 16 (5): 429-441.

③ 杨曦东. 企业家导向、外部知识获取与产品创新的关系研究 [J]. 科学学与科学技术管理, 2009, 30 (5): 51-55+89.

④ Sinkula J M. Marketing information processing and organizational learning [J]. Journal of Marketing, 1994, 58 (1): 35-45.

⑤ 刘小元, 林嵩, 李汉军. 创业导向、家族涉入与新创家族企业成长 [J]. 管理评论, 2017, 29 (10): 42-57.

⑥ Nonaka I, Toyama R. The theory of the knowledge creation firm: subjectivity, objectivity, and synthesis [J]. Industrial and Corporate Change, 2005, 14 (3): 419-436.

⑦ Fuller Jr B, Marler L E. Change driven by nature: a meta-analytic review of the proactive personality literature [J]. Journal of Vocational Behavior, 2009, 75 (3): 329-345.

险和挑战①。为了能够准确地识别机会、规避风险，新创企业需要获得更多的信息和知识，并通过知识的消化和应用来实现机会的开发利用②。因此，通过创业导向来提升吸收能力成为一条重要的实现途径。综上，提出假设：

H3：创业导向对吸收能力具有正向影响。

H3a：创新性对吸收能力具有正向影响；

H3b：风险承担性对吸收能力具有正向影响；

H3c：前瞻性对吸收能力具有正向影响。

三、即兴能力和吸收能力对新创企业绩效的影响关系假设

（一）即兴能力对新创企业绩效的影响关系假设

即兴能力作为企业快速收集和利用信息，并即时做出反应的学习模式和组织能力③，它在促进企业成长、提升企业绩效过程中的作用得到了大量研究的支持。其中，穆尔曼和迈纳④的研究发现，团队即兴能力能够提高团队成员的反应速度以快速识别和抓住机会，提高团队的创新绩效；阿克贡等⑤的研究表明即兴能力的发挥有助于改善新产品开发绩效；王军等⑥的研究指出即兴能力对于提升企业竞争优势具有积极的作用。新创企业绩效方

---

① 张玉利，李乾文. 公司创业导向、双元能力与组织绩效 [J]. 管理科学学报，2009，12 (1)：137-152.

② 尹苗苗，刘玉国. 新企业战略倾向对创业学习的影响研究 [J]. 科学学研究，2016，34 (8)：1223-1231.

③ Pavlou P A, El Sawy O A. The "third hand"：IT-enabled competitive advantage in turbulence through improvisational capabilities [J]. Information Systems Research，2010，21 (3)：443-471.

④ Moorman C, Miner A S. The convergence of planning and execution：improvisation in new product development [J]. Journal of Marketing，1998，62 (3)：1-20.

⑤ Akgün A E, Byrne J C, Lynn G S, et al. New product development in turbulent environments：impact of improvisation and unlearning on new product performance [J]. Journal of Engineering and Technology Management，2007，24 (3)：203-230.

⑥ 王军，曹光明，江若尘. 组织即兴与企业绩效的关系研究——基于313家企业的实证调查 [J]. 山西财经大学学报，2016，38 (4)：62-73.

面，赫米列斯基和科贝特①的研究发现，组织即兴能力在提高员工工作满意度的同时，进一步提升了新创企业绩效。马鸿佳等②的研究也表明，即兴能力与新创企业竞争优势之间具有显著的正向关系。因此，本文认为，即兴能力能够对新创企业绩效产生积极作用。

具体来说，即兴能力能够推动新创企业实现突破性创新，并借助突破性创新打破常规、实施变革，进而建立起企业难以被替代和模仿的能力，形成企业独特的竞争优势③。同时，组织即兴能力可以有效帮助新创企业应对动态变化的市场环境，通过积极影响资源整合的战略行为，快速将外部知识转化为内部创新，创造性地利用和开发机会，进而促进新创企业绩效的提升④。此外，即兴能力对新创企业绩效的促进作用还具体体现在立即反应和意图创造这两个显著特征上。立即反应能力使新创企业能够快速搜集市场信息，及时发现商业机会，从而抓住稍纵即逝的机会窗口，立即展开行动；同时，立即反应能力使企业可以突破常规通过即时的、非计划的方式对市场和企业经营决策进行变革，实现战略与环境的动态匹配。意图创造能力可以有效突破组织固有的行为和工作模式，使企业在摒弃旧知识的同时创造性地开发利用新知识，并通过资源拼凑等方式实现现有资源的重新配置和有效整合，获取新创企业发展所需的资源和能力。因此，提出假设：

H4：即兴能力对新创企业绩效具有正向影响。

（二）吸收能力对新创企业绩效的影响关系假设

吸收能力是企业获取、消化、转化和利用知识以产生组织动态能力的一系列组织惯例和过程⑤。吸收能力作为一种组织学习模式，对提升企业绩效

---

① Hmieleski K M，Corbett A C. The contrasting interaction effects of improvisational behavior with entrepreneurial self – efficacy on new venture performance and entrepreneur work satisfaction [J]. Journal of Business Venturing，2008，23（4）：482-496.

② 马鸿佳，宋春华，葛宝山. 动态能力、即兴能力与竞争优势关系研究 [J]. 外国经济与管理，2015，37（11）：25-37.

③ 郭秋云，李南，菅利荣. 组织忘却情景、即兴能力与突破性创新 [J]. 中国科技论坛，2017（4）：55-61.

④ 程松松，董保宝，杨红，等. 组织即兴、资源整合与新创企业绩效 [J]. 南方经济，2019（3）：54-70.

⑤ Zahra S A，George G. Absorptive capacity：a review，reconceptualization，and extension [J]. Academy of Management Review，2002，27（2）：185-203.

的作用得到了已有研究的证实。吴家喜和吴贵生①的研究发现，企业的吸收能力能够显著提升新产品开发绩效。科斯托普洛斯（Kostopoulos）等②的研究显示，吸收能力能够通过积极影响创新绩效进一步提升企业的财务绩效。许骞③的研究表明，知识吸收能力对提升企业创新绩效具有积极的作用。郭津毓等④的研究指出，潜在吸收能力和现实吸收能力对企业绩效均表现出显著的正向影响。因此，本文认为，吸收能力对提升企业绩效具有积极影响。

具体来说，首先，吸收能力的提高可以使企业快速感知和搜寻外部环境中的信息和知识，及时发现和获取有价值的机会和技术知识⑤，有效同化、转换和应用获得的信息和知识进行产品或服务的开发，加速知识的创造和产品的商业化进程，最终提高企业的竞争力和成长绩效⑥。其次，吸收能力能够增加企业的知识存量，通过知识的关联提升企业对外部知识的学习能力、识别与评价能力以及应用能力，从而更好地识别和利用机会，提升企业创新和绩效⑦。再则，吸收能力能够使企业快速识别和确认合作伙伴的外部知识，通过建立战略联盟实现资源互补，在扩大自身资源基础的同时，降低知识吸收的成本，从而提升企业绩效⑧。最后，吸收能力的提高使企业可以更好地借鉴和吸收竞争对手和其他行业的先进经验，实现向学习型组织的转变，从

---

① 吴家喜，吴贵生. 组织整合与新产品开发绩效关系实证研究：基于吸收能力的视角 [J]. 科学学研究，2009，27（8）：1220-1227.

② Kostopoulos K, Papalexandris A, Papachroni M, et al. Absorptive capacity, innovation, and financial performance [J]. Journal of Business Research, 2011, 64（12）：1335-1343.

③ 许骞. 创新开放度、知识吸收能力对企业创新绩效的影响机制研究——基于环境动态性视角 [J]. 预测，2020，39（5）：9-15.

④ 郭津毓，邹波，李艳霞. 知识吸收能力的形成与发展机理——基于企业微观行为的视角 [J]. 科研管理，2020，41（4）：192-199.

⑤ 王淑敏. 企业能力如何"动""静"组合提升企业绩效？——能力理论视角下的追踪研究 [J]. 管理评论，2018，30（9）：121-131.

⑥ Chen C J. Technology commercialization, incubator and venture capital, and new venture performance [J]. Journal of Business Research, 2009, 62（1）：93-103.

⑦ 盛伟忠，陈劲. 企业互动学习与创新能力提升机制研究 [J]. 科研管理，2018，39（9）：1-10.

⑧ Flatten T C, Greve G I, Brettel M. Absorptive capacity and firm performance in SMEs: the mediating influence of strategic alliances [J]. European Management Review, 2011, 8（3）：137-152.

而提升企业绩效①。

对于新创企业来说，企业所具有的吸收能力是其开展创业学习的基础②。通过提升吸收能力等方式开展创业学习，一方面有助于新创企业识别和利用机会，另一方面也为新创企业创业活动的开展注入了动力。因此，吸收能力对于新创企业的成长和发展具有更加重要的作用。综上，提出假设：

H5：吸收能力对新创企业绩效具有正向影响。

四、即兴能力和吸收能力对创业导向与新创企业绩效关系的中介作用假设

（一）即兴能力的中介作用假设

综合以上关于创业导向、即兴能力与新创企业绩效关系的分析，本研究认为创业导向的创新性、风险承担性和前瞻性三个维度均能够通过提升即兴能力的方式实现新创企业绩效的提高，即即兴能力在创业导向三维度与新创企业绩效之间起到中介的作用。具体来说，创新性为新创企业提供了积极创新和大胆变革的组织文化，使新创企业能够打破常规，找到解决问题的新思路③；风险承担性能够克服新创企业组织即兴的障碍，扩大创业者整合和利用资源的空间④；前瞻性则能够提升新创企业在决策制定、战略调整和资源整合等方面的立即反应能力，缩短计划与执行之间的时间⑤。通过以上过程，创业导向对新创企业即兴能力的提升起到了积极作用。而即兴能力又能通过

---

① 徐召红，杨蕙馨. 企业转型升级的动态能力构建及作用机理研究 [J]. 东岳论丛，2018，39（4）：61-67.

② 尹苗苗，刘玉国. 新企业战略倾向对创业学习的影响研究 [J]. 科学学研究，2016，34（8）：1223-1231.

③ Covin J G, Slevin D P. A conceptual model of entrepreneurship as firm behavior [J]. Entrepreneurship Theory and Practice, 1991, 16（1）：7-25.

④ 祝振铎. 创业导向、创业拼凑与新企业绩效：一个调节效应模型的实证研究 [J]. 管理评论，2015，27（11）：57-65.

⑤ Bergh D D, Lim E N K. Learning how to restructure：absorptive capacity and improvisational views of restructuring actions and performance [J]. Strategic Management Journal, 2010, 29（6）：593-616.

即时的信息收集、资源整合和拼凑，使新创企业得以快速识别和开发新的机会①，从而提升竞争优势和企业绩效。因此，提出假设：

H6：即兴能力在创业导向与新创企业绩效的关系中具有中介作用。

H6a：即兴能力在创新性与新创企业绩效的关系中具有中介作用；

H6b：即兴能力在风险承担性与新创企业绩效的关系中具有中介作用；

H6c：即兴能力在前瞻性与新创企业绩效的关系中具有中介作用。

（二）吸收能力的中介作用假设

综合以上关于创业导向、吸收能力与新创企业绩效关系的分析，本研究认为创业导向的创新性、风险承担性和前瞻性三个维度均能够通过提高吸收能力的方式进一步提升新创企业绩效，即吸收能力在创业导向三维度与新创企业绩效之间起中介作用。具体而言，创新性所营造的积极创新和变革的文化氛围，能够促进新创企业组织成员间的经验和知识分享，拓展员工利用信息和知识的思路和方法②；风险承担性能够强化新创企业在知识和技术获取及转化中的投入，提高企业对新知识、新事物的接受程度③；前瞻性能够有效提升新创企业的学习倾向，促进企业对外部信息和知识的获取和消化④。在以上过程的影响下，创业导向对新创企业吸收能力的提升产生了积极作用。而吸收能力又能通过提升企业对外部知识的学习、识别、评价与应用能力，以及加速知识的创造和产品的商业化进程，提升新创企业的竞争优势和企业绩效⑤。因此，提出假设：

H7：吸收能力在创业导向与新创企业绩效的关系中具有中介作用。

---

① 程松松，董保宝，杨红，等. 组织即兴、资源整合与新创企业绩效 [J]. 南方经济，2019（3）：54-70.

② Yang Z, Nguyen V T, Le P B. Knowledge sharing serves as a mediator between collaborative culture and innovation capability：an empirical research [J]. Journal of Business & Industrial Marketing, 2018, 33（7）：958-969.

③ 杨曦东. 企业家导向、外部知识获取与产品创新的关系研究 [J]. 科学学与科学技术管理，2009, 30（5）：51-55+89.

④ Fuller Jr B, Marler L E. Change driven by nature：a meta-analytic review of the proactive personality literature [J]. Journal of Vocational Behavior, 2009, 75（3）：329-345.

⑤ Tsai W. Knowledge transfer in intraorganizational networks：effects of network position and absorptive capacity on business unit innovation and performance [J]. Academy of Management Journal, 2001, 44（5）：996-1004.

H7a：吸收能力在创新性与新创企业绩效的关系中具有中介作用；

H7b：吸收能力在风险承担性与新创企业绩效的关系中具有中介作用；

H7c：吸收能力在前瞻性与新创企业绩效的关系中具有中介作用。

五、环境动态性的调节作用及被中介的调节效应假设

（一）环境动态性对创业导向与新创企业绩效关系的调节作用假设

环境动态性一直是影响企业战略选择的重要环境特性，环境动态性不仅能够影响创业导向的水平，还对创业导向战略的实施产生重要作用①。已有研究表明，创业导向与企业绩效的关系受到环境动态性的正向调节。米勒②认为，在不确定的环境中，企业的创新策略与企业绩效的提升具有正向的关系。萨拉③指出，在动态成长的环境中，企业的创业活动与绩效之间存在着很强的正相关关系，而当企业处在静态环境中，这种关系大多转变为负相关。胡望斌和张玉利④的研究表明，创业导向的创新性和前瞻性与新创企业绩效的正向关系在高环境动态性影响下均变得更为显著。吴建祖和龚雪芹⑤的研究发现环境动态性正向调节创业导向的风险承担性、前瞻性两个维度与企业绩效的关系。因此，本文认为，环境动态性对创业导向与企业绩效的关系起到积极的调节作用。具体来说，创业导向作为一种组织内部鼓励创业和变革的氛围与意识，未必能引起实践层面的创新，特别是在外部环境对组织不构成威胁时，创业导向与组织实践操作之间容易发生断裂⑥，从而影

---

① 刘宇璟. 创业导向与企业绩效：制度环境和市场环境的调节作用 [J]. 中国人力资源开发，2017（11）：54-64.

② Miller D. Relating Porter's business strategies to environment and structure：analysis and performance implications [J]. Academy of Management Journal，1988，31（2）：280-308.

③ Zahra S A. A conceptual model of entrepreneurship as firm behavior [J]. Entrepreneurship Theory and Practice，1993，17（4）：5-21.

④ 胡望斌，张玉利. 新企业创业导向转化为绩效的新企业能力：理论模型与中国实证研究 [J]. 南开管理评论，2011（1）：85-97.

⑤ 吴建祖，龚雪芹. 创业导向对企业绩效影响的实证研究——环境动态性的调节作用 [J]. 科技管理研究，2015（9）：197-201.

⑥ 白景坤，王健. 创业导向能克服组织惰性吗？ [J]. 科学学研究，2019，37（3）：492-499.

响创业导向对企业绩效的实际作用。已有研究发现，环境动态性能够有效推动创业导向在企业内部的实施①。高动态环境下，技术和需求的快速变化能够迫使企业加大研发上的投入，通过持续开发和不断推出创新产品赢得有利的市场地位②。创新性和前瞻性能够在动态环境的作用下促使企业克服路径依赖和组织惰性的问题，及时获得新技术和持续发展的能力，通过先于竞争对手推出满足市场需求的创新产品，保证企业的生存和发展③。动态环境在增加企业决策和行动风险的同时，也为企业提供了更多的发展机会，面对复杂多变的外部环境，低风险承担的企业往往因为谨慎决策和行动滞后而错过机会的窗口期，高风险承担的企业则能有效识别环境中的机会，通过机会能力强化组织在动态环境中的竞争优势④，进而提升企业绩效。

新创企业比成熟企业更加需要机会来实现生存和发展，动态变化的环境为新创企业带来了更多的市场机会。因此，通过培养注重创新、敢于冒险和率先行动的创业导向，可以强化企业进行产品和技术创新、领先对手抢占市场的行动，进而开发和利用动态环境中的机会，提升新创企业绩效。因此，提出假设：

H8：环境动态性正向调节创业导向与新创企业绩效的关系。

（二）环境动态性对创业导向与即兴能力关系的调节作用假设

高动态性的环境往往会破坏企业既定的战略计划，影响企业的资源配置和市场开发，这就要求企业打破原有的惯例和经营模式，通过战略的转型和

---

① Ruiz-Ortega M J, Parra-Requena G, Rodrigo-Alarcon J, et al. Environmental dynamism and entrepreneurial orientation：the moderating role of firm's capabilities ［J］. Journal of Organizational Change Management, 2013, 26（3）：475 - 493.

② Cai L, Liu Q, Deng S, et al. Entrepreneurial orientation and external technology acquisition：an empirical test on performance of technology - based new ventures ［J］. Journal of Business Economics and Management, 2014, 15（3）：544 - 561.

③ 彭云峰，薛娇，孟晓华. 创业导向对创新绩效的影响——环境动态性的调节作用 ［J］. 系统管理学报，2019，28（6）：1014-1020.

④ 焦豪，周江华，谢振东. 创业导向与组织绩效间关系的实证研究——基于环境动态性的调节效应 ［J］. 科学学与科学技术管理，2007，28（11）：70-76.

变革来获取竞争优势①。动态环境加快了企业技术更新和知识折旧的速度，缩短了产品的生命周期，环境变化所带来的威胁和挑战强化了企业特别是新创企业通过实施创业导向来提升企业绩效的意愿②。创业导向是一种资源消耗型的战略导向，动态环境下创业导向的实施能够有效提高企业的资源柔性和能力柔性③，更好地克服组织惰性，进而提高组织在计划和执行中的反应速度和响应能力，优化组织对资源的配置和整合。因此，创业导向对即兴能力的积极影响在动态环境中得以提升。具体来说，创新性方面，创新性在企业内部所创造的大胆变革和积极创新的组织文化，激发着员工以自发性和创造性的方式来解决问题④。而动态环境增加了企业意外事件和紧急情况的发生，使具有创新性的企业尤其是缺乏知识基础和经验积累的新创企业更需要借助即兴能力的立即反应和创造性发挥来解决问题。此外，在外部环境快速变化的情景下，企业的创新行为能够有效挖掘和开发市场机会⑤，对于创新的重视确保了企业在提高创新和研发能力上的资源投入，为即兴能力的意图创造和资源拼凑提供了资源基础。前瞻性方面，前瞻性要求企业具有战略眼光并采取超前行动⑥，动荡变化的环境所蕴藏的大量机会推动着企业积极探索新的市场和商业模式，努力成为行业的领导者，这势必会增加组织内部大胆探索和不断试错的即兴行为，进而形成组织的即兴能力。此外，机会往往稍纵即逝，动荡环境中的市场竞争更为激烈，因此，具有前瞻性的企业必然

---

① Li H, Atuahene-Gima K. Product innovation strategy and the performance of new technology ventures in China [J]. Academy of Management Journal, 2001, 44 (6): 1123-1134.

② Lumpkin, G T, Dess G G. Clarifying the entrepreneurial orientation construct and linking it to performance [J]. Academy of Management Review, 1996, 21 (1): 135-172.

③ 丁栋虹，曹乐乐. 创业导向与企业绩效：战略柔性的中介作用 [J]. 中国科技论坛，2019 (9): 101-110.

④ 易华. 创业导向有助于激发员工创新行为吗——创新意愿的中介作用 [J]. 财经理论与实践，2018, 39 (1): 134-139.

⑤ Rauch A, Wiklund J. Lumpkin G T, et al. Entrepreneurial orientation and business performance: an assessment of past research and suggestions for the future [J]. Entrepreneurship Theory and Practice, 2009, 33 (3): 761-787.

⑥ Covin J G, Slevin D P. A conceptual model of entrepreneurship as firm behavior [J]. Entrepreneurship Theory and Practice, 1991, 16 (1): 7-25.

会尽可能地利用一切资源来开发和利用机会①。风险承担性方面，具有风险承担性的企业为员工创造了敢于创新和尝试新方法、新思路的机会，环境的不确定性大大降低了低风险承担企业进行决策和采取行动的意愿和效率，阻碍了即兴行为的产生；相反，越是复杂多变的环境越能激发高风险承担企业的机会意识，促使企业通过立即反应和创造性资源拼凑把握机会窗口②。

对于新创企业来说，通过提升即兴能力来迅速收集市场信息、制定战略决策、进行资源拼凑是企业开发机会、实现生存和发展的重要手段。环境动态性为新创企业通过创业导向来提升即兴能力创造了条件，成为影响二者关系的情境因素。因此，提出假设：

H9：环境动态性正向调节创业导向与即兴能力的关系。

（三）环境动态性对创业导向与吸收能力关系的调节作用假设

高动态环境下，市场需求变化和产业技术革新的速度较快，新创企业原有的知识和技术已经不能适应市场发展的新情况，创业活动的开展需要新创企业持续获得新技术和新知识。动态变化的环境在给企业带来风险和挑战的同时，也为企业提供了潜在的商业机会③。为了避免环境变化所产生的不利影响，有效利用和开发环境中的潜在机会，创业导向成为新创企业提升环境管理能力所采取的战略导向④。在创新性方面，创新是组织适应和管理外部环境的重要方式，特别是在产品和技术创新方面取得突破能够增强企业适应动态环境的能力⑤。具有创新性的新创企业，往往比其他企业更加重视创新的想法和创新的实现，愿意加大对知识获取、技术应用和产品研发等方面的

---

① Dess G G, Lumpkin G T. The role of entrepreneurial orientation in stimulating effective corporate entrepreneurship [J]. Academy of Management Executive, 2005, 19 (1): 147-156.

② 吴建祖，龚雪芹. 创业导向对企业绩效影响的实证研究——环境动态性的调节作用 [J]. 科技管理研究，2015 (9): 197-201.

③ 焦豪，周江华，谢振东. 创业导向与组织绩效间关系的实证研究——基于环境动态性的调节效应 [J]. 科学学与科学技术管理，2007, 28 (11): 70-76.

④ Lumpkin, G T, Dess G G. Clarifying the entrepreneurial orientation construct and linking it to performance [J]. Academy of Management Review, 1996, 21 (1): 135-172.

⑤ 许春. 非相关多元化与企业创新投入关系研究——基于中国企业的实证分析 [J]. 科研管理，2016, 37 (7): 62-70.

资源投入，因此更能有效提升企业的吸收能力①。而动态环境加剧了市场的竞争态势，使采取创新性战略导向的新创企业更能通过技术和产品创新获取竞争优势。因此，环境越是动荡变化，具有创新型特质的新创企业越是会强化对信息、技术以及知识的获取和应用，从而实现产品创新与市场的有效衔接，不断提升企业对环境的适应能力，即环境动态性强化了新创企业的创新性与吸收能力的关系。风险承担性方面，具有风险承担性的新创企业能够采取积极的行动来应对环境中的风险，在快速变化的市场环境中识别和利用机会来促进企业成长②。面对环境动态变化所带来的风险和挑战，高风险承担的新创企业会通过获取技术和知识进而提高企业整体知识水平的方式来加以应对，并通过不断地创业学习来改善创业活动③。因此，环境动态性强化了新创企业的风险承担性对吸收能力的影响。在前瞻性方面，具有前瞻性的新创企业能够领先竞争对手发现机会并采取行动，而动态变化的环境能够让此类企业捕捉到更多的市场机会，从而更加积极地进行信息和知识的获取、消化和利用④，以开发新产品和抢占市场。此外，前瞻性增强了新创企业对环境的感知能力，使企业能够更加快速和准确地把握环境的变化趋势⑤，当环境出现剧烈变动时，前瞻性能够促使企业获取全面的市场信息，及时掌握市场需求的变动以及与竞争对手的差距，通过不断提高企业的知识和技术水平来改进自身的短板，进而赶超竞争对手⑥。因此，在环境动态性的作用下，新创企业的前瞻性更能为其有效地增强吸收能力。综上，提出假设：

---

① 邢蕊，王国红，唐丽艳. 创业导向对在孵企业技术吸收能力的影响研究 [J]. 科学学与科学技术管理，2013，34（11）：82-93.

② 刘小元，林嵩，李汉军. 创业导向、家族涉入与新创家族企业成长 [J]. 管理评论，2017，29（10）：42-57.

③ 尹苗苗，刘玉国. 新企业战略倾向对创业学习的影响研究 [J]. 科学学研究，2016，34（8）：1223-1231.

④ 林枫. 创业学习与创业导向关系辨析 [J]. 科学学与科学技术管理，2011，32（7）：136-139.

⑤ 杜运周，任兵，陈忠卫，张玉利. 先动性、合法化与中小企业成长——一个中介模型及其启示 [J]. 管理世界，2008（12）：126-138+148.

⑥ Zhao Y, Li Y, Lee S, et al. Entrepreneurial orientation, organizational learning, and performance：evidence from China [J]. Entrepreneurship Theory and Practice，2011，35（2）：293-317.

H10：环境动态性正向调节创业导向与吸收能力的关系。

（四）环境动态性被中介的调节效应假设

综合假设 6（即兴能力在创业导向与新创企业绩效的关系中具有中介作用）、假设 8（环境动态性正向调节创业导向与新创企业绩效的关系）和假设 9（环境动态性正向调节创业导向与即兴能力的关系）的分析，本研究认为环境动态性在以即兴能力为中介的模型中是被中介的调节效应，即环境动态性与创业导向的交互作用是通过即兴能力的中介作用进一步影响新创企业绩效的。具体而言，高动态环境下，创业导向能够促使新创企业更加积极地挖掘和开发市场机会①，更加大胆地投入资源，更加有效地提高资源柔性和能力柔性②，逐渐形成具有自发性和创造性的即兴能力，通过即兴能力在机会识别、决策制定和资源配置上的快速反应创造性地开发市场机会，最终提升新创企业绩效。因此，提出假设：

H11：环境动态性与创业导向的交互作用通过即兴能力的中介作用影响新创企业绩效。

综合假设 7（吸收能力在创业导向与新创企业绩效的关系中起到中介作用）、假设 8（环境动态性正向调节创业导向与新创企业绩效的关系）和假设 10（环境动态性正向调节创业导向与吸收能力的关系）的分析，本研究认为环境动态性在以吸收能力为中介的模型中是被中介的调节效应，即环境动态性与创业导向的交互作用是通过吸收能力的中介作用进一步影响新创企业绩效的。具体来说，一方面，在动态环境影响下，创业导向能够促使新创企业更加积极地进行信息和知识的获取和应用③，更加快速和准确地把握环境的变化趋势④，通过吸收能力的提升来快速识别和开发市场机会，进而提升企业绩效。另一方面，高动态环境下，创业导向能够促使新创企业更加主动

① Lumpkin, G T, Dess G G. Clarifying the entrepreneurial orientation construct and linking it to performance [J]. Academy of Management Review, 1996, 21 (1)：135-172.

② 丁栋虹，曹乐乐. 创业导向与企业绩效：战略柔性的中介作用 [J]. 中国科技论坛，2019 (9)：101-110.

③ 林枫. 创业学习与创业导向关系辨析 [J]. 科学学与科学技术管理，2011，32 (7)：136-139.

④ 杜运周，任兵，陈忠卫，张玉利. 先动性、合法化与中小企业成长——一个中介模型及其启示 [J]. 管理世界，2008 (12)：126-138+148.

地提升企业的整体知识水平以及对环境的感知能力，通过吸收能力的提升来有效应对环境变化所带来的风险和挑战①，从而提高企业竞争优势。因此，提出假设：

H12：环境动态性与创业导向的交互作用通过吸收能力的中介作用影响新创企业绩效。

六、即兴能力与吸收能力的交互效应及被调节的中介效应假设

（一）即兴能力与吸收能力的交互作用假设

已有研究发现，不同的组织学习模式之间存在一定的互补性，这种互补性表现为不同学习模式之间的交互作用能够对企业绩效、企业创新等产生积极的影响②③。吸收能力是企业识别、同化和应用有价值的外部信息或知识的能力④，反映了企业有意识的、累积的和重复性的学习过程⑤。即兴能力是企业在环境不确定性和时间压力下，快速收集信息并利用其他可得资源，以创新和自发的方式修正和执行决策、实现管理目标的能力⑥，体现的是组织自发的、短期的、经验学习和创造同时发生的学习过程⑦。吸收能力和即兴能力这两种组织学习模式在影响企业绩效的过程中发挥了不同的作用。其

---

① 尹苗苗，刘玉国.新企业战略倾向对创业学习的影响研究［J］.科学学研究，2016，34（8）：1223-1231.

② He Z L，Wong P K. Exploration vs. exploitation：an empirical test of the ambidexterity hypothesis［J］. Organization Science，2004，15（4）：481-494.

③ 林春培，张振刚.基于吸收能力的组织学习过程对渐进性创新与突破性创新的影响研究［J］.科研管理，2017，38（4）：38-45.

④ Cohen W M，Levinthal D A. Absorptive capacity：a new perspective on learning and innovation［J］. Administrative Science Quarterly，1990，35（1）：128-152.

⑤ Bergh D D，Lim E N K. Learning how to restructure：absorptive capacity and improvisational views of restructuring actions and performance［J］. Strategic Management Journal，2010，29（6）：593-616.

⑥ 马鸿佳，宋春华，葛宝山.动态能力、即兴能力与竞争优势关系研究［J］.外国经济与管理，2015，37（11）：25-37.

⑦ Hodgkinson I R，Hughes P，Arshad D，et al. Strategy development：driving improvisation in Malaysia［J］. Journal of World Business，2016，51（3）：379-390.

中，吸收能力是通过有目的和有计划地进行知识储备来改进现有的经营活动[1]；即兴能力则是在突发状况发生而没有任何知识和经验可以借鉴时，通过自发的、实时性的学习做出即时决策，创造和执行新的计划[2]。因此，吸收能力和即兴能力的发挥都对企业绩效具有积极的作用。吸收能力适合作为企业长期发展过程中获得及利用知识的学习模式，具有目的性、计划性和累积性。即兴能力则可以作为企业处理计划之外的突发事件时即时搜索和创造性利用信息和知识的学习模式，具有短期性、灵活性、创造性和自发性。因此，吸收能力和即兴能力对企业绩效的影响并不矛盾，而是相辅相成，即二者存在交互协同的作用。一方面，具有高吸收能力的企业能够通过外部信息和知识的获取和消化为即兴能力的发挥提供经验和知识基础[3]，使即兴能力所做的即时决策和资源拼凑等行为更具合理性，更好地发挥了即兴能力在机会识别和开发中的积极作用，同时也降低了即兴行为在影响企业发展过程中的不确定性。另一方面，高即兴能力能够使企业在动态环境下进行实时性的学习和快速的信息收集[4]，先于竞争对手发现市场机会，为企业通过吸收能力获取、消化和应用外部信息和知识提供正确的方向，使知识吸收与市场机会开发相匹配，从而提高了企业竞争优势。此外，与成熟企业相比，新创企业所面临的由于环境变化所产生的风险更多也更复杂，为应对动态环境的企业即兴行为发生的可能性更高[5]，即兴能力在企业识别和开发机会以提升企

① Hughes P，Hodgkinson I R，Hughes M，et al. Explaining the entrepreneurial orientation-performance relationship in emerging economies: the intermediate roles of absorptive capacity and improvisation [J]. Asia Pacific Journal of Management，2018，35: 1025-1053.

② Hmieleski K M，Corbett A C，Baron R A. Entrepreneurs' improvisational behavior and firm performance: a study of dispositional and environmental moderators [J]. Strategic Entrepreneurship Journal，2013，7 (2): 138-150.

③ 程松松，董保宝，杨红，等. 组织即兴、资源整合与新创企业绩效 [J]. 南方经济，2019 (3): 54-70.

④ Kyriakopoulos K. Improvisation in product innovation: the contingent role of market information sources and memory types [J]. Organization Studies，2011，32 (8): 1051-1078.

⑤ Cunha M P E，Cunha J V D，Kamoche K. Organizational improvisation: what，when，how and why [J]. International Journal of Management Reviews，1999，1 (3): 299-341.

业绩效中的作用也更重要。同时，新创企业所具有的吸收能力，能够摆脱成熟企业知识基础僵化、知识吸收缺乏灵活性的特点，在获取、消化和应用知识时更具有弹性和前瞻性。因此，新创企业的即兴能力和吸收能力更具互补性和融合性，它们之间的交互作用更能有效提升企业的绩效。因此，本文假设：

H13：即兴能力与吸收能力的交互作用正向影响新创企业绩效，即吸收能力正向调节即兴能力与新创企业绩效之间的关系（H13a）；即兴能力正向调节吸收能力与新创企业绩效之间的关系（H13b）。

（二）即兴能力与吸收能力的被调节的中介效应假设

综合以上分析可知，即兴能力在创业导向与新创企业绩效的关系中具有中介作用（H6），吸收能力正向调节即兴能力与新创企业绩效之间的关系（H13a）。由此，上述研究假设构成了被调节的中介效应模型，即吸收能力调节了即兴能力对创业导向与新创企业绩效关系的中介作用。也就是说，吸收能力越强，即兴能力对新创企业绩效的积极影响越大，即兴能力在创业导向与新创企业绩效关系间的中介作用就越大；反之，吸收能力越弱，即兴能力对新创企业绩效的积极影响减弱，即兴能力在创业导向与新创企业绩效关系间的中介作用就会减弱。

同样地，吸收能力在创业导向与新创企业绩效的关系中起到中介作用（H7），即兴能力正向调节吸收能力与新创企业绩效之间的关系（H13b）。以上两个假设同样构成了被调节的中介效应模型，即即兴能力调节了吸收能力对创业导向与新创企业绩效关系的中介作用。具体而言，即兴能力越强，吸收能力对新创企业绩效的积极影响越大，吸收能力在创业导向与新创企业绩效关系间的中介作用也就越大；反之，即兴能力越弱，吸收能力对新创企业绩效的积极影响就会变小，吸收能力在创业导向与新创企业绩效关系间的中介作用也会相应减弱。基于此，提出假设：

H14：吸收能力正向调节即兴能力对创业导向与新创企业绩效关系的中介作用。

H15：即兴能力正向调节吸收能力对创业导向与新创企业绩效关系的中介作用。

第四节 本章小结

综上所述，本章在梳理资源基础理论、企业能力理论、组织学习理论以及创业战略相关理论，并进行理论和案例分析的基础上，构建了本研究的理论模型，分析了创业导向、即兴能力、吸收能力、环境动态性与新创企业绩效等主要变量之间的关系。结合相关文献的逻辑推理和分析，提出了包括创业导向对新创企业绩效的影响、创业导向对即兴能力和吸收能力的影响、即兴能力和吸收能力对新创企业绩效的影响、即兴能力和吸收能力的中介作用、环境动态性的调节作用及被中介的调节作用、即兴能力和吸收能力的交互效应以及被调节的中介效应等在内的研究假设，共计30条，假设汇总结果如表2-13所示。本章通过构建研究的理论模型并提出相关的研究假设，为后续研究设计和实证分析的开展奠定了基础。

表2-13 研究假设汇总表

序号	假设	假设描述
1	H1	创业导向对新创企业绩效具有正向影响
2	H1a	创新性对新创企业绩效具有正向影响
3	H1b	风险承担性对新创企业绩效具有正向影响
4	H1c	前瞻性对新创企业绩效具有正向影响
5	H2	创业导向对即兴能力具有正向影响
6	H2a	创新性对即兴能力具有正向影响
7	H2b	风险承担性对即兴能力具有正向影响
8	H2c	前瞻性对即兴能力具有正向影响
9	H3	创业导向对吸收能力具有正向影响
10	H3a	创新性对吸收能力具有正向影响
11	H3b	风险承担性对吸收能力具有正向影响
12	H3c	前瞻性对吸收能力具有正向影响

续表

序号	假设	假设描述
13	H4	即兴能力对新创企业绩效具有正向影响
14	H5	吸收能力对新创企业绩效具有正向影响
15	H6	即兴能力在创业导向与新创企业绩效的关系中具有中介作用
16	H6a	即兴能力在创新性与新创企业绩效的关系中具有中介作用
17	H6b	即兴能力在风险承担性与新创企业绩效的关系中具有中介作用
18	H6c	即兴能力在前瞻性与新创企业绩效的关系中具有中介作用
19	H7	吸收能力在创业导向与新创企业绩效的关系中具有中介作用
20	H7a	吸收能力在创新性与新创企业绩效的关系中具有中介作用
21	H7b	吸收能力在风险承担性与新创企业绩效的关系中具有中介作用
22	H7c	吸收能力在前瞻性与新创企业绩效的关系中具有中介作用
23	H8	环境动态性正向调节创业导向与新创企业绩效的关系
24	H9	环境动态性正向调节创业导向与即兴能力的关系
25	H10	环境动态性正向调节创业导向与吸收能力的关系
26	H11	环境动态性与创业导向的交互作用通过即兴能力的中介作用影响新创企业绩效
27	H12	环境动态性与创业导向的交互作用通过吸收能力的中介作用影响新创企业绩效
28	H13	即兴能力与吸收能力的交互作用正向影响新创企业绩效
29	H14	吸收能力正向调节即兴能力对创业导向与新创企业绩效关系的中介作用
30	H15	即兴能力正向调节吸收能力对创业导向与新创企业绩效关系的中介作用

第三章

研究设计

本章介绍了文章的研究设计以及具体的实施过程，包括研究对象与调研流程、问卷设计、变量设计与测量以及预调研与问卷修正等内容，为保证实证分析结果的有效性奠定基础。

第一节　研究对象与调研流程

本研究以问卷调查的方式获得开展实证研究所需的数据。考虑到本文的研究对象为处于创业阶段的新创企业，对于反映企业经营和绩效情况的相关数据无法从企业财务报表或相关数据库获得，因此，通过问卷调查的方式获得数据以此进行实证分析成为创业研究领域的通常做法。

一、研究对象的选择

虽然学术界对于新创企业创立时间的界定不同，但学者们普遍将成立时间在 8 年以内的企业定义为新创企业[1][2]。因此，本研究将成立时间在 8 年以内的企业作为研究对象实施问卷调查。在行业类型方面，所调查的样本企

①　Zahra S A. A conceptual model of entrepreneurship as firm behavior [J]. Entrepreneurship Theory and Practice, 1993, 17 (4): 5-21.

②　蔡莉，单标安. 创业网络对新企业绩效的影响——基于企业创建期、存活期及成长期的实证分析 [J]. 中山大学学报（社会科学版），2010, 50 (4): 189-197.

业涉及传统制造业、高新技术产业和服务业等多个行业。在地域分布方面，样本企业分布在东南沿海、华北及东北、中部和西部等多个区域。对于样本企业所处行业和区域的选择，本研究旨在寻求样本分布的广泛性和类型的多样性，以揭示出具有普适意义的结论。此外，本研究的受访者主要是企业的创始人或创业团队成员，他们参与企业的经营和管理，对企业的创业导向、即兴能力、吸收能力和企业绩效等方面的情况最为熟悉，因此通过对他们的调研所得到的数据更能符合研究的需要。

二、调研流程

为了能够与样本企业的受访者取得联系，本研究通过与政府部门建立的合作关系以及其他社会关系（包括老师、同学、亲戚、朋友）等多种渠道获得了新创企业创始人或创业团队成员的联系方式。对于距离较近、愿意接待的企业采用现场发放纸质问卷的方式将问卷发放到创业者手中，并于当天将填写完成的纸质问卷进行回收。同时，对于愿意接受访谈的创业者，我们在约定时间后积极与其开展面谈，通过访谈一方面检验本研究理论模型与受访企业管理实践的匹配程度，另一方面更好地针对研究的目的和问卷的设计向受访者做出解释，提高受访者对问卷题项理解的准确性进而得到更好的回答，从而保证问卷的质量。对于距离较远无法现场完成问卷的受访者，通过电子邮件、微信或者问卷星等方式进行问卷发放和收集，并用文字的形式对问卷的目的和题项做出详细解释，以求获得高质量的问卷。

第二节　问卷设计

一、问卷设计原则及流程

借鉴已有研究在问卷设计中所使用的方法，本研究从以下三个步骤对调查问卷进行设计。

首先，通过参考或直接采用国内外相关研究的成熟量表，形成初始的调查问卷。针对本研究所涉及的创业导向、即兴能力、吸收能力、环境动态性以及新创企业绩效等变量的相关文献进行梳理和总结，理清量表的发展脉络和相互引用情况。对相关量表按照一定的原则进行筛选，最终确定本研究想要借鉴的文献和相关量表。量表的选择需要符合以下原则。第一，量表的来源应是国内外权威期刊，并且经过较多研究的引用和验证，从而确保量表具备较好的公信力和经验效度。第二，量表应该被国内的学者翻译和使用过，经过国内研究和文化背景的验证，从而确保所选量表在中国环境下的适应性。第三，尽量选择与本研究主题相关的文献中所开发或使用的量表，这样可以确保量表中测量题项的内容与本研究保持一致。

其次，参照英文原文中的量表题项对初始问卷中翻译后的题项内容进行反复斟酌，并借鉴国内其他学者的翻译进行适当的调整和修正。对于英文问卷题项的翻译既要保证内容表达的准确性，又要做到受访者阅读时的通俗易懂。因此，对于参考自英文文献的量表，本研究都会对比原文和其他学者的成熟翻译不断进行调整，并邀请英文专业的同学和老师对翻译后的内容进行再次检验。此外，在与受访者的交谈中，询问他们对于问卷题项语义表达是否准确和语言是否烦琐的意见，以此为基础对问卷题项做出修订。

最后，通过预调研收集小规模样本数据，初步地对问卷进行信效度检验。预调研是进行正式问卷调查前的一个重要步骤，它能够预先发现问卷中不符合要求的题项，规避一些在正式调研中可能出现的问题，为正式问卷信度与效度的提升提供了保证。

二、问卷结构

本研究所设计的调查问卷主要由三个部分构成。其中，第一部分为卷首语，旨在表明研究目的，指导和规范受访者填写问卷，提高问卷填写的有效性和效率。此部分主要包括3个内容，一是介绍问卷调查的目的和涉及的主要内容；二是明确告知受访者调研的学术用途，而非商业目的，以及保证调研的保密性、匿名性和不涉及任何商业机密或隐私；三是明确问卷填写方式，对受访者填写问卷进行有效指导和规范。第二部分是变量的测量。此部分给出了本研究主要变量的测量题项，供受访者根据企业的具体情况做出判断并进行填写，这些变量包括创业导向、即兴能力、吸收能力、环境动态性和新创企业绩效。第三部分是受访者及其企业的基本信息。此部分主要包括受访者的个人基本信息，如年龄、性别、创业经历、学历等，以及受访者的所在企业的基本情况，如创立年限、企业规模、所处行业等。

第三节 变量设计与测量

一、解释变量

本研究的解释变量为创业导向。对于创业导向的测量，科文和斯莱文①所开发的创业导向量表是迄今为止最为成熟、应用最为广泛的量表，因此，本研究采用此量表对创业导向进行测量，并将创业导向分为创新性、风险承担性和前瞻性三个维度。其中，创新性是指企业尝试新想法以激发新产品、新服务或技术进步产生过程的意愿和倾向②；风险承担性是指在不确定的环境下，企业大胆进入未知领域或是将大量资源投入目标业务活动中的倾向③；前瞻性是指企业先于竞争对手引入新产品或新服务，能够预测未来的市场需求并采取超前行动的程度④。该量表共有 9 个测量题项，创新性、风险承担性和前瞻性三个维度各有 3 个题项。量表的具体内容如表 3-1 所示。

---

① Covin J G, Slevin D P. Strategic management of small firms in hostile and benign environments [J]. Strategic Management Journal, 1989, 10 (1)：75-87.

② Lumpkin, G T, Dess G G. Clarifying the entrepreneurial orientation construct and linking it to performance [J]. Academy of Management Review, 1996, 21 (1)：135-172.

③ Lumpkin G, Dess G. Linking two dimensions of entrepreneurial orientation to firm performance：the moderating role of environment and industry life cycle [J]. Journal of Business Venturing, 2001, 16 (5)：429-441.

④ Covin J G, Slevin D P. A conceptual model of entrepreneurship as firm behavior [J]. Entrepreneurship Theory and Practice, 1991, 16 (1)：7-25.

表 3-1 创业导向测量量表

变量	维度	题项	来源
创业导向（EO）	创新性（IN）	本企业非常强调创新、研发和技术领先（IN1）	科文和斯莱文（1989）
		本企业推出了许多新产品或新服务（IN2）	
		本企业对产品或服务的改进往往是大幅度的创新（IN3）	
	风险承担性（RT）	本企业更倾向于选择具有高回报的高风险项目（RT1）	
		由于外部环境的特性，我们认为采取大胆、广泛的行动来实现企业目标是必要的（RT2）	
		当决策过程中遇到不确定的情况时，本企业通常采取大胆、积极的姿态最大限度地开发潜在的机会（RT3）	
	前瞻性（PD）	在与同行的竞争中，通常是本企业率先采取行动，然后竞争对手才做出回应（PD1）	
		本企业通常比竞争对手率先推出新产品或新服务，以及率先采用新的管理和运营模式（PD2）	
		在与同行的竞争中，本企业通常采取激烈的竞争手段以击败竞争对手（PD3）	

二、中介变量

本研究的第一个中介变量为即兴能力。对于即兴能力的测量，维拉和克罗森[1]从创造性和自发性两个维度开发了一个 7 题项量表，该量表在后续研究中得到了广泛应用，被学者们视为即兴能力最成熟的量表。其中，创造性是指在复杂和不确定的情况或事件中尝试调整自己、有意识地进行新颖性创

---

[1] Vera D, Crossan M. Improvisation and innovative performance in teams [J]. Organization Science, 2005, 16 (3): 203-224.

造的特质；自发性是指能够对突发状况进行果断的、自发式的反应的特质。在维拉和克罗森研究的基础上，赫米列斯基和科贝特①、利伯恩②等学者对即兴能力的概念和维度进行了发展，将利用现有资源的内容纳入到即兴能力的内涵中。国内学者马鸿佳等③在整合以上研究所开发的量表的基础上，形成了即兴能力测量的新量表。此量表采纳了维拉和克罗森对于即兴能力的维度划分方法，并加入了利用现有资源的相关内容。本研究通过进一步整合维拉和克罗森、马鸿佳等的测量量表，并对相关题项进行适当调整和修正，最终得到了包含 8 个题项的量表。量表的题项如表 3-2 所示。

表 3-2　即兴能力测量量表

变量	题项	来源
即兴能力（IC）	员工在执行任务过程中能够边思考边行动（IC1）	维拉和克罗森（2005）；马鸿佳等（2015）
	企业能够立即应对工作中出现的突发问题（IC2）	
	企业能够当场处理未预料到的事情（IC3）	
	企业能够在工作中识别出对其发展有利的机会（IC4）	
	企业会尝试新的方法解决问题（IC5）	
	企业员工愿意用冒险的方式来想出一些新点子（IC6）	
	企业员工在完成工作时展现出独创性（IC7）	
	企业能够利用当前可得到的一切资源来解决问题（IC8）	

　　本研究的第二个中介变量为吸收能力。萨拉和乔治④将吸收能力划分为潜在吸收能力和现实吸收能力两类，其中，潜在吸收能力是指知识获取和消

① Hmieleski K M，Corbett A C. Proclivity for improvisation as a predictor of entrepreneurial intentions［J］. Journal of Small Business Management，2006，44（1）：45-63.

② Leybourne S A. Improvisation within management：oxymoron，paradox，or legitimate way of achieving? ［J］. International Journal of Management Concepts and Philosophy，2007，2（3）：224-239.

③ 马鸿佳，宋春华，葛宝山. 动态能力、即兴能力与竞争优势关系研究［J］. 外国经济与管理，2015，37（11）：25-37.

④ Zahra S A，George G. Absorptive capacity：a review，reconceptualization，and extension［J］. Academy of Management Review，2002，27（2）：185-203.

化的能力,现实吸收能力是指知识转化和利用的能力。帕夫洛和萨维①在萨拉和乔治研究的基础上开发了吸收能力的测量量表,共包含 10 个题项。罗伯茨②对帕夫洛和萨维的量表进行了调整和修改,形成了包括潜在吸收能力和实际吸收能力两个维度的 8 题项量表。本研究将吸收能力作为单一维度,采用罗伯茨的量表对吸收能力进行测量,具体题项如表 3-3 所示。

表 3-3　吸收能力测量量表

变量	题项	来源
吸收能力 (AC)	企业能够识别和获得内部和外部知识(AC1)	罗伯茨 (2015)
	企业有有效的程序来识别、评估和导入新的信息和知识(AC2)	
	企业有足够的程序来分析所获得的信息和知识(AC3)	
	企业有足够的程序来同化新的信息和知识(AC4)	
	企业可以成功地将现有的知识与新获得的信息和知识整合起来(AC5)	
	企业可以成功地将已获得的信息转化为新知识(AC6)	
	企业可以成功地将内部和外部的信息和知识运用到具体的应用中(AC7)	
	企业可以有效地将知识运用到新产品或服务中(AC8)	

三、调节变量

环境动态性这一调节变量的测量方法是多样的,在通过问卷量表对环境动态性进行测量的研究中,米勒及其合作者所开发的环境动态性量表得到了广泛使用。其中,米勒和弗里森③将环境动态性作为单一维度,从产品或服务的过时率、顾客需求或偏好的难以预测程度、竞争者行为的难以预测程度

① Pavlou P A, El Sawy O A. From IT leveraging competence to competitive advantage in turbulent environments: the case of new product development [J]. Information Systems Research, 2006, 17 (3): 198-227.

② Roberts N. Absorptive capacity, organizational antecedents, and environmental dynamism [J]. Journal of Business Research, 2015, 68 (11): 2426-2433.

③ Miller D, Friesen P H. Innovation in conservative and entrepreneurial firms: Two models of strategic momentum [J]. Strategic Management Journal, 1982, 3 (1): 1-25.

等方面对环境动态性进行测量。米勒①则从外部环境增长机会变化、产品或服务技术变化、研发活动变化和产品或服务创新率变化等方面测量了环境动态性。国内学者黎赔肆和焦豪②对米勒和弗里森的量表做出适当修改，增加了生产技术以及经济社会环境的变化情况等内容。陈国权和王晓辉③对米勒的量表作了修改和补充，增加了政府政策变化、利益相关者行为等内容。本文通过整合米勒和弗里森、陈国权和王晓辉以及黎赔肆和焦豪的量表，从竞争者行为的难以预测程度、产品或服务容易过时的程度、顾客需求或偏好的难以预测程度、行业技术变化速度以及政府政策变化速度等方面来测量环境动态性，共包括 5 个题项。量表的具体内容如表 3-4 所示。

表 3-4 环境动态性测量量表

变量	题项	来源
环境动态性（ED）	企业的竞争者行为难以预测（ED1）	米勒和弗里森（1982）；陈国权和王晓辉（2012）；黎赔肆和焦豪（2014）
	行业的产品或服务容易变得过时（ED2）	
	顾客需求难以预测（ED3）	
	行业技术变化迅速（ED4）	
	政府政策变化快（ED5）	

四、被解释变量

本研究的被解释变量为新创企业绩效。布拉什和范德沃夫④指出，新创企业绩效的测量应该从成长性和获利性两个方面进行，以更好地揭示新创企业绩效的内涵。其中，成长性体现的是新创企业在发展过程中表现出来的增

---

① Miller D. The structural and environmental correlates of business strategy［J］. Strategic Management Journal，1987，8（1）：55-76.

② 黎赔肆，焦豪. 动态环境下组织即兴对创业导向的影响机制研究［J］. 管理学报，2014，11（9）：1366-1371.

③ 陈国权，王晓辉. 组织学习与组织绩效：环境动态性的调节作用［J］. 研究与发展管理，2012，24（1）：52-59.

④ Brush C G，Vanderwerf P A. A comparison of methods and sources for obtaining estimates of new venture performance［J］. Journal of Business Venturing，1992，7（2）：157-170.

长潜力①；获利性反映的是新创企业有效利用其资源实现盈利的成功程度②。在新创企业绩效的测量方面，钱德勒（Chandler）和汉克斯（Hanks）③ 所开发的量表得到了学者们的广泛认可和使用。国内学者祝振铎④、易朝辉等⑤将钱德勒和汉克斯的量表与其他学者的量表进行了整合和修订，形成了包括获利性（财务绩效）和成长性（成长绩效）两方面内容的新量表，同时也验证了该量表在中国情境下的适用性。因此，本研究在结合钱德勒和汉克斯、祝振铎和易朝辉等量表的基础上，从获利性和成长性两方面对新创企业绩效进行测量，最终形成了包括 6 个题项的量表，获利性和成长性各通过 3 个题项进行测量。量表的具体内容如表 3-5 所示。

表 3-5　新创企业绩效测量量表

变量	题项	来源
新创企业绩效（NVP）	相比于竞争对手，本企业的员工数量增加较快（NVP1）	钱德勒和汉克斯（1993）；祝振铎（2015）；易朝辉等（2018）
	相比于竞争对手，本企业的销售额增长较快（NVP2）	
	相比于竞争对手，本企业的新产品或服务增加较快（NVP3）	
	相比于竞争对手，本企业的市场份额增长显著（NVP4）	
	相比于竞争对手，本企业的利润增长较快（NVP5）	
	相比于竞争对手，本企业的投资回报增长较快（NVP6）	

① Antoncic B, Hisrich R D. Intrapreneurship: construct refinement and cross－cultural validation [J]. Journal of Business Venturing, 2001, 16 (5): 495-527.

② Zahra S A, Bogner W C. Technology strategy and software new ventures' performance [J]. Journal of Business Venturing, 2000, 15 (2): 135-173.

③ Chandler G N, Hanks S H. Measuring the performance of emerging businesses: a validation study [J]. Journal of Business Venturing, 1993, 8 (5): 391-408.

④ 祝振铎. 创业导向、创业拼凑与新企业绩效：一个调节效应模型的实证研究 [J]. 管理评论, 2015, 27 (11): 57-65.

⑤ 易朝辉, 段海霞, 任胜钢. 创业自我效能感、创业导向与科技型小微企业绩效 [J]. 科研管理, 2018, 39 (8): 99-109.

五、控制变量

在新创企业绩效的研究中，企业年龄、企业规模、所属行业、地域分布等常被作为影响企业绩效的因素而得到控制①。企业年龄方面，企业年龄不仅影响着企业的资源基础，还与企业对外部环境的感知密切相关，不同的资源基础和环境感知能力又会影响企业的绩效和竞争优势②。因此，为了消除企业年龄可能对新创企业绩效产生的影响，有必要将企业年龄作为控制变量。具体做法是，将企业按照成立时间分为 1~2 年、3~5 年和 6~8 年三类，并分别从 1~3 赋值。企业规模方面，企业规模的差异会导致企业间即兴能力和吸收能力的不同，企业规模在影响创新绩效和组织学习的同时，也会进一步影响企业绩效③④。因此，本研究对企业规模进行控制，并用企业员工人数来测量，具体做法是将企业按照员工人数划分为 10 人及以下、11~50 人、51~100 人、101~500 人、500 人以上等五类，并从 1~5 分别赋值。在所属行业方面，不同的行业具有不同的竞争环境，对知识的获取和利用难度不同，在即兴能力和企业绩效水平上也会存在一定的差异⑤。因此，将所属行业作为控制变量，可以消除行业因素对新创企业绩效的影响。具体做法为将企业按照所处行业划分为农业、传统制造业、高新技术产业、服务业四类，并从 1~4 赋值。地域分布方面，不同地域间的发展程度不同，市场环境和政策不同，资源集聚程度不同，这些因素都会影响企业资源的获取和利用，进而影响企业成长和绩效⑥。因此，本研究将地域分布作为控制变量，以消除企业

① 刘小元，林嵩，李汉军. 创业导向、家族涉入与新创家族企业成长 [J]. 管理评论，2017，29（10）：42-57.

② Zhou K Z, Li C B. How strategic orientations influence the building of dynamic capability in emerging economies [J]. Journal of Business Research, 2010, 63 (3): 224-231.

③ 马鸿佳，宋春华，葛宝山. 动态能力、即兴能力与竞争优势关系研究 [J]. 外国经济与管理，2015，37（11）：25-37.

④ Aliasghar O, Rose E L, Chetty S. Building absorptive capacity through firm openness in the context of a less-open country [J]. Industrial Marketing Management, 2019, 83: 81-93.

⑤ Wang C L. Entrepreneurial orientation, learning orientation, and firm performance [J]. Entrepreneurship Theory and Practice, 2008, 32 (4): 635-657.

⑥ 刘小元，林嵩，李汉军. 创业导向、家族涉入与新创家族企业成长 [J]. 管理评论，2017，29（10）：42-57.

间因为地域分布不同产生的差异。具体做法为将企业按照地域分布划分为东南沿海、华北及东北、中部、西部四类，并从 1~4 进行赋值。

此外，对除控制变量以外的所有变量的量表实施 Likert 5 点计分，从 1 到 5 依次对应为"非常不同意"到"非常同意"。

第四节　预调研与问卷修正

在进行正式调研之前，需要通过各种方式对初始问卷进行调整和修正，以确保问卷的合理性和有效性，提高正式调研所获数据的质量。本研究总共对初始问卷进行了三次修正。第一次修正是在确定了初始问卷之后，通过与导师、合作者、同门和同学等对本研究的理论模型、主要变量以及测量量表进行充分的讨论和交流，征求老师和同学们的相关意见，对问卷题项中逻辑、措辞和表述方面存在问题的地方进行修改，使问卷得到初步的改进和完善。第二次修正是在与部分受访者面谈的过程中，征求受访者对于问卷内容的意见和建议，包括问卷内容是否合理、是否能够准确反映企业的相关情况、题项表述是否准确清晰等，以此为基础对问卷做进一步修改。第三次修正是通过开展预调研进行小样本测试，对预调研所收集的数据进行信度和效度分析，以此检验问卷题项的合理性，通过剔除无效或低效的问卷题项最终得到正式问卷。

一、预调研数据收集

本次预调研的对象主要来源于两部分，一部分是同济大学 EMBA、MBA 学员以及辽宁科技大学 MBA 学员中的创业者，另一部分是这些 MBA、EMBA 学员创业圈子中所结识的其他创业者。这些人不仅具有丰富的创业和管理经验，还接受过良好的教育，具有较高的知识水平。因此，通过选择这些人作为预调研的对象，能够在一定程度上提高调研的质量。预调研共发放问卷 150 份，实际回收问卷 121 份，剔除内容填写不完整、选项单一等无效问卷后，得到有效问卷 98 份。本节将通过多种检验方法对预调研数据进行分析，以完成量表的修正和净化。

二、预调研数据处理

信度与效度分析是对量表数据进行评价的两个重要方面。

信度（Reliability）是对量表可靠性程度的一种反映，即研究中使用的量表所具有的稳定性和一致性程度。量表的信度与其测量产生的标准误相关，一般来说，量表的信度越高标准误就越小。目前，克朗巴哈（Cronbach）所提出的 α 系数是检验量表信度最常用的方法。对于量表信度的边界，农纳利（Nunnally）① 提出将 Cronbach's α 系数高于 0.7 作为量表具有良好信度的条件，现有研究也普遍采用这一标准对量表信度进行判断。同时，删除项后 Cronbach's α 系数也是一项判断量表信度的常用指标，用以计算删除某个题项后量表的 Cronbach's α 系数，当某个题项的删除项后 Cronbach's α 系数大于其所在变量的 Cronbach's α 系数时，则说明删除此项提高了此变量的信度水平，此时应将此题项进行删除。此外，修正题项与整体相关系数（CITC）也常被作为检验问卷信度的另一个重要指标，它是某一题项与其余题项总分的相关系数，反映了该题项与其他题项的内部一致性程度。根据已有研究的建议，CITC 应该大于 0.5 的最低标准，对于小于 0.5 的 CITC 所对应的问卷题项应该予以删除。因此，本文采用 Cronbach's α 系数、CITC、删除项后 Cronbach's α 系数三项指标对问卷的信度进行检验。

效度（Validity）反映了量表所测内容的有效性，即所收集的样本与测量指标的符合程度和匹配程度。对于问卷效度的检验也是开展实证研究的重要前提条件。效度分析主要包括两种方式，一种叫作内容效度，反映的是量表测量题项的综合性和代表性，一般通过访谈或者相关文献对内容效度进行评价。另一种叫作结构效度，体现的是问卷题项与理论概念的一致性程度，可以分为收敛效度和区分效度两个方面。目前，因子分析（Factor Analysis）是检验问卷结构效度的常用方法，包括探索性因子分析（EFA）和验证性因子分析（CFA）两种。其中，探索性因子分析从问卷的内在结构角度对数据进行分析，适合对预调研中初始问卷的结构效度进行检验；验证性因子分析则

---

① Nunnally J C. Psychometric theory（2nd ed.）［M］. New York：McGraw-Hill, 1978.

是从测量因子与测量题项的对应关系角度进行分析，常被用来检验正式问卷的结构效度。在探索性因子分析方面，开展探索性因子分析之前，必须对问卷数据做 KMO 和 Bartlett 球形检验，当同时满足 KMO 值大于 0.7，Bartlett 球形检验的显著性小于 0.05 两个条件时，表明问卷适合做探索性因子分析。在探索性因子分析的过程中，一般采用主成分分析法，并用最大方差法进行旋转提取特征值大于 1 的公因子，在得到的结果中，只保留因子载荷大于 0.5 的问卷题项，并且每个构念的所有测量题项的累计解释方差要在 50% 以上。在验证性因子分析方面，先通过得到测量题项的因子载荷和每个构念的组合信度（CR）、平均提炼方差（AVE）来检验量表的收敛效度，其中，标准因子载荷值和 AVE 值一般要大于 0.5，CR 值要高于 0.7；再通过比较 AVE 平方根与此变量和其他变量相关系数的大小以及模型拟合指数来判断量表的区分效度，其中，AVE 的平方根要大于此变量与其他所有变量的相关系数，模型拟合指标的 χ^2/df 值介于 1~3 之间，CFI、TLI、GFI、IFI、NFI 等值大于 0.9，RMSEA、RMR 的值小于 0.08。基于以上分析，本文通过探索性因子分析对预调研问卷的结构效度进行验证，通过验证性因子分析对正式调研问卷的结构效度进行检验。

（一）创业导向量表的信度和效度分析

对于创业导向量表的信度和效度检验，本研究将从创新性、风险承担性和前瞻性三个维度进行分析。量表的信度和效度分析结果如表 3-6 和表 3-7 所示。由表 3-6 可知，创新性、风险承担性和前瞻性的 Cronbach's α 系数分别为 0.824、0.887 和 0.885，均高于 0.7 的最低标准，三个维度所对应的 9 个测量题项的 CITC 值均大于 0.6，高于 0.5 的临界值，且每个维度删除任何一个题项均不能提高该维度的 Cronbach's α 系数值。因此，创业导向的量表具有良好的信度。从表 3-7 可以看出，创业导向量表的 KMO 值为 0.830，大于 0.7 的临界值，Bartlett 球形检验的显著性水平小于 0.01，满足小于 0.05 的标准，说明该量表适合进行探索性因子分析。由探索性因子分析结果可知，创新性、风险承担性和前瞻性三个子量表所有题项的因子载荷值均高于 0.7，符合不低于 0.5 的最低要求，累计解释方差为 79.666%，高于 50% 的最低标准。因此，创业导向具有良好的效度。综上所述，不需要删除创业导向量表的任何题项。

表 3-6 创业导向量表的信度分析

题项	CITC	删除项后 Cronbach's α 系数	Cronbach's α 系数
IN1	0.720	0.716	
IN2	0.693	0.745	0.824
IN3	0.629	0.810	
RT1	0.778	0.842	
RT2	0.810	0.814	0.887
RT3	0.755	0.864	
PN1	0.789	0.826	
PN2	0.795	0.821	0.885
PN3	0.748	0.862	

表 3-7 创业导向量表的探索性因子分析

题项	因子 1	因子 2	因子 3
IN1	0.155	0.250	0.851
IN2	0.292	0.158	0.812
IN3	0.258	0.280	0.718
RT1	0.085	0.904	0.135
RT2	0.224	0.862	0.230
RT3	0.089	0.827	0.312
PN1	0.859	0.170	0.231
PN2	0.846	0.132	0.302
PN3	0.883	0.086	0.145
KMO	0.830		
Bartlett 球形检验卡方值	509.030		
df	36		
Sig.	0.000		
累计解释方差	79.666%		

（二）即兴能力量表的信度和效度分析

即兴能力量表的信度和效度分析结果如表3-8、表3-9和表3-10所示。由表3-8可知，即兴能力题项 IC7 所对应的 CITC 值为 0.431，小于 0.5 的临界值，并且删除此题项可以将 Cronbach's α 系数值从 0.867 提高到 0.873，因此应将题项 IC7 予以删除。表3-9 为删除 IC7 后的即兴能力信度分析结果，由结果可知，即兴能力所有测量题项的 CITC 值均大于 0.6，删除任何一个题项均不能提高 Cronbach's α 系数值，Cronbach's α 系数高于 0.8。因此，修正后量表的信度较好。从表3-10 可以看出，修正后即兴能力量表的 KMO 值高于 0.7 的临界值，Bartlett 球形检验的显著性水平达到低于 0.05 的标准，因此可以对该量表进一步做探索性因子分析。由因子分析结果可知，所有题项的因子载荷值均高于 0.6，累计解释方差高于 60%。因此，修正后量表的效度较好。

表 3-8　即兴能力量表的信度分析

题项	CITC	删除项后 Cronbach's α 系数	Cronbach's α 系数
IC1	0.606	0.853	
IC2	0.660	0.847	
IC3	0.614	0.851	
IC4	0.623	0.851	
IC5	0.703	0.841	0.867
IC6	0.677	0.844	
IC7	0.431	0.873	
IC8	0.666	0.846	

表 3-9　修正后即兴能力量表的信度分析

题项	CITC	删除项后 Cronbach's α 系数	Cronbach's α 系数
IC1	0.618	0.860	
IC2	0.658	0.855	0.873
IC3	0.617	0.860	

题项	CITC	删除项后 Cronbach's α 系数	Cronbach's α 系数
IC4	0.629	0.858	
IC5	0.706	0.848	0.873
IC6	0.665	0.854	
IC8	0.674	0.852	

表 3-10 修正后即兴能力量表的探索性因子分析

题项	因子 1	因子 2
IC1	0.267	0.862
IC2	0.346	0.814
IC3	0.266	0.702
IC4	0.669	0.329
IC5	0.842	0.200
IC6	0.658	0.398
IC8	0.752	0.281
KMO	0.898	
Bartlett 球形检验卡方值	273.560	
df	21	
Sig.	0.000	
累计解释方差	69.144%	

（三）吸收能力量表的信度和效度分析

吸收能力量表的信度和效度分析结果如表 3-11 和表 3-12 所示。由表 3-11 可知，吸收能力的 Cronbach's α 系数高于 0.9，所有测量题项的 CITC 值均大于 0.6，删除任何一个题项均不能提高 Cronbach's α 系数值。从表 3-12 可以看出，KMO 的值在 0.9 以上，Bartlett 球形检验的显著性水平低于 0.01，表明此量表适合实施探索性因子分析。由因子分析结果可知，所有题项的因子载荷值均高于 0.7，累计解释方差大于 60%。因此，吸收能力量表具有良好的信度和效度，不需要删除任何题项。

表 3-11 吸收能力量表的信度分析

题项	CITC	删除项后 Cronbach's α 系数	Cronbach's α 系数
AC1	0.643	0.894	
AC2	0.690	0.890	
AC3	0.669	0.892	
AC4	0.671	0.891	0.902
AC5	0.724	0.887	
AC6	0.697	0.889	
AC7	0.732	0.886	
AC8	0.698	0.889	

表 3-12 吸收能力量表的探索性因子分析

题项	因子 1	因子 2
AC1	0.330	0.708
AC2	0.291	0.808
AC3	0.295	0.778
AC4	0.333	0.741
AC5	0.808	0.313
AC6	0.744	0.345
AC7	0.793	0.338
AC8	0.795	0.294
KMO	0.907	
Bartlett 球形检验卡方值	396.632	
df	28	
Sig.	0.000	
累计解释方差	69.817%	

（四）环境动态性量表的信度和效度分析

环境动态性量表的信度和效度分析结果如表 3-13 和表 3-14 所示。由表 3-13 可知，环境动态性的 Cronbach's α 系数高于 0.9，所有测量题项的 CITC

值均大于 0.7，删除任何一个题项均不能提高 Cronbach's α 系数值。从表 3-14 可以看出，KMO 值的大小和 Bartlett 球形检验的显著性水平均满足要求，说明该量表可以做探索性因子分析。由因子分析结果可知，所有题项的因子载荷值均高于 0.8，累计解释方差大于 70%。因此，环境动态性量表具有良好的信度和效度，故保留所有题项。

表 3-13 环境动态性量表的信度分析

题项	CITC	删除项后 Cronbach's α 系数	Cronbach's α 系数
ED1	0.827	0.876	
ED2	0.788	0.884	
ED3	0.767	0.889	0.908
ED4	0.710	0.900	
ED5	0.757	0.891	

表 3-14 环境动态性量表的探索性因子分析

题项	因子载荷
ED1	0.898
ED2	0.870
ED3	0.853
ED4	0.812
ED5	0.848
KMO	0.851
Bartlett 球形检验卡方值	317.312
df	10
Sig.	0.000
累计解释方差	73.389%

（五）新创企业绩效量表的信度和效度分析

新创企业绩效量表的信度和效度分析结果如表 3-15 和表 3-16 所示。由表 3-15 可知，新创企业绩效的 Cronbach's α 系数高于 0.9，所有测量题项的

CITC 值均大于 0.7，删除任何一个题项均不能提高 Cronbach's α 系数值。从表 3-16 可以看出，KMO 值的大小和 Bartlett 球形检验的显著性水平均符合条件，因此量表可以进行探索性因子分析。由因子分析结果可知，所有题项的因子载荷值均高于 0.8，累计解释方差大于 70%。因此，新创企业绩效量表的信度和效度较好，故保留此量表的所有题项。

表 3-15　新创企业绩效量表的信度分析

题项	CITC	删除项后 Cronbach's α 系数	Cronbach's α 系数
NVP1	0.851	0.934	
NVP2	0.881	0.929	
NVP3	0.843	0.934	0.945
NVP4	0.845	0.934	
NVP5	0.832	0.935	
NVP6	0.784	0.945	

表 3-16　新创企业绩效量表的探索性因子分析

题项	因子载荷
NVP1	0.899
NVP2	0.923
NVP3	0.893
NVP4	0.898
NVP5	0.884
NVP6	0.848
KMO	0.881
Bartlett 球形检验卡方值	553.337
df	15
Sig.	0.000
累计解释方差	79.428%

第五节　本章小结

　　本章通过确定调研对象和调研流程、设计变量测量的初始问卷以及进行预调研等几项工作为后续进行正式调研和实证分析奠定了基础。本章的主要内容包括以下几个方面：首先介绍了本研究的调研对象和调研流程，分析了问卷设计的基本原则和流程，并概括了问卷的主要结构和内容。接着，基于对现有文献的梳理和回顾，确定了本研究所涉及的创业导向、即兴能力、吸收能力、环境动态性和新创企业绩效等主要变量的测量量表，以及控制变量的测量方式，形成了本研究的初始问卷。然后，以初始问卷为基础开展预调研，包括预调研的数据收集和数据处理两项工作，同时在预调研的数据处理部分介绍了本研究对问卷信度和效度检验的分析方法，明确了相关指标的临界值。最后，根据预调研的数据分析结果对相关测量题项做出取舍，以此形成本研究的正式问卷。

第四章

实证分析

本书第二章通过构建研究的理论模型，提出了相关研究假设。第三章进行了问卷的设计以及预调研过程，为正式调研和实证分析的开展奠定基础。本章的主要工作是通过正式调研完成对问卷数据的收集，并通过数据分析验证提出的研究假设。本章首先对问卷数据的收集情况和数据的基本特征进行描述性分析，然后对数据进行共同方法偏差分析和信度与效度分析，以确保问卷的有效性。接着，实施相关性分析、多元回归分析、Bootstrap 分析等以完成对研究假设和理论模型的验证。

第一节　数据收集与样本特征

一、数据收集

萨拉①、蔡莉等②学者将成立时间在 8 年以内的企业定义为创业企业，根据这一定义，本研究选择成立年限在 8 年以内的企业作为研究对象进行问卷调查，调查的时间为 2019 年 1 月至 2019 年 7 月，选取的样本企业分布在

---

① Zahra S A. A conceptual model of entrepreneurship as firm behavior [J]. Entrepreneurship Theory and Practice, 1993, 17 (4): 5-21.

② 蔡莉，单标安. 创业网络对新企业绩效的影响——基于企业创建期、存活期及成长期的实证分析 [J]. 中山大学学报（社会科学版），2010, 50 (4): 189-197.

东南沿海、华北及东北、中部和西部等多个区域，涉及传统制造业、高新技术产业、服务业等多个行业，被调查对象为企业的创始人或创业团队主要成员，以准确反映创业企业的实际情况。问卷采用了线下和线上相结合的发放形式，包括企业实地发放，与相关政府部门合作委托发放，以及电子邮件、微信等网络方式发放，共计发放问卷为 600 份，实际回收份数为 423，回收率达 70.5%，进一步剔除由于选项单一、信息不全等无效问卷后，最终得到有效问卷 360 份，有效问卷回收率为 60.0%。考虑到不同来源的样本之间可能存在一定的差异，本研究对通过不同方式所收集的样本中的企业年龄、企业规模、所属行业等因素进行 t 检验，结果表明 t>0.05，因此，不同来源的样本之间并不存在显著的差异，可以合并使用。

二、样本特征

对所收集的样本特征进行统计分析，如表 4-1 所示。其中，对于被调查的创业企业，成立时间为 1~2 年的占 20.28%，3~5 年的占 42.78%，6~8 年的占 36.95%；企业规模 10 人及以下的占 12.22%，11~50 人的占 31.67%，51~100 人的占 26.11%，101~500 人的占 16.67%，500 人以上的占 13.33%；所属行业为传统制造业的占 20.28%，高新技术产业的占 43.61%，服务业的占 33.89%，农业的占 2.22%；地域分布在东南沿海的占 39.44%，华北及东北的占 29.17%，中部的占 20.28%，西部的占 11.11%。从以上样本的分布特征可知，所回收的样本数据具有较好的代表性。

表 4-1　样本特征统计分析（N=360）

特征变量	分类	样本数量	百分比（%）	特征变量	分类	样本数量	百分比（%）
创业者年龄	25 岁及以下	86	23.88%	创业者学历	高中及以下	8	2.22%
	26-35 岁	122	33.89%		专科	35	9.72%
	36-45 岁	106	29.44%		本科	266	73.89%
	46 岁及以上	46	12.78%		硕士及以上	51	14.17%

特征变量	分类	样本数量	百分比（%）	特征变量	分类	样本数量	百分比（%）
创业者性别	男	230	63.89%	企业年龄	1-2年	73	20.28%
	女	130	36.11%		3-5年	154	42.78%
创业经验	有	85	23.61%		6-8年	133	36.95%
	无	275	76.31%		—	—	—
企业规模	10人及以下	44	12.22%	销售收入	50万以下	61	16.94%
	11-50人	114	31.67%		51-100万	84	23.33%
	51-100人	94	26.11%		101-200万	85	23.61%
	101-500人	60	16.67%		201-500万	74	20.56%
	500人以上	48	13.33%		500万以上	56	15.56%
所属行业	农业	8	2.22%	地域分布	东南沿海	142	39.44%
	传统制造业	73	20.28%		华北及东北	105	29.17%
	高新技术产业	157	43.61%		中部	73	20.28%
	服务业	122	33.89%		西部	40	11.11%

第二节 共同方法偏差检验与非回应偏差分析

由于调查中每份问卷的所有题项均由同一受访者完成，因此，可能会产生一定程度的共同方法偏差问题（CMB：Common method biases），本文主要通过两种方法对问卷的数据进行共同方法偏差检验。第一种方法是采用波德萨克夫（Podsakoff）等[1]在研究中使用的哈曼（Harman）单因子检验法进行检验，结果显示，通过主成分分析法在未旋转情形下得到的第一个因子解释

---

[1] Podsakoff P M, Mackenzie S B, Lee J Y, et al. Common method biases in behavioral research: a critical review of the literature and recommended remedies [J]. Journal of Applied Psychology, 2003, 88 (5): 879-903.

了31.900%的变异，低于总变异解释量的50%；第二，借鉴周浩和龙立荣等人①的研究，在原有模型中加入一个共同方法偏差的潜在变量（CMV）构成新的模型，结果如表4-2所示，从表中数据可知，控制共同方法偏差因素后，模型的 CFI、GFI、IFI、NFI、RMSEA、RMR 等主要拟合指标的变化幅度小于0.02，说明加入共同方法偏差并未使原有模型得到显著改善。因此，本研究的共同方法偏差问题不明显，不会对研究结果造成显著影响。

对于非回应偏差（Non-response bias）是否会对研究结果产生影响的问题，本文通过对早期收集的数据和末期收集的数据进行比较的方式来检验非回应偏差。按照问卷所回收的时间顺序，将前10%收集的问卷与后10%收集的问卷数据进行比较，结果发现，所有变量数据的均值并不存在显著的差异。因此，问卷的非回应偏差问题并不严重，不会对后续研究产生显著影响。

表4-2　共同方法偏差检验结果

模型	χ^2	df	χ^2/df	CFI	GFI	IFI	NFI	RMSEA	RMR
不含共同方法偏差的模型	747.286	539	1.386	0.974	0.891	0.974	0.913	0.033	0.022
含共同方法偏差的模型	784.969	539	1.456	0.969	0.887	0.969	0.909	0.036	0.035

第三节　描述性统计分析

表4-3列出了各变量的相关系数、平均值、标准差以及 AVE 的平方根，结果表明，创新性与即兴能力（r=0.444，p<0.01）、吸收能力（r=0.451，p<0.01）和企业绩效（r=0.323，p<0.01）均呈现显著正相关关系；风险承

---

① 周浩，龙立荣. 共同方法偏差的统计检验与控制方法 [J]. 心理科学进展，2004，12（6）：942-950.

担性与即兴能力（r=0.447，p<0.01）、吸收能力（r=0.384，p<0.01）和新创企业绩效（r=0.279，p<0.01）均显著正相关；前瞻性与即兴能力（r=0.426，p<0.01）、吸收能力（r=0.443，p<0.01）和新创企业绩效（r=0.350，p<0.01）均显著正相关；即兴能力与吸收能力（r=0.580，p<0.01）和新创企业绩效（r=0.358，p<0.01）均显著正相关；吸收能力与新创企业绩效（r=0.333，p<0.01）显著正相关。以上得到的结果与本文提出的假设方向基本一致，为假设的验证提供了初步证据。

表4-3　变量的平均值、标准差和相关系数

变量	1	2	3	4	5	6	7	8	9	10	11
1. 企业年龄	NA										
2. 企业规模	0.444**	NA									
3. 所属行业	-0.064	-0.135*	NA								
4. 地域分布	-0.018	0.021	0.000	NA							
5. 创新性	0.109*	0.212**	-0.104*	-0.150**	0.791						
6. 风险承担性	0.079	0.113*	-0.006	-0.095	0.526**	0.843					
7. 前瞻性	0.172**	0.188**	-0.037	-0.124*	0.570**	0.463**	0.830				
8. 即兴能力	0.125*	0.092	-0.064	-0.180**	0.444**	0.447**	0.426**	0.694			
9. 吸收能力	0.159**	0.164**	-0.084	-0.108*	0.451**	0.384**	0.443**	0.580**	0.762		
10. 环境动态性	-0.032	-0.106*	0.039	-0.009	0.152**	0.253**	0.147**	0.151**	0.157**	0.790	
11. 新创企业绩效	0.039	0.117**	-0.022	-0.071	0.323**	0.279**	0.350**	0.358**	0.333**	0.089	0.878
平均值	2.172	2.872	3.092	2.031	3.906	3.375	3.760	3.945	4.017	3.548	3.623
标准差	0.749	1.222	0.790	1.022	0.685	0.816	0.768	0.436	0.547	0.642	0.805

注：* 为 $p<0.05$，** 为 $p<0.01$，对角线上数字为平均提炼方差 AVE 的平方根，NA 表示无。

第四节 信度和效度分析

为了确保实证分析结果的有效性和准确性，需要在实证分析前对量表进行信度和效度的检验。在借鉴已有研究对于问卷的信度和效度检验方法的基础上，本文综合使用 SPSS 和 Amos 两种软件进行信度和效度分析。

一、信度分析

信度是对所测量量表的稳定性与内部一致性程度的反映，信度的高低在一定程度上说明了量表测量标准误的大小。本研究将通过计算修正题项与整体相关系数（CITC）和 Cronbach's α 系数的方式检验问卷量表的信度。其中，CITC 能够体现所测量的题项与其所属同一构念的其他题项的一致性，一般要满足 0.5 的最低标准；Cronbach's α 系数反映了量表的信度以及变量测量的稳定性，Cronbach's α 值高于 0.7 时表明量表达到较理想的信度水平。本文通过 SPSS21.0 软件对问卷数据进行信度检验，得到如表 4-4 所示的结果。由表 4-4 可知，本研究的 7 个核心变量创新性、风险承担性、前瞻性、即兴能力、吸收能力、环境动态性、新创企业绩效的 Cronbach's α 值在 0.832 ~ 0.951 之间，均高于 0.7 的最低标准，且所有问卷题项的 CITC 值也都大于 0.5 的水平。因此，本研究的量表具有良好的信度。

表 4-4 量表的信度分析

变量名称	题项	CITC	删除项后 Cronbach's α 系数	Cronbach's α 系数
创新性 ID	ID1	0.705	0.755	0.832
	ID2	0.711	0.748	
	ID3	0.660	0.799	
风险承担性 RT	RT1	0.771	0.827	0.880
	RT2	0.785	0.815	
	RT3	0.749	0.846	

续表

变量名称	题项	CITC	删除项后 Cronbach's α 系数	Cronbach's α 系数
前瞻性 PD	PD1	0.755	0.810	0.869
	PD2	0.738	0.826	
	PD3	0.756	0.810	
即兴能力 IC	IC1	0.614	0.851	0.867
	IC2	0.618	0.851	
	IC3	0.626	0.850	
	IC4	0.619	0.851	
	IC5	0.665	0.844	
	IC6	0.689	0.841	
	IC7	0.646	0.847	
吸收能力 AC	AC1	0.644	0.912	0.917
	AC2	0.711	0.907	
	AC3	0.720	0.906	
	AC4	0.712	0.907	
	AC5	0.770	0.902	
	AC6	0.730	0.905	
	AC7	0.748	0.904	
	AC8	0.763	0.903	
环境动态性 ED	ED1	0.740	0.868	0.892
	ED2	0.758	0.863	
	ED3	0.748	0.866	
	ED4	0.726	0.871	
	ED5	0.709	0.875	

变量名称	题项	CITC	删除项后 Cronbach's α 系数	Cronbach's α 系数
新创企业绩效 NVP	NVP1	0.861	0.941	0.951
	NVP2	0.892	0.937	
	NVP3	0.848	0.942	
	NVP4	0.865	0.940	
	NVP5	0.851	0.942	
	NVP6	0.797	0.946	

二、效度分析

效度是对量表所测量内容有效性的反映，体现了所得结果与考察目标的吻合程度。内容、收敛和区分效度是问卷效度检验的三个重要方面。内容效度方面，本文所有的问卷题项均参考自国内外研究的成熟量表，并且得到了专家们的修正以及预调研结果的验证，因此问卷具有良好的内容效度。在收敛效度和区分效度方面，本文运用 AMOS23.0 软件对主要变量做验证性因子分析（CFA），通过得到因子载荷、组合信度（CR）和平均提炼方差（AVE）来判断量表的收敛效度，通过 AVE 平方根与此变量和其他变量相关系数的比较以及模型拟合指数来判断量表的区分效度。其中，标准因子载荷值不小于 0.5，CR 值不低于 0.7，AVE 值不低于 0.5，AVE 的平方根不低于此变量与所有其他变量的相关系数，χ^2/df 的值介于 1~3，CFI、TLI、GFI、IFI、NFI 的值大于 0.9，RMSEA、RMR 的值低于 0.08 时，表明量表的收敛和区分效度较好。由表 4-5 所总结的效度分析结果可知，创新性、风险承担性、前瞻性、即兴能力、吸收能力、环境动态性和企业绩效 7 个关键变量的 CR 值均高于 0.8，除即兴能力的 AVE 值略小于 0.5 以外，其他变量的 AVE 值均高于 0.5，且所有变量所对应的测量题项的因子载荷值均高于 0.6，因此，本研究的量表具有良好的收敛效度。由表 4-3 和表 4-5 可知，AVE 的平方根均大于该变量与其他变量间的相关系数。此外，表 4-6 列出了由主要变量所构成的七种模型的拟合指数，从表中的数据可知，七因子模型的所有拟合指数均优于其他模型，并且达到良好的拟合效果（$\chi^2/df = 1.386$，CFI = 0.974，TLI = 0.971，GFI = 0.891，IFI = 0.974，NFI = 0.913，RMSEA = 0.033，

RMR＝0.022），因此本研究的变量间具有良好的区分效度。

表4-5 量表的效度分析

变量名称	题项	因子载荷	CR	AVE
创新性 ID	ID1	0.806	0.834	0.626
	ID2	0.803		
	ID3	0.763		
风险承担性 RT	RT1	0.829	0.880	0.710
	RT2	0.878		
	RT3	0.820		
前瞻性 PD	PD1	0.824	0.869	0.689
	PD2	0.827		
	PD3	0.839		
即兴能力 IC	IC1	0.651	0.867	0.482
	IC2	0.666		
	IC3	0.676		
	IC4	0.677		
	IC5	0.715		
	IC6	0.754		
	IC7	0.715		
吸收能力 AC	AC1	0.666	0.917	0.580
	AC2	0.745		
	AC3	0.752		
	AC4	0.747		
	AC5	0.812		
	AC6	0.770		
	AC7	0.789		
	AC8	0.802		

续表

变量名称	题项	因子载荷	CR	AVE
环境动态性 ED	ED1	0.802	0.892	0.624
	ED2	0.822		
	ED3	0.800		
	ED4	0.772		
	ED5	0.752		
新创企业绩效 NVP	NVP1	0.895	0.953	0.771
	NVP2	0.923		
	NVP3	0.869		
	NVP4	0.894		
	NVP5	0.873		
	NVP6	0.809		

表4-6 概念区分效度的验证性因子分析结果

模型	χ^2/df	CFI	TLI	GFI	IFI	NFI	PGFI	RMSEA	RMR
单因子模型	8.808	0.453	0.418	0.446	0.455	0.425	0.396	0.147	0.102
二因子模型	7.881	0.518	0.487	0.471	0.521	0.487	0.418	0.138	0.098
三因子模型	4.794	0.735	0.717	0.627	0.737	0.689	0.559	0.103	0.063
四因子模型	3.079	0.856	0.845	0.736	0.857	0.801	0.647	0.076	0.037
五因子模型	2.303	0.910	0.903	0.812	0.911	0.852	0.709	0.060	0.032
六因子模型	1.862	0.941	0.936	0.844	0.942	0.882	0.730	0.049	0.029
七因子模型	1.386	0.974	0.971	0.891	0.974	0.913	0.763	0.033	0.022

注：ID 表示创新性；RT 表示风险承担性；PD 表示前瞻性；IC 表示即兴能力；AC 表示吸收能力；ED 表示环境动态性；NVP 表示新创企业绩效；单因子模型：ID+PD+RT+IC+AC+ED+NVP；二因子模型：ID+PD+RT，IC+AC+ED+NVP；三因子模型：ID+PD+RT，IC+AC，ED+NVP；四因子模型：ID+PD+RT，IC+AC，ED，NVP；五因子模型：ID+PD+RT，IC，AC，ED，NVP；六因子模型：ID+RT，PD，IC，AC，ED，NVP；七因子模型：ID，PD，RT，IC，AC，ED，NVP。

第五节　假设检验

本研究采用层级回归分析和 Bootstrap 分析两种方法来验证研究假设。本文选取的控制变量为企业年龄、企业规模、所属行业和地域分布，自变量为创业导向（包括创新性、风险承担性和前瞻性三维度），中介变量为即兴能力和吸收能力，调节变量为环境动态性，因变量为新创企业绩效。

一、主效应与中介效应检验

中介效应检验最常用的方法为逐步回归法[①]，也就是通过回归系数的显著性来判断中介效应是否成立。主要步骤包括：（1）检验自变量对因变量的总效应 c；（2）检验自变量对中介变量的效应 a；（3）检验自变量和中介变量同时对因变量的影响，效应分别记为 c′ 和 b。当 c、a、b 三者均显著时，若 c′ 显著且小于 c，则中介效应为部分中介；若 c′ 不显著，则中介效应为完全中介。据此，通过设置 13 个回归模型来检验主效应和中介效应，层级回归结果如表 4-7 和表 4-8 所示。表 4-7 中的回归模型是从总体上检验创业导向对新创企业绩效的直接影响和间接影响。其中，模型 1~模型 4 的被解释变量为新创企业绩效，模型 5 和模型 6 的被解释变量为即兴能力，模型 7 和模型 8 的被解释变量为吸收能力。表 4-8 中的回归模型检验的是创业导向的三个维度与新创企业绩效的直接和间接作用关系。其中，模型 9~模型 11 以新创企业绩效为被解释变量，模型 12 以即兴能力为被解释变量，模型 13 以吸收能力为被解释变量。在多重共线性方面，模型 1~模型 13 的最大方差膨胀因子（VIF）值均小于 2，未超过 10 的临界值，因此变量间的多重共线性问题并不严重。主要检验过程如下：

（1）创业导向对新创企业绩效的直接作用检验。模型 2 在基础模型 1 的

---

① Baron R M, Kenny D A. The moderator - mediator variable distinction in social psychological research: conceptual, strategic, and statistical considerations [J]. Journal of Personality and Social Psychology, 1986, 51 (6): 1173-1182.

基础上引入自变量,检验创业导向对新创企业绩效的影响,相较于模型 1,模型 2 对新创企业绩效的解释力增强($\Delta R^2 = 0.131$,$\Delta F = 54.711$,$p < 0.001$)。结果表明,创业导向对新创企业绩效具有显著的正向影响(M2,$\beta = 0.543$,$p < 0.001$),因此,假设 H1 得到验证。模型 9 在模型 1 的基础上加入创业导向的三个维度,验证新创企业绩效受到创新性、风险承担性和前瞻性三者的影响,模型 9 相较于模型 1 的解释力有所加强($\Delta R^2 = 0.136$,$\Delta F = 13.872$,$p < 0.001$)。由回归结果可知,创新性(M9,$\beta = 0.176$,$p < 0.05$)、风险承担性(M9,$\beta = 0.112$,$p < 0.1$)和前瞻性(M9,$\beta = 0.262$,$p < 0.001$)对新创企业绩效均具有显著的正向影响。因此,假设 H1a、假设 H1b 和假设 H1c 均通过检验。

(2)创业导向对即兴能力和吸收能力的直接作用检验。模型 6 在基础模型 5 的基础上引入自变量,揭示即兴能力所受创业导向的影响,模型 6 的解释力相较于模型 5 得到显著提升($\Delta R^2 = 0.248$,$\Delta F = 125.140$,$p < 0.001$)。回归结果表明,创业导向对即兴能力具有显著的正向影响(M6,$\beta = 0.361$,$p < 0.001$),因此,假设 H2 得到验证。模型 12 在模型 5 的基础上加入创业导向的三个维度,检验创新性、风险承担性和前瞻性对即兴能力的影响,模型 12 相较于模型 5 的解释力增强($\Delta R^2 = 0.248$,$\Delta F = 41.662$,$p < 0.001$)。由回归结果可知,创新性(M12,$\beta = 0.121$,$p < 0.01$)、风险承担性(M12,$\beta = 0.135$,$p < 0.001$)和前瞻性(M12,$\beta = 0.104$,$p < 0.01$)对即兴能力均具有显著的正向影响。因此,假设 H2a、假设 H2b 和假设 H2c 均通过检验。

同样地,模型 8 在基础模型 7 的基础上放入自变量,检验创业导向对吸收能力的影响,模型 8 的解释力相较于模型 7 得到显著提升($\Delta R^2 = 0.225$,$\Delta F = 109.847$,$p < 0.001$)。结果显示,创业导向对吸收能力具有显著的正向影响(M8,$\beta = 0.431$,$p < 0.001$),因此,假设 H3 通过验证。模型 13 在模型 7 的基础上加入创新性、风险承担性和前瞻性,验证这三个维度对吸收能力的影响,模型 13 相较于模型 7 的解释力增强($\Delta R^2 = 0.228$,$\Delta F = 37.076$,$p < 0.001$)。回归结果表明,创新性(M13,$\beta = 0.177$,$p < 0.001$)、风险承担性(M13,$\beta = 0.102$,$p < 0.01$)和前瞻性(M13,$\beta = 0.160$,$p < 0.001$)对吸收能力均具有显著的正向影响。因此,假设 H3a、假设 H3b 和假设 H3c 均通过检验。

（3）即兴能力和吸收能力在创业导向与新创企业绩效关系间的中介作用。模型3同时引入自变量创业导向和中介变量即兴能力，检验即兴能力在创业导向与新创企业绩效关系间的中介作用，模型3相较于模型2的解释力显著提升（$\Delta R^2 = 0.034$，$\Delta F = 14.704$，$p < 0.001$）。结果显示，即兴能力对新创企业绩效具有显著的正向影响（M3，$\beta = 0.455$，$p < 0.001$），创业导向对新创企业绩效的影响效应相较于模型2则有所下降（M3，$\beta = 0.379$，$p < 0.001$）。由此可知，即兴能力在创业导向与新创企业绩效之间起部分中介作用，假设H6通过检验。模型10同时将自变量创业导向三维度和中介变量即兴能力引入方程，检验即兴能力在创业导向三维度与新创企业绩效关系间的中介作用，相较于模型9，模型10的解释力得到显著提升（$\Delta R^2 = 0.035$，$\Delta F = 15.108$，$p < 0.001$）。结果表明，即兴能力对新创企业绩效具有显著的正向影响（M10，$\beta = 0.462$，$p < 0.001$），创新性（M10，$\beta = 0.120$，$p > 0.1$）和风险承担性（M10，$\beta = 0.049$，$p > 0.1$）对新创企业绩效的影响不再显著，前瞻性对新创企业绩效的影响依然显著（M10，$\beta = 0.214$，$p < 0.01$），但显著性水平和效应值相较于模型9均有所下降。因此，即兴能力在创新性与新创企业绩效间、风险承担性与企业绩效间起到完全中介作用，在前瞻性与新创企业绩效间起到部分中介作用，假设H6a、假设H6b和假设H6c均通过检验。

同理，模型4同时引入自变量创业导向和中介变量吸收能力，检验吸收能力在创业导向与新创企业绩效关系间的中介作用，模型4相较于模型2的解释力有所提升（$\Delta R^2 = 0.025$，$\Delta F = 10.747$，$p < 0.01$）。结果显示，吸收能力对新创企业绩效具有显著的正向影响（M4，$\beta = 0.307$，$p < 0.01$），创业导向对新创企业绩效的影响效应相较于模型2有所下降（M4，$\beta = 0.411$，$p < 0.001$）。因此，吸收能力在创业导向与新创企业绩效之间起部分中介作用，假设H7得到验证。模型11同时将自变量创业导向三维度和中介变量吸收能力引入方程，检验吸收能力在创业导向三维度与新创企业绩效关系间的中介作用，相较于模型9，模型11的解释力得到显著提升（$\Delta R^2 = 0.024$，$\Delta F = 10.310$，$p < 0.01$）。结果表明，吸收能力对新创企业绩效具有显著的正向影响（M11，$\beta = 0.302$，$p < 0.01$），此时，创新性（M11，$\beta = 0.122$，$p > 0.1$）和风险承担性（M11，$\beta = 0.081$，$p > 0.1$）二者影响新创企业绩效的显著性水平不再成立，前瞻性影响新创企业绩效的显著性依然成立（M11，β = 0.214，p<0.01），但显著性水平和效应值相较于模型 9 均有所下降。因此，吸收能力均完全中介创新性、风险承担性与新创企业绩效的关系，而在前瞻性与新创企业绩效间起到部分中介作用，假设 H7a、假设 H7b 和假设 H7c 均获得验证。

表 4-7 主效应与中介效应层级回归结果

变量		NVP			
		M1	M2	M3	M4
控制变量	Age	−0.024	−0.052	−0.070	−0.068
	Size	0.094*	0.045	0.052	0.041
	Industry	−0.007	0.005	0.014	0.015
	Area	−0.066	−0.016	0.004	−0.010
自变量	EO		0.543***	0.379***	0.411***
中介变量	IC			0.455***	
	AC				0.307**
模型拟合	R^2	0.020	0.151	0.185	0.176
	Adj. R^2	0.009	0.139	0.171	0.162
	ΔR^2		0.131	0.034	0.025
	F	1.774	12.576***	13.337***	12.560***
	ΔF		54.711***	14.704***	10.747**
	Max（VIF）	1.265	1.298	1.454	1.407
变量		IC		AC	
		M5	M6	M7	M8
控制变量	Age	0.057+	0.039	0.076+	0.053
	Size	0.016	−0.016	0.050+	0.012
	Industry	−0.028	−0.020	−0.043	−0.033
	Area	−0.076***	−0.043*	−0.058*	−0.018
自变量	EO		0.361***		0.431***

续表

变量		IC		AC	
		M5	M6	M7	M8
模型拟合	R²	0.052	0.300	0.052	0.276
	Adj. R²	0.041	0.290	0.041	0.266
	ΔR²		0.248		0.225
	F	4.860***	30.276***	4.846***	27.035***
	ΔF		125.140***		109.847***
	Max（VIF）	1.265	1.298	1.265	1.298

注：+为 p<0.1，*为 p<0.05，**为 p<0.01，***为 p<0.001，Max（VIF）为模型的最大 VIF 值，EO 表示创业导向，IC 表示即兴能力，AC 表示吸收能力，NVP 代表新创企业绩效

表4-8　主效应与中介效应分维度层级回归结果

变量		NVP			
		M1	M9	M10	M11
控制变量	Age	-0.024	-0.058	-0.077	-0.074
	Size	0.094*	0.043	0.050	0.040
	Industry	-0.007	0.006	0.016	0.015
	Area	-0.066	-0.014	0.006	-0.009
自变量	ID		0.176*	0.120	0.122
	RT		0.112+	0.049	0.081
	PD		0.262***	0.214**	0.214**
中介变量	IC			0.462***	
	AC				0.302**

变量		NVP			
		M1	M9	M10	M11
模型拟合	R^2	0.020	0.155	0.190	0.180
	Adj. R^2	0.009	0.139	0.172	0.161
	ΔR^2		0.136	0.035	0.024
	F	1.774	9.255***	10.311***	9.601***
	ΔF		18.872***	15.108***	10.310**
	Max（VIF）	1.265	1.767	1.819	1.835
变量		IC		AC	
		M5	M12	M7	M13
控制变量	Age	0.057+	0.040	0.076+	0.052
	Size	0.016	−0.016	0.050+	0.009
	Industry	−0.028	−0.021	−0.043	−0.030
	Area	−0.076***	−0.044*	−0.058*	−0.017
自变量	ID		0.121**		0.177***
	RT		0.135***		0.102**
	PD		0.104**		0.160***
模型拟合	R^2	0.052	0.300	0.052	0.279
	Adj. R^2	0.041	0.286	0.041	0.265
	ΔR^2		0.248		0.228
	F	4.860***	21.587***	4.846***	19.503***
	ΔF		41.662***		37.076***
	Max（VIF）	1.265	1.767	1.265	1.767

注：+为 $p < 0.10$，*为 $p < 0.05$，**为 $p < 0.01$，***为 $p < 0.001$，Max（VIF）为模型的最大 VIF 值，ID 表示创新性，RT 表示风险承担性，PD 表示前瞻性，IC 表示即兴能力，AC 表示吸收能力，NVP 代表新创企业绩效。

由于层级回归分析法在验证多个中介变量时存在一定的局限性①，既不能保证抽样的正态性，也无法揭示和比较多重路径下不同中介变量影响力的差异②，因而海耶斯（Hayes）指出 Bootstrap 法更具有统计效力，是检验中介效应最理想的方法。因此本研究通过 Bootstrap 方法对模型的中介效应做进一步验证。Bootstrap 法又称拔靴法，是由爱德华（Edwards）和兰伯特（Lambert）③ 提出的，是一种从样本中反复多次取样的分析方法，采用 Bootstrap 法进行中介效应检验时会从 N 次取样中得到 N 个 ab 的估计值，并产生一个基于一定置信度的置信区间（置信度一般设为95%），若置信区间不包含 0，则表明中介效应显著。设定再抽样次数为5000，置信区间为95%，得到中介效应的 Bootstrap 分析结果如表4-9和表4-10所示。

表4-9是从整体角度揭示即兴能力和吸收能力在创业导向与新创企业绩效关系间的中介作用所得的 Bootstrap 分析结果。结果表明，在创业导向对新创企业绩效的影响路径中，即兴能力的中介作用为 0.128，95%置信区间为 [0.052，0.213]，不包含 0；吸收能力的中介作用为 0.082，95%置信区间为 [0.009，0.158]，也不包含 0。因此，即兴能力和吸收能力在创业导向与新创企业绩效关系中起到中介作用，且即兴能力的中介作用较大，假设 H6 和假设 H7 通过检验。

表4-10是从分维度角度揭示即兴能力和吸收能力二者对创业导向三维度与新创企业绩效关系的中介作用所得的 Bootstrap 分析结果。首先检验的是即兴能力与吸收能力二者在创新性与新创企业绩效间的中介作用，结果显示，即兴能力的中介作用为 0.116，95%置信区间为 [0.051，0.204]，不包含 0；吸收能力的中介作用为 0.078，95%置信区间为 [0.009，0.156]，不包含 0。因此，即兴能力和吸收能力在创新性与新创企业绩效关系中具有中介作用，假设 H6a 和假设 H7a 通过检验。其次，在风险承担性对新创企业绩

① 谷晨，张玉利，刘晓丽等. 自我调节策略对创业决策的影响机制研究——基于认知视角 [J]. 预测，2019，38（4）：46-53.
② Hayes A F. An introduction to mediation, moderation, and conditional process analysis: a regression-based approach [M]. New York: Guilford Press, 2013.
③ Edwards J R, Lambert L S. Methods for integrating moderation and mediation: a general analytical framework using moderated path analysis [J]. Psychological Methods, 2007, 12（1）：1-22.

效的影响路径中，即兴能力的中介作用为 0.099（95% CI［0.041，0.171］），吸收能力的中介作用为 0.064（95% CI［0.015，0.123］），二者置信区间均不包含 0。因此，即兴能力和吸收能力在风险承担性与新创企业绩效关系中起中介作用，假设 H6b 和假设 H7b 通过检验。再则，前瞻性对新创企业绩效的影响路径中，即兴能力的中介作用为 0.094（95% CI［0.039，0.166］），吸收能力的中介作用为 0.061（95% CI［0.003，0.131］），两者置信区间均不包含 0。因此，即兴能力和吸收能力在前瞻性与新创企业绩效关系中起中介作用，假设 H6c 和假设 H7c 通过检验。

表 4-9　中介效应的 Bootstrap 分析结果

中介效应路径	间接效应值	标准误	95%置信区间
EO→IC→NVP	0.128	0.049	［0.052，0.213］
EO→AC→NVP	0.082	0.046	［0.009，0.158］

注：EO 表示创业导向；IC 表示即兴能力；AC 表示吸收能力；NVP 表示新创企业绩效

表 4-10　中介效应的 Bootstrap 分维度分析结果

中介效应路径	间接效应值	标准误	95%置信区间
ID→IC→NVP	0.116	0.038	［0.051，0.204］
ID→AC→NVP	0.078	0.038	［0.009，0.156］
RT→IC→NVP	0.099	0.033	［0.041，0.171］
RT→AC→NVP	0.064	0.028	［0.015，0.123］
PD→IC→NVP	0.094	0.032	［0.039，0.166］
PD→AC→NVP	0.061	0.032	［0.003，0.131］

注：ID 表示创新性；RT 表示风险承担性；PD 表示前瞻性；IC 表示即兴能力；AC 表示吸收能力；NVP 表示新创企业绩效

二、被中介的调节效应检验

对于调节效应，本文借鉴温忠麟等[①]提出的检验方法。步骤包括：（1）做

---

① 温忠麟，侯杰泰，张雷. 调节效应与中介效应的比较和应用［J］. 心理学报，2005，37（2）：268-274.

因变量对自变量和调节变量的回归；（2）做因变量对自变量、调节变量以及二者交互项的回归。若交互项系数显著，则表明调节效应显著。而对于被中介的调节效应，本文赞同爱德华和兰伯特所提出的被中介的调节模型中中介过程的后半段不受调节的观点，并借鉴叶宝娟和温忠麟提出的被中介的调节效应检验方法，通过层级回归分析进行检验。检验过程为：（1）对主效应的调节作用进行检验，此调节作用显著；（2）对中介路径的第一阶段（前半段）的调节效应进行检验，此调节效应显著；（3）对中介路径的第二阶段（后半段）的调节效应进行检验，此调节效应不显著；（4）在主效应的调节效应模型中加入中介变量形成新的模型，中介变量的系数显著。如果此时交互项系数显著，可以认为调节效应对因变量的作用部分通过中介变量实现；如果不再显著，则理解为这一调节效应对因变量的影响是全部通过中介变量实现的。

据此，本研究通过构建模型14~模型22来检验环境动态性的被中介的调节作用，层级回归结果如表4-11所示。其中，9个回归模型的最大 VIF 值介于 1.291~1.599 之间，远低于 10 的临界值，因此变量间的多重共线性问题并不严重。分析如下：

（1）环境动态性对创业导向与新创企业绩效关系的调节作用检验。在进行检验之前，先将调节变量和自变量做中心化处理以消除共线性问题对相关结果造成的影响。模型 18 同时引入控制变量、自变量创业导向和调节变量环境动态性，检验创业导向和环境动态性对新创企业绩效的影响，结果显示，环境动态性对新创企业绩效的影响并不显著（M18，$\beta = 0.014$，$p > 0.1$）。在模型 18 的基础上，模型 19 进一步引入创业导向与环境动态性的交互项，揭示环境动态性对创业导向影响新创企业绩效关系的调节作用，模型 19 相较于模型 18 的解释力显著增强（$\Delta R^2 = 0.015$，$\Delta F = 6.309$，$p < 0.05$）。结果显示交互项的系数显著（M19，$\beta = 0.239$，$p < 0.05$），说明环境动态性正向调节创业导向与新创企业绩效间的关系，假设 H8 得到验证。

（2）环境动态性对创业导向与即兴能力关系的调节作用检验。模型 14~模型 15 以即兴能力为因变量。模型 14 同时引入控制变量、自变量和调节变量，检验创业导向和环境动态性对即兴能力的影响，结果表明，环境动态性对即兴能力的影响并不显著（M14，$\beta = 0.023$，$p > 0.1$）。在模型 14 的基础上，模型15进一步引入创业导向与环境动态性的交互项，检验环境动态性对创业导向与即兴能力关系的调节作用，模型15相较于模型14的解释力得到了显著提高（$\Delta R^2 = 0.015$，$\Delta F = 7.841$，$p<0.01$）。结果显示交互项的系数显著（M15，$\beta = 0.117$，$p<0.01$），因此，环境动态性正向调节创业导向与即兴能力的关系，假设H9得到验证。

（3）环境动态性对创业导向与吸收能力关系的调节作用检验。模型16~模型17以吸收能力为因变量。模型16同时引入控制变量、自变量和调节变量，揭示环境动态性及创业导向二者同时对吸收能力的作用关系，结果发现，环境动态性并不能对吸收能力产生显著影响（M16，$\beta = 0.048$，$p>0.1$）。模型17在模型16的基础上加入创业导向与环境动态性的交互项，验证环境动态性对创业导向与吸收能力关系的调节作用，相较于模型16，模型17的解释力得到了显著提高（$\Delta R^2 = 0.018$，$\Delta F = 8.970$，$p<0.01$）。结果表明，交互项的系数显著（M17，$\beta = 0.159$，$p<0.01$），因此，环境动态性正向调节创业导向与吸收能力的关系，假设H10通过验证。

（4）环境动态性被中介的调节效应检验。由本文提出的理论模型和研究假设可知，创业导向与环境动态性的交互作用通过即兴能力和吸收能力两个变量的中介对新创企业绩效起作用。因此，对于环境动态性的被中介的调节效应的检验也从即兴能力和吸收能力两条路径进行。在由即兴能力所中介的效应中，首先，检验调节变量环境动态性对中介变量即兴能力与因变量新创企业绩效关系的调节作用，如模型20所示。由模型20的结果可知，即兴能力与环境动态性的交互项系数不显著（M20，$\beta = 0.221$，$p>0.1$），因此，环境动态性不能调节即兴能力与新创企业绩效的关系。接着，在模型19的基础上加入中介变量即兴能力得到模型22，模型的解释力相较于模型19显著增加（$\Delta R^2 = 0.028$，$\Delta F = 12.267$，$p<0.001$），结果显示，即兴能力的系数显著（M22，$\beta = 0.420$，$p<0.001$），结合模型15、模型19和模型20的调节效应结果可知，环境动态性为被中介的调节作用。此时，模型22结果中的创业导向与环境动态性的交互项系数仍然显著（M22，$\beta = 0.190$，$p<0.05$），并且相较于模型19交互项系数有所降低，因此，环境动态性与创业导向的交互作用通过即兴能力的部分中介影响新创企业绩效，假设H11得到验证。同样，在由吸收能力为中介的模型中，检验环境动态性对中介变量吸收能力与

新创企业绩效关系的调节作用,如模型 21 所示。由模型 21 的结果可知,吸收能力与环境动态性的交互项系数显著(M21,β = 0.264,p<0.05),因此,环境动态性对吸收能力与新创企业绩效关系起到显著的正向调节作用。由于这一结果不符合被中介的调节模型的特征,因此,环境动态性在吸收能力这一路径中的被中介的调节效应并不成立,假设 H12 未获得支持。

表 4-11　被中介的调节效应层级回归结果

变量		IC		AC	
		M14	M15	M16	M17
控制变量	Age	0.039	0.042	0.053	0.058
	Size	−0.014	−0.017	0.016	0.012
	Industry	−0.021	−0.013	−0.034	−0.023
	Area	−0.044*	−0.045*	−0.019	−0.021
自变量	EO	0.354***	0.371***	0.418***	0.441***
调节变量	ED	0.023	0.020	0.048	0.043
交互项	EO×ED		0.117**		0.159**
模型拟合	R^2	0.301	0.316	0.279	0.297
	Adj. R^2	0.289	0.302	0.267	0.283
	ΔR^2		0.015		0.018
	F	25.288***	23.215***	22.800***	21.266***
	ΔF		7.841**		8.970**
	Max(VIF)	1.325	1.328	1.325	1.328

变量		NVP				
		M18	M19	M20	M21	M22
控制变量	Age	−0.052	−0.044	−0.062	−0.062	−0.062
	Size	0.046	0.041	0.080	0.067	0.048
	Industry	0.004	−0.021	0.020	0.009	0.027
	Area	−0.016	−0.019	−0.009	−0.031	0.000

变量		NVP				
		M18	M19	M20	M21	M22
自变量	EO	0.540***	0.574***			0.418***
调节变量	ED	0.014	0.007	0.057	0.046	−0.002
中介变量	IC			0.746***		0.420***
	AC				0.563***	
交互项	EO×ED		0.239*			0.190*
	IC×ED			0.221		
	AC×ED				0.264*	
模型拟合	R²	0.151	0.166	0.146	0.131	0.194
	Adj. R²	0.136	0.149	0.130	0.114	0.176
	ΔR²		0.015			0.028
	F	10.458***	10.000***	8.630***	7.611***	10.564***
	ΔF		6.309*			12.267***
	Max（VIF）	1.325	1.328	1.291	1.299	1.599

注：* 为 p <0.05，** 为 p <0.01，*** 为 p <0.001，Max（VIF）为模型的最大 VIF 值，EO 表示创业导向，IC 表示即兴能力，AC 表示吸收能力，ED 表示环境动态性，NVP 代表新创企业绩效

此外，为了进一步验证即兴能力和吸收能力在环境动态性对创业导向与新创企业绩效关系的调节效应中的中介作用，本研究采用爱德华和兰伯特提出的调节路径分析方法进行检验，即将正负一个标准差作为调节变量在较高和较低水平下的取值，检验在较高和较低取值下间接效应差异的显著性，当间接效应差异显著时，说明被中介的调节效应成立。具体的检验方法为采用 Bootstrap 分析（重复抽样 5000 次），结果如表 4-12 所示。结果显示，在高环境动态性条件下，创业导向通过即兴能力影响新创企业绩效的间接效应值为 0.187，90% 置信区间为 [0.100，0.283]，区间范围不包括 0，表明该条件下的间接效应显著；当处于低环境动态性水平时，创业导向经由即兴能力对新创企业绩效产生作用的间接效应值为 0.124，90% 置信区间为 [0.060，

0.207]，区间范围同样不包含 0，说明这一状态下的间接效应也显著；两种情况下间接效应的差异值为 0.063，90% 置信区间为 [0.004，0.128]，不包含 0，表明两个条件下间接效应的差异显著。因此，环境动态性对创业导向与新创企业绩效的调节作用是通过即兴能力的中介实现的，假设 11 进一步得到验证。同理，在高环境动态性条件下，创业导向通过吸收能力影响新创企业绩效的间接效应值为 0.150，90% 置信区间为 [0.064，0.244]，区间范围不包括 0，因此该条件下的间接效应显著；当环境动态性水平较低时，创业导向经由吸收能力的作用进一步影响新创企业绩效的间接效应值为 0.094，90% 置信区间为 [0.039，0.174]，不包含 0，间接效应显著；两种情况下间接效应的差异值为 0.056，90% 置信区间为 [-0.001，0.120]，区间范围包含 0，说明两个条件下间接效应的差异不显著。结合由输出结果得到的总的间接效应指标（index of moderated mediation），ind = 0.044，90% 置信区间为 [-0.001，0.093]，包含 0。因此，环境动态性对创业导向与新创企业绩效的调节作用不能通过吸收能力的中介实现，进一步说明假设 12 不通过检验。

表 4-12　被中介的调节效应 Bootstrap 分析结果

中介路径	环境动态性	间接效应值	标准误	90% 置信区间
即兴能力	高（+1SD）	0.187	0.056	[0.100，0.283]
	低（-1SD）	0.124	0.045	[0.060，0.207]
	差异	0.063	0.038	[0.004，0.128]
吸收能力	高（+1SD）	0.150	0.054	[0.064，0.244]
	低（-1SD）	0.094	0.041	[0.039，0.174]
	差异	0.056	0.037	[-0.001，0.120]

通过绘制调节效应图，可以更加直观地展示环境动态性的调节作用。本研究以调节变量环境动态性的均值加减一个标准差的方式将数据分为两组绘制高环境动态性和低环境动态性两种情况下创业导向与即兴能力、创业导向与吸收能力以及创业导向与新创企业绩效的关系图，如图 4-1、图 4-2 和图 4-3 所示。从三组图中可以看出，相较于低环境动态性，在高环境动态性的情景下，创业导向和即兴能力之间，创业导向与吸收能力之间，以及创业导

向与新创企业绩效之间均表现出更强的正向关系。

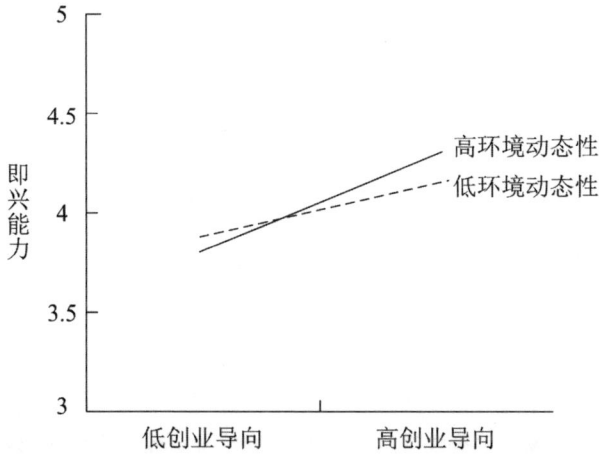

图 4-1 环境动态性对创业导向与即兴能力关系的调节效应

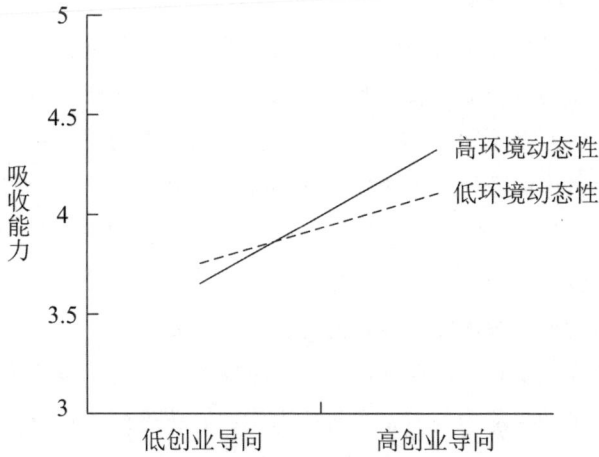

图 4-2 环境动态性对创业导向与吸收能力关系的调节效应

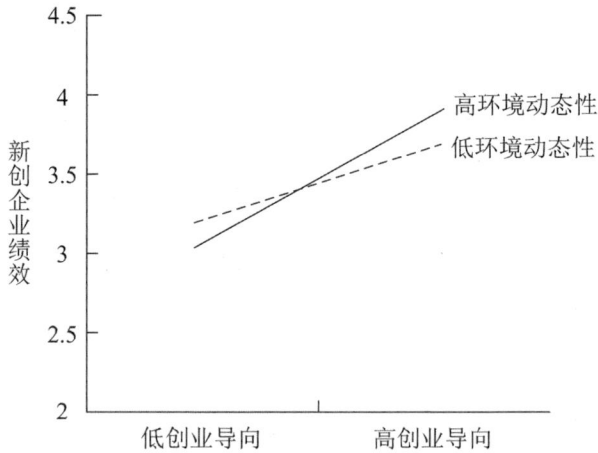

图4-3 环境动态性对创业导向与新创企业绩效关系的调节效应

三、交互效应检验

交互效应从统计分析的角度来说与调节效应基本相同，因此，交互效应的检验往往采用与调节效应相同的检验方法。与调节效应模型中自变量与调节变量位置不能互换不同，在交互效应中，交互作用的两个变量的地位是相同且对称的，其中的任何一个变量都可以解释成为另一个变量与因变量关系的调节变量[①]。因此，在本研究中所涉及的即兴能力与吸收能力的交互效应，既可以解释为吸收能力对即兴能力与新创企业绩效关系的调节作用，也能够理解成即兴能力调节吸收能力与新创企业绩效的关系。

与调节效应检验相同，在进行交互效应检验时，为了避免多重共线性问题，分别对变量即兴能力与变量吸收能力做中心化处理。层级回归结果如表4-13所示，在所构建的模型23~模型25三个回归模型中，各模型的最大

---

① 温忠麟，侯杰泰，张雷. 调节效应与中介效应的比较和应用 [J]. 心理学报，2005，37（2）：268-274.

VIF 值均小于 2，远低于 10 的临界值，因此变量间的多重共线性问题不严重。模型 23~模型 25 均以新创企业绩效为因变量，其中，模型 23 检验的是即兴能力和吸收能力对新创企业绩效的影响，结果表明，即兴能力（M23，β = 0.518，p<0.001）和吸收能力（M23，β = 0.301，p<0.01）对新创企业绩效均具有显著的正向影响，假设 H4 和假设 H5 通过验证。模型 24 在模型 23 的基础上引入即兴能力与吸收能力的交互项，检验即兴能力与吸收能力的交互作用对新创企业绩效的影响，相比于模型 23，模型 24 的解释力得到显著提升（ΔR^2 = 0.014，ΔF = 5.967，p < 0.05），结果显示，交互项的系数显著（M24，β = 0.423，p<0.05），因此，即兴能力与吸收能力的交互作用正向影响新创企业绩效，假设 13 通过检验。模型 25 在模型 24 的基础上加入自变量创业导向，检验即兴能力和吸收能力在满足中介作用的情况下二者交互作用对新创企业绩效的影响，相较于模型 24 模型 25 具有更好的解释力（ΔR^2 = 0.032，ΔF = 14.309，p < 0.001），结果表明，交互项系数依然显著（M25，β = 0.404，p<0.05），因此，即兴能力与吸收能力的交互效应对新创企业绩效的积极影响得到进一步验证，被调节的中介效应也得到初步检验。

表 4-13　即兴能力与吸收能力的交互效应层级回归结果

变量		NVP		
		M23	M24	M25
控制变量	Age	−0.076	−0.068	−0.068
	Size	0.070+	0.057	0.036
	Industry	0.020	0.019	0.017
	Area	−0.009	−0.018	−0.006
自变量	EO			0.327***
中介变量	IC	0.518***	0.528***	0.367**
	AC	0.301**	0.351***	0.241*
交互项	AC×IC		0.423*	0.404*

变量		NVP		
		M23	M24	M25
模型拟合	R^2	0.159	0.173	0.206
	Adj. R^2	0.145	0.157	0.188
	ΔR^2		0.014	0.032
	F	11.141***	10.536***	11.356***
	ΔF		5.967*	14.309***
	Max（VIF）	1.542	1.608	1.745

+为 $p < 0.10$，* 为 $p < 0.05$，** 为 $p < 0.01$，*** 为 $p < 0.001$，Max（VIF）为模型的最大 VIF 值，EO 表示创业导向，IC 表示即兴能力，AC 表示吸收能力，NVP 代表新创企业绩效。

为了能够更加直观地展现交互效应，本研究分别将吸收能力和即兴能力作为调节变量，以其均值加减一个标准差的方式将数据分为两组，绘制高吸收能力和低吸收能力两种情况下即兴能力与新创企业绩效的关系图，如图 4-4 所示；绘制高即兴能力和低即兴能力两种情况下吸收能力与新创企业绩效的关系图，如图 4-5 所示。从图 4-4 可以看出，在高吸收能力的情景下，即

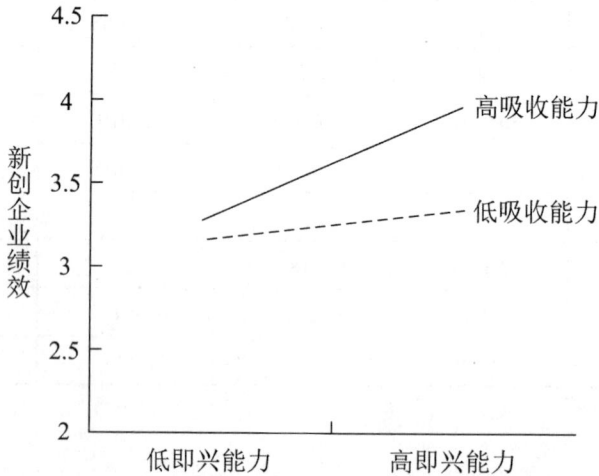

图 4-4　吸收能力对即兴能力与新创企业绩效关系的调节效应

兴能力与新创企业绩效之间表现出更强的正向关系，从图 4-5 可以看出，在高即兴能力的情景下，吸收能力与新创企业绩效之间表现出更强的正向关系。

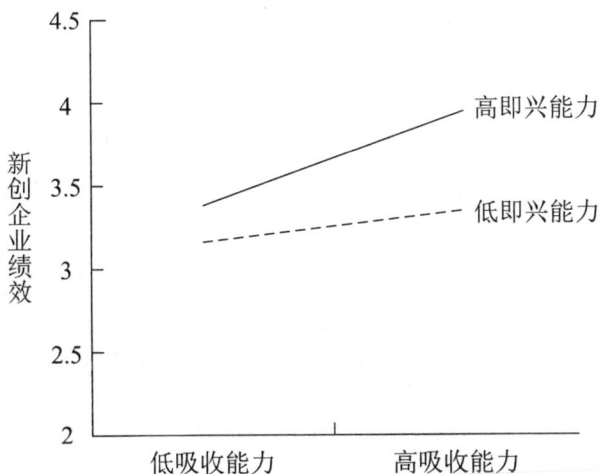

图 4-5　即兴能力对吸收能力与新创企业绩效关系的调节效应

四、被调节的中介效应

被调节的中介效应是指中介变量在自变量与因变量的关系中所起到的中介作用同时受到调节变量的影响①。已有研究指出，对于被调节的中介作用的检验必须能够证明中介作用（a·b）随着调节变量取值的高低而发生显著的变化，通常是将正负一个标准差作为调节变量在较高和较低水平下的取值，检验在这两个取值条件下中介作用的差异，当差异在95%置信区间内不包含 0 时，则表明该效应显著②。

本研究所涉及的模型属于第二阶段被调节的中介效应，对于这一效应的检验，本研究根据爱德华和兰伯特所提出的路径分析技术，采用 Bootstrap 法

---

① Edwards J R, Lambert L S. Methods for integrating moderation and mediation: a general analytical framework using moderated path analysis [J]. Psychological Methods, 2007, 12 (1): 1–22.

② 陈晓萍，徐淑英，樊景立. 组织与管理研究的实证方法 [M]. 北京：北京大学出版社，2012.

（重复抽样 5000 次），计算不同调节变量条件下自变量通过中介变量影响因变量的间接效应值、95%的置信区间以及差异，由此判断被调节的中介效应是否成立。Bootstrap 分析结果如表 4-14 和表 4-15 所示。表 4-14 为吸收能力在创业导向→即兴能力→新创企业绩效这一中介路径中的调节作用，结果表明，在高吸收能力条件下，间接效应值为 0.212，95% 置信区间为 [0.097，0.348]，不包含 0，说明该条件下创业导向通过即兴能力对新创企业绩效的影响显著；在低吸收能力条件下，间接效应值为 0.053，95% 置信区间为 [-0.105，0.177]，包含 0，说明该状态下创业导向通过即兴能力对新创企业绩效的影响不显著；两种情况下创业导向通过即兴能力对新创企业绩效的间接影响具有显著的差异，差异的间接效应值为 0.159，95% 置信区间为 [0.019，0.347]，不包含 0。因此，吸收能力显著正向调节即兴能力对创业导向与新创企业绩效关系的中介作用，假设 H14 通过验证。

表 4-14 吸收能力被调节的中介效应 Bootstrap 分析结果

调节变量	状况	创业导向→即兴能力→新创企业绩效		
		间接效应值	标准误	95%置信区间
吸收能力	高（+1SD）	0.212	0.064	[0.097，0.348]
	低（-1SD）	0.053	0.071	[-0.105，0.177]
	差异	0.159	0.083	[0.019，0.347]

同理，表 4-15 展现的是中介路径创业导向→吸收能力→新创企业绩效中即兴能力所起到的调节作用，结果表明，在高即兴能力条件下，间接效应值为 0.180，95% 置信区间为 [0.071，0.349]，不包含 0，说明该条件下创业导向经由吸收能力的作用对新创企业绩效所产生的影响显著；而当即兴能力水平较低时，间接效应值为 0.028，95% 置信区间为 [-0.090，0.144]，包含 0，说明该状态下创业导向经由吸收能力的作用进一步影响新创企业绩效的结果不显著；两种不同条件下创业导向通过吸收能力对新创企业绩效的间接影响存在显著的差异，差异的间接效应值为 0.152，95% 置信区间为 [0.019，0.340]，不包含 0。因此，即兴能力显著正向调节吸收能力对创业导向与新创企业绩效关系的中介作用，由此假设 H15 成立。

表 4-15 即兴能力被调节的中介效应 Bootstrap 分析结果

调节变量	状况	创业导向→吸收能力→企业绩效		
		间接效应值	标准误	95%置信区间
即兴能力	高 （+1SD）	0.180	0.071	[0.071, 0.349]
	低 （-1SD）	0.028	0.060	[-0.090, 0.144]
	差异	0.152	0.082	[0.019, 0.340]

第六节 研究假设检验结果汇总

由以上的检验过程及其结果可知，本文所提出的 30 条研究假设中，有 29 条假设得到验证，1 条假设未得到验证，所有检验结果的汇总情况如表 4-16 所示。

表 4-16 研究假设验证结果汇总表

假设	假设描述	检验结果
H1	创业导向正向影响新创企业绩效	支持
H1a	创新性对新创企业绩效起到正向作用	支持
H1b	风险承担性对新创企业绩效起到正向作用	支持
H1c	前瞻性对新创企业绩效起到正向作用	支持
H2	创业导向对即兴能力具有显著的正向影响	支持
H2a	创新性维度对即兴能力具有显著的正向影响	支持
H2b	风险承担性维度对即兴能力具有显著的正向影响	支持
H2c	前瞻性维度对即兴能力具有显著的正向影响	支持
H3	创业导向对吸收能力具有显著的正向影响	支持
H3a	创新性维度对吸收能力具有显著的正向影响	支持
H3b	风险承担性维度对吸收能力具有显著的正向影响	支持
H3c	前瞻性维度对吸收能力具有显著的正向影响	支持

假设	假设描述	检验结果
H4	即兴能力对新创企业绩效起到积极作用	支持
H5	吸收能力对新创企业绩效起到积极作用	支持
H6	即兴能力对创业导向影响新创企业绩效的过程起到中介作用	支持
H6a	即兴能力对创新性影响新创企业绩效的关系起到中介作用	支持
H6b	即兴能力对风险承担性影响新创企业绩效的关系起到中介作用	支持
H6c	即兴能力对前瞻性影响新创企业绩效的关系起到中介作用	支持
H7	吸收能力对创业导向影响新创企业绩效的过程起到中介作用	支持
H7a	吸收能力对创新性影响新创企业绩效的过程起到中介作用	支持
H7b	吸收能力对风险承担性影响新创企业绩效的过程起到中介作用	支持
H7c	吸收能力对前瞻性影响新创企业绩效的过程起到中介作用	支持
H8	创业导向与新创企业绩效的关系受到环境动态性的正向调节	支持
H9	创业导向与即兴能力的关系受到环境动态性的正向调节	支持
H10	创业导向与吸收能力的关系受到环境动态性的正向调节	支持
H11	环境动态性与创业导向的交互作用通过即兴能力的中介作用影响新创企业绩效	支持
H12	环境动态性与创业导向的交互作用通过吸收能力的中介作用影响新创企业绩效	不支持
H13	即兴能力与吸收能力的交互作用正向影响新创企业绩效	支持
H14	即兴能力对创业导向与新创企业绩效关系的中介受到吸收能力的正向调节	支持
H15	吸收能力对创业导向与新创企业绩效关系的中介受到即兴能力的正向调节	支持

第七节 本章小结

在第三章通过预调研形成正式问卷的基础上，本章通过大规模正式调研完成对数据的收集，最终共得到有效问卷 360 份。接着，对样本数据进行样本特征分析、描述性统计分析、共同方法偏差及非回应偏差分析、信度与效度分析等基础分析，确保问卷的可信度和有效性。然后，运用层级回归分析、Bootstrap 分析等多种分析方法对提出的研究假设进行检验，确保研究结果的准确性。由检验结果可知，本文所提出的绝大多数假设都得到了数据支持，表明本文基于组织学习和能力视角所构建的创业导向与新创企业绩效的关系模型在有效性上得到了检验。

第五章

研究结论与讨论

本章的工作主要包括以下三个方面，首先根据上一章实证分析所得到的结果对理论模型的关键路径进行讨论，得到本书的主要观点和结论；接着，结合相关文献分析本研究所具有的理论贡献，并结合企业经营管理实践提出相应的管理启示；最后，从研究样本、研究方法、研究视角、研究数据等方面提出本书的局限，进而指出今后的研究方向。

第一节　研究结论

一、创业导向对新创企业绩效的影响

对于创业导向与新创企业绩效的关系，从以上验证结果得知，新创企业绩效受到创业导向显著的积极影响（H1：$\beta = 0.543$，$p < 0.001$）。因此，新创企业的创业导向水平越高，越有利于促进企业绩效的提升。

在创业导向三维度与新创企业绩效关系的检验中，结果表明，创新性（H1a：$\beta = 0.176$，$p < 0.05$）、风险承担性（H1b：$\beta = 0.112$，$p < 0.1$）和前瞻性（H1c：$\beta = 0.262$，$p < 0.001$）对新创企业绩效均具有显著的正向影响。这表明，新创企业能够通过创新性、风险承担性和前瞻性的战略倾向来提高企业绩效。而由回归系数的大小可以发现，前瞻性维度对新创企业绩效的影响明显大于创新性和风险承担性两个维度，而创新性维度对新创企业绩效的影

响要显著大于风险承担性。产生这一结果的可能原因为：首先，对于新创企业来说，前瞻性的战略倾向是企业把握先机并取得竞争优势的关键①。在所有创业活动中，发现潜在的市场机会是开展其他活动的前提，而前瞻性增强了新创企业对环境的感知能力，使企业能够快速掌握技术、市场和政策等外部环境的变化趋势，从而先于竞争对手识别新的机会，这又为新创企业率先采取行动创造了条件②。因此，前瞻性对新创企业绩效的影响最大。其次，创新性提高了企业在技术和产品上实现突破的可能性，使企业能够不断推出新产品从而形成市场竞争力③。而同时，创新性意味着企业要投入大量资源进行新技术、新产品或新服务的研发④，创新投入和产出之间往往具有一定的时间间隔，使得创新投入无法快速转化为企业绩效。因此一部分创新的积极影响无法通过企业绩效得以体现。这就在一定程度上解释了创新性对新创企业绩效的影响低于前瞻性的原因。再则，风险承担性意味着企业在不确定的环境下大胆进入未知领域或是将大量资源投入目标业务活动中⑤，高风险与高收益并存，那些准确把握市场机会、善于经营的企业能够获得较高的收益并获得快速成长，而盲目进入新领域、缺乏战略规划和有效运营的企业则可能一败涂地。因此，相较于创新性和前瞻性两个维度，风险承担性维度对新创企业绩效的影响在影响程度和显著性水平上都较小。

二、即兴能力和吸收能力的中介作用

首先，对创业导向与即兴能力关系的验证中，由检验结果可知，创业导向对即兴能力具有显著的正向影响（H2：$\beta = 0.361$，$p < 0.001$）。这表明，新

---

① 贾建锋，赵希男，于秀凤. 创业导向有助于提升企业绩效吗——基于创业导向型企业高管胜任特征的中介效应 [J]. 南开管理评论，2013，16（2）：47-56.

② 杜运周，任兵，陈忠卫，张玉利. 先动性、合法化与中小企业成长——一个中介模型及其启示 [J]. 管理世界，2008（12）：126-138+148.

③ 任胜钢，赵天宇. 创业导向、网络跨度与网络聚合对新创企业成长绩效的影响机制研究 [J]. 管理工程学报，2018，32（4）：232-238.

④ Lumpkin, G T, Dess G G. Clarifying the entrepreneurial orientation construct and linking it to performance [J]. Academy of Management Review, 1996, 21（1）：135-172.

⑤ Lumpkin G, Dess G. Linking two dimensions of entrepreneurial orientation to firm performance: the moderating role of environment and industry life cycle [J]. Journal of Business Venturing, 2001, 16（5）：429-441.

创企业的创业导向水平越高，越有利于提升企业的即兴能力。从创业导向的不同维度来看，创新性（H2a：β=0.121，p<0.01）、风险承担性（H2b：β=0.135，p<0.001）和前瞻性（H2c：β=0.104，p<0.01）三个维度对即兴能力均具有显著的正向影响。这说明，新创企业的创新性、风险承担性和前瞻性水平越高，越能够提升企业的即兴能力。而由回归系数大小可知，风险承担性对新创企业即兴能力的提升作用更大。对于新创企业而言，风险承担性对即兴能力的正向影响高于创新性和前瞻性，可能是因为即兴能力本身具有一定的不确定性，使其不一定总能为企业带来积极的结果①。因此，即兴能力的构建和培养具有一定的风险成本。只有具有较高风险承担性的新创企业才会积极实施即兴行为，通过即兴能力的发挥来进行信息收集、决策制定和资源拼凑以开发和利用机会。这也印证了白景坤和王健②的观点，即创业导向的风险承担性特征能够克服组织即兴的障碍，提高组织即兴发生的可能性。

对创业导向与吸收能力关系的验证中，由检验结果可知，创业导向对吸收能力具有显著的正向影响（H3：β=0.431，p<0.001）。这说明，新创企业的创业导向水平越高，越有利于提升企业的吸收能力。在创业导向的不同维度方面，创新性（H3a：β=0.177，p<0.001）、风险承担性（H3b：β=0.102，p<0.01）和前瞻性（H3c：β=0.160，p<0.001）三个维度对吸收能力均具有显著的正向影响。因此，新创企业的创新性、风险承担性和前瞻性水平越高，越能够提升企业的吸收能力。由回归系数的大小可知，创新性对新创企业吸收能力的提升作用更大。对于新创企业而言，创新性对吸收能力的积极影响高于风险承担性和前瞻性，可能是因为相比于风险承担性和前瞻性，创新性的实现对于吸收能力的要求更高。企业在产品和技术上的创新是

①　Hmieleski K M, Corbett A C. The contrasting interaction effects of improvisational behavior with entrepreneurial self-efficacy on new venture performance and entrepreneur work satisfaction [J]. Journal of Business Venturing, 2008, 23 (4): 482-496.

②　白景坤，王健. 创业导向能克服组织惰性吗？ [J]. 科学学研究，2019, 37 (3): 492-499.

企业外部知识获取和内部知识积累、消化和应用的结果①。创新性不仅要求新创企业能够通过各种方式快速收集和获取知识，还要求企业能够对获取的知识加以消化和应用，最终实现产品和技术创新。因此，在创新性战略倾向的作用下，新创企业无论在潜在吸收能力还是现实吸收能力方面都能得到提升。而风险承担性和前瞻性对吸收能力的影响更多地表现在潜在吸收能力方面，即对外部信息和知识的获取和同化以快速识别机会。

其次，由中介效应的回归分析和 Bootstrap 分析结果可知，即兴能力在创业导向与新创企业绩效关系间起到部分中介作用（H6：$\beta = 0.128$，95%CI [0.052，0.213]），即创业导向能够通过提升即兴能力的方式来有效提高新创企业绩效。而同理，吸收能力在创业导向影响新创企业绩效的过程中起到部分中介作用（H7：$\beta = 0.082$，95%CI [0.009，0.158]），即创业导向能够通过提升吸收能力的方式来提升新创企业绩效。由间接效应值的大小可知，即兴能力对创业导向与新创企业绩效关系的中介作用大于吸收能力。

从创业导向的不同维度来看，即兴能力（H6a：$\beta = 0.116$，95%CI [0.051，0.204]）和吸收能力（H7a：$\beta = 0.078$，95%CI [0.009，0.156]）在创新性与新创企业绩效关系间的中介作用均显著，表明创新性能够通过提升即兴能力和吸收能力的方式进一步提升新创企业绩效。即兴能力（H6b：$\beta = 0.099$，95% CI [0.041，0.171]）和吸收能力（H7b：$\beta = 0.064$，95% CI [0.015，0.123]）在风险承担性与新创企业绩效关系间的中介作用均显著，表明风险承担性能够通过提升即兴能力和吸收能力的路径进一步影响新创企业绩效。即兴能力（H6c：$\beta = 0.094$，95% CI [0.039，0.166]）和吸收能力（H7c：$\beta = 0.061$，95% CI [0.003，0.131]）在前瞻性与新创企业绩效关系间的中介作用均显著，表明前瞻性能够通过提升即兴能力和吸收能力的方式来提升新创企业绩效。而从三条路径中即兴能力和吸收能力的间接效应值的大小可知，即兴能力对创业导向三个维度与新创企业绩效关系的中介作用均大于吸收能力。

由以上中介作用的检验结果可知，即兴能力对创业导向与新创企业绩效

---

① 刘景东，党兴华，谢永平．不同知识位势下知识获取方式与技术创新的关系研究——基于行业差异性的实证分析 [J]．科学学与科学技术管理，2015，36（1）：44-52.

关系的中介作用大于吸收能力，这可能是因为即兴能力是组织自发的、短期的、经验学习和创造同时发生的学习过程①，它的产生和作用发挥能够立竿见影，因此对处于初创期或成长期的新创企业作用更加明显。而吸收能力的学习过程具有一定的目的性、计划性和长期性②，它对新创企业绩效的影响需要一段时间才能显现③，使得吸收能力的一些积极作用并未能通过现有的绩效水平反映出来。因此，检验结果表现为：即兴能力在创业导向与新创企业绩效关系间的中介作用比吸收能力更加大。

三、环境动态性被中介的调节效应

首先，在环境动态性对创业导向与新创企业绩效关系的调节效应中，由检验结果可知，创业导向与新创企业绩效的关系受到环境动态性的正向调节（H8）。这表明，创业导向与新创企业绩效的正向关系受到了环境动态性的影响，环境动态性越高，创业导向对新创企业绩效的正向影响越大。其次，在环境动态性调节创业导向影响即兴能力关系的效应中，结果发现，创业导向与即兴能力的关系也受到环境动态性的正向调节（H9）。这说明，创业导向对即兴能力的正向作用受到了环境动态性的影响，即环境动态性越高，创业导向对即兴能力的正向作用越大。最后，在环境动态性调节创业导向影响吸收能力过程的效应中，结果显示，创业导向与吸收能力的关系同样受到环境动态性的正向调节（H10）。这表明，创业导向对吸收能力的积极影响受到了环境动态性的影响，即环境动态性越高，创业导向对吸收能力的积极影响越大。

此外，基于以上验证的调节效应和中介效应，本研究还提出了两个被中介的调节效应研究假设，分别为：环境动态性与创业导向的交互作用通过即兴能力的中介影响新创企业绩效（H11），环境动态性与创业导向的交互作用

---

① Hodgkinson I R, Hughes P, Arshad D, et al. Strategy development: driving improvisation in Malaysia [J]. Journal of World Business, 2016, 51（3）: 379-390.

② Bergh D D, Lim E N K. Learning how to restructure: absorptive capacity and improvisational views of restructuring actions and performance [J]. Strategic Management Journal, 2010, 29（6）: 593-616.

③ 尹苗苗, 刘玉国. 新企业战略倾向对创业学习的影响研究 [J]. 科学学研究, 2016, 34（8）: 1223-1231.

通过吸收能力的中介影响新创企业绩效（H12）。通过层级回归分析和Bootstrap分析两种方法对假设H11和H12分别进行验证，检验结果显示，假设11成立，而假设12不通过检验。由此可以得出，环境动态性对创业导向与新创企业绩效关系的调节作用是通过即兴能力而不是吸收能力的中介作用实现的。这说明，随着环境动态性水平的提高，创业导向对即兴能力的积极作用不断增大，增强的即兴能力又进一步积极影响新创企业绩效。

由以上被中介的调节效应所得到的检验结果可知，环境动态性与创业导向的交互作用通过即兴能力的中介作用影响新创企业绩效的研究假设成立，而通过吸收能力的中介作用影响新创企业绩效的研究假设不成立。究其原因，可能是因为在我国转型经济背景下，新创企业面临更加复杂和动态的市场环境。在动态环境的影响下，新创企业通过创业导向所提升的即兴能力，能够凭借其立即反应、学习和创造同时发生的特点快速对新创企业绩效产生作用。而新创企业通过创业导向所提升的吸收能力，对于新创企业绩效的影响则可能存在一定的延迟，使得环境动态性对创业导向与吸收能力的调节作用不能进一步作用于新创企业绩效。此外，休斯等[1]的研究也发现，受动态环境的影响，组织即兴在创业导向与企业绩效关系之间的作用更加显著。

四、即兴能力与吸收能力的交互效应对新创企业绩效的影响

由即兴能力、吸收能力二者对新创企业绩效影响的检验结果可知，即兴能力对新创企业绩效具有显著的正向影响（H4：$\beta = 0.518$，$p < 0.001$），同时，吸收能力对新创企业绩效也发挥显著的积极作用（H5：$\beta = 0.301$，$p < 0.01$）。因此，新创企业的即兴能力和吸收能力越高，越有利于促进企业绩效的提升。此外，由回归系数的大小可知，即兴能力对新创企业绩效的积极作用大于吸收能力。

由即兴能力和吸收能力的交互作用影响新创企业绩效的验证结果可知，即兴能力与吸收能力的交互作用正向影响新创企业绩效（H13：$\beta = 0.423$，

---

[1] Hughes P, Hodgkinson I R, Hughes M, et al. Explaining the entrepreneurial orientation-performance relationship in emerging economies: the intermediate roles of absorptive capacity and improvisation [J]. Asia Pacific Journal of Management, 2018, 35: 1025-1053.

p<0.05），这说明，即兴能力和吸收能力对新创企业绩效的影响具有互补性，即即兴能力正向调节吸收能力与新创企业绩效的关系，同时，吸收能力也正向调节即兴能力与新创企业绩效的关系。

五、即兴能力和吸收能力的被调节的中介效应

通过结合即兴能力和吸收能力的中介作用以及二者的交互作用，本文提出了两个被调节的中介效应研究假设，分别为：吸收能力正向调节即兴能力对创业导向与新创企业绩效关系的中介作用（H14），吸收能力在创业导向与新创企业绩效间的中介作用受到即兴能力的正向调节（H15）。通过 Bootstrap 分析对假设 H14 和 H15 分别进行验证，检验结果显示，假设 14 和假设 15 均成立。其中，吸收能力正向调节即兴能力对创业导向与新创企业绩效关系的中介作用，说明吸收能力越强，即兴能力对新创企业绩效的积极影响越大，即兴能力在创业导向与新创企业绩效关系间的中介作用就越大。吸收能力对创业导向与新创企业绩效关系的中介作用受到即兴能力的正向调节，则说明即兴能力越强，吸收能力对新创企业绩效的积极影响越大，吸收能力在创业导向与新创企业绩效关系间的中介作用也就越大。

第二节　研究启示

一、理论贡献

第一，本研究探讨了创业导向与即兴能力、吸收能力以及新创企业绩效之间的关系，丰富和发展了创业战略理论、企业能力理论和组织学习理论。在创业导向影响新创企业绩效的检验中，本研究证明了新创企业绩效受到创

业导向的积极影响，从而支持了威克洛德①、尹苗苗等②的研究结果，同时发现创业导向的不同维度对新创企业绩效的影响程度不同，因此契合了张玉利和李乾文③、雷扎伊（Rezaei）和奥尔特（Ortt）④ 等人的观点。在创业导向与即兴能力关系的验证中，本研究证明了创业导向对即兴能力的积极影响，从而印证了祝振铎⑤、白景坤等⑥关于创业导向可以促进组织即兴和资源拼凑的结论，而创业导向三维度对即兴能力均起到积极作用且作用效果存在差异的发现，进一步补充了以上的研究结果。在创业导向与吸收能力关系的检验中，创业导向以及创业导向三维度对吸收能力的积极作用得到验证，并且发现不同维度对吸收能力的影响大小不同，这一结果与林筠等人⑦的研究结论部分一致，同时又有所发展。综上所述，本研究发展了即兴能力、吸收能力的前因变量研究以及创业导向的结果变量研究。

第二，本研究从组织学习和能力视角揭示了创业导向与新创企业绩效关系作用机制的两条实现路径，完善了创业导向转化为企业绩效的路径研究。已有从组织学习视角以双中介变量探索创业导向与企业绩效关系的研究，多是从学习策略（探索式学习和利用式学习）、知识来源（实践式学习和获得

① Wiklund J. The sustainability of the entrepreneurial orientation - performance relationship [J]. Entrepreneurship Theory and Practice, 1999, 24 (1): 37-48.

② 尹苗苗，毕新华，王亚茹. 新企业创业导向、机会导向对绩效的影响研究——基于中国情境的实证分析 [J]. 管理科学学报，2015，18 (11): 47-58.

③ 张玉利，李乾文. 公司创业导向、双元能力与组织绩效 [J]. 管理科学学报，2009，12 (1): 137-152.

④ Rezaei J, Ortt R. Entrepreneurial orientation and firm performance: the mediating role of functional performances [J]. Management Research Review, 2018, 41 (7): 878-900.

⑤ 祝振铎. 创业导向、创业拼凑与新企业绩效：一个调节效应模型的实证研究 [J]. 管理评论，2015，27 (11): 57-65.

⑥ 白景坤，王健. 创业导向能克服组织惰性吗？ [J]. 科学学研究，2019，37 (3): 492-499.

⑦ 林筠，孙晔，何婕. 吸收能力作用下创业导向与企业成长绩效关系研究 [J]. 软科学，2009，23 (7): 135-140.

式学习）等角度进行揭示①②，而从能力视角来讨论创业导向与企业绩效关系的研究，又多是以单一中介变量进行分析③。鲜有研究将即兴能力和吸收能力这两个既是学习范畴又是能力范畴的变量同时作为中介变量来探索创业导向与企业绩效关系的作用机制。本文分析了即兴能力和吸收能力在创业导向转化为新创企业绩效过程中同时发挥的中介作用。其中，即兴能力的中介作用得到验证，这一结果与休斯等④的研究结论不同，从而提供了中国情境下创业导向、即兴能力与新创企业绩效关系的新解释，而即兴能力在创业导向三维度与新创企业绩效间的中介作用也都得到验证，进一步深化了这一关系的作用机制。同样，吸收能力对创业导向以及创业导向三维度与新创企业绩效关系的中介作用得到验证，这一结果与林筠等人⑤的研究结论部分一致，并在此基础上有了新的发现，进一步拓展了创业导向、吸收能力与企业绩效关系的研究。因此，将即兴能力和吸收能力作为不同的学习模式或组织能力来揭示创业导向转化为新创企业绩效的路径或过程，为后续创业导向与企业绩效关系研究提供了新的视角。

第三，本研究引入环境动态性这一权变因素构建了被中介的调节模型，丰富了中国情境下创业导向与企业绩效的关系研究，拓展了创业导向影响新创企业绩效的边界条件。已有研究提出并验证了环境动态性对创业导向与企业绩效关系的调节作用⑥，但对环境动态性调节创业导向与企业绩效关系的实现路径却鲜有揭示。本研究构建了一个分别以新创企业绩效和创业导向为

① Zhao Y, Li Y, Lee S, et al. Entrepreneurial orientation, organizational learning, and performance: evidence from China [J]. Entrepreneurship Theory and Practice, 2011, 35 (2): 293-317.

② 刘景江，陈璐. 创业导向、学习模式与新产品开发绩效关系研究 [J]. 浙江大学学报：人文社会科学版, 2011, 41 (6): 143-156.

③ 朱秀梅，陈琛，纪玉山. 基于创业导向、网络化能力和知识资源视角的新创企业竞争优势问题探讨 [J]. 外国经济与管理, 2010, 32 (5): 9-16.

④ Hughes P, Hodgkinson I R, Hughes M, et al. Explaining the entrepreneurial orientation-performance relationship in emerging economies: the intermediate roles of absorptive capacity and improvisation [J]. Asia Pacific Journal of Management, 2018, 35: 1025-1053.

⑤ 林筠，孙晔，何婕. 吸收能力作用下创业导向与企业成长绩效关系研究 [J]. 软科学, 2009, 23 (7): 135-140.

⑥ 胡望斌，张玉利，牛芳. 我国新企业创业导向、动态能力与企业成长关系实证研究 [J]. 中国软科学, 2009 (4): 107-118.

因变量和自变量，环境动态性为调节变量，即兴能力和吸收能力为双中介的被中介的调节模型。结果表明，环境动态性分别对创业导向与即兴能力的关系、创业导向与吸收能力的关系以及创业导向与新创企业绩效的关系起到正向调节的作用，这一结果一方面拓展了创业导向与组织学习或能力关系的边界条件；另一方面也支持了兰普金和德丝①、焦豪等②关于环境动态性在创业导向与企业绩效间具有调节作用的研究结论。此外，被中介的调节作用检验结果显示，创业导向与新创企业绩效关系所受到的环境动态性的调节作用是通过即兴能力而不是吸收能力的中介作用实现的，揭示了即兴能力和吸收能力这两种学习模式或组织能力在动态环境下影响创业导向与新创企业绩效关系的差异，进一步支持了休斯等关于动态环境影响下即兴能力的发挥更有利于改善创业导向与企业绩效边界的观点。

第四，本研究验证了即兴能力和吸收能力在影响新创企业绩效过程中作用的互补性，并以此构建出被调节的中介模型，发展了组织学习和能力视角下创业导向与企业绩效的关系研究。不同学习模式之间的关系是互补的还是互为替代的，已有研究并未得到统一的结论③④。本研究通过检验即兴能力与吸收能力的交互作用对新创企业绩效的影响，发现即兴能力和吸收能力的交互作用能够正向影响新创企业绩效。这一研究结果既印证了伯格和莉姆⑤所提出的组织即兴和吸收能力之间存在协同作用的观点，也回答了休斯等⑥所提出的二者关系是兼容性还是替代性的问题，同时还拓展了组织学习或能力与

① Lumpkin, G T, Dess G G. Clarifying the entrepreneurial orientation construct and linking it to performance [J]. Academy of Management Review, 1996, 21 (1): 135-172.

② 焦豪，周江华，谢振东. 创业导向与组织绩效间关系的实证研究——基于环境动态性的调节效应 [J]. 科学学与科学技术管理，2007, 28 (11): 70-76.

③ 刘景江，陈璐. 创业导向、学习模式与新产品开发绩效关系研究 [J]. 浙江大学学报：人文社会科学版，2011, 41 (6): 143-156.

④ He Z L, Wong P K. Exploration vs. exploitation: an empirical test of the ambidexterity hypothesis [J]. Organization Science, 2004, 15 (4): 481-494.

⑤ Bergh D D, Lim E N K. Learning how to restructure: absorptive capacity and improvisational views of restructuring actions and performance [J]. Strategic Management Journal, 2010, 29 (6): 593-616.

⑥ Hughes P, Hodgkinson I R, Hughes M, et al. Explaining the entrepreneurial orientation-performance relationship in emerging economies: the intermediate roles of absorptive capacity and improvisation [J]. Asia Pacific Journal of Management, 2018, 35: 1025-1053.

新创企业绩效关系的边界条件。此外，基于即兴能力和吸收能力的中介作用以及二者的交互作用，本研究还提出并验证了被调节的中介效应，即吸收能力正向调节即兴能力对创业导向与新创企业绩效关系的中介作用；吸收能力对创业导向与新创企业绩效关系的中介作用受到即兴能力的正向调节。这一研究发现进一步打开了创业导向与新创企业绩效关系的"黑箱"，为从组织学习或能力交互视角探索创业导向对企业绩效关系的作用机制提供了新思路。

二、管理启示

在外部环境持续变化的影响下，企业获得成长和提升绩效的难度不断增大。特别是对新创企业来说，如何通过战略导向来影响资源和能力，进而克服"新生弱性"和"小而弱性"，实现企业的生存和发展，是值得企业思考的问题。本文从组织学习和能力视角揭示了创业导向与新创企业绩效的作用机制，并分析了环境动态性对这一作用机制的影响，为新创企业通过调整管理实践来提升企业绩效、获取竞争优势提供了一定的启示。

（1）通过培育创业导向的方式来发展即兴能力和吸收能力，进而提高新创企业绩效。以上结论表明，即兴能力和吸收能力均显著中介创业导向与新创企业绩效的关系，这就为新创企业通过培育和实施创业导向战略来增强即兴能力和吸收能力以提升新创企业绩效提供了新的思路。首先，新创企业要鼓励创新，注重组织内部创新氛围的营造。要将创新作为企业发展的主要目标和员工绩效考核的重要指标，激发员工参与创新、尝试创新方法的主动性和积极性，同时要根据内外部环境的变化及时改进企业的管理和生产运营，通过树立新观念、培养新思维、采用新方法实现企业的管理创新，为吸收能力的提高、即兴能力的产生提供良好的组织氛围和制度环境。其次，新创企业要敢于承担风险，从风险中识别和开发新的市场机会。要鼓励员工大胆创新、敢于尝试，允许失败，同时充分评估机会的风险和收益，积极投入各种资源开发潜在的市场机会，为即兴能力和吸收能力的形成和作用发挥提供良好的组织环境和资源基础。再则，新创企业要培养前瞻性的战略格局，努力保持领先的市场地位。要密切关注需求变化、政策变动和技术发展的新趋势，充分挖掘和不断搜寻潜在的市场机会，通过"领导者"的市场定位和前瞻性的战略布局激发组织在动态环境中快速获取、消化和利用信息和知识，并实现对资源的自发性配置和创造性整合。

（2）根据环境的变化动态修正和调整企业的战略行动。本文的研究发现，环境动态性与创业导向的交互作用是通过即兴能力的中介作用影响新创企业绩效的，这就为新创企业根据环境的变化动态调整创业导向水平以充分发挥即兴能力对企业绩效的提升作用提供启示。由于创业导向是一种建立在资源消耗基础上的战略导向，与创业导向相关的行动必然要消耗企业的大量资源①。因此，对于资源有限的新创企业来说，创业导向的水平要根据环境的变化情况控制在一定的范围内。具体来说，在高环境动态性的情景下，技术、产品和市场需求的变化速度较快，此时新创企业可以实施更加积极的创新战略，大胆投资高风险高收益的项目，或是采取更加主动的前瞻性战略，通过提高创业导向的水平进一步激发和提高组织对于信息收集、决策制定和资源整合的及时响应能力，从而实现技术和产品的不断革新，潜在市场机会的有效挖掘，以及有利市场地位的快速确立，从而提高企业绩效。在低环境动态性的情景下，技术、市场需求和产品等因素相对稳定，外部环境对于企业创业导向以及组织即兴能力的要求相对较低，此时，新创企业可以通过维持较低水平的创业导向，适当地形成组织在机会开发、资源拼凑时的即兴能力，以减少企业在实施创新行为、风险性项目投资和超前战略行动时所消耗的资源，减少新创企业由于资源缺乏而对企业运营和组织行为产生的不利影响，确保企业的持续生存与发展。

（3）重视即兴能力和吸收能力培育的同时，要注重二者的平衡发展。由本文的研究结果可知，即兴和吸收能力这两种学习和能力因素的交互能够对新创企业绩效产生积极作用，同时，即兴能力对创业导向与新创企业绩效关系的中介作用受到吸收能力的正向调节，吸收能力对创业导向与新创企业绩效关系的中介作用受到即兴能力的正向调节。这说明即兴能力和吸收能力对新创企业绩效的提升都很重要，新创企业绩效的取得需要二者的相互补充、相互支持和相互融合。这就为新创企业通过平衡即兴能力和吸收能力的发展进而取得较好的企业绩效提供了启示。具体来说，一方面，新创企业要重视吸收能力的提升，将发展吸收能力作为企业的长期目标和规划进行推进。因

---

① 刘小元，林嵩，李汉军. 创业导向、家族涉入与新创家族企业成长［J］. 管理评论，2017，29（10）：42-57.

此，需要新创企业将吸收能力的培养纳入企业战略，并进行长期的、持续的资源投入。另一方面，新创企业要注重即兴能力的培养，为即兴行为的产生提供政策支持和资源投入。新创企业可以通过构建学习型组织，提高组织成员进行学习和创造的意识和积极性，为即兴行为的产生提供良好的组织环境；同时，打破一些阻碍即兴行为产生的固有模式和惯例，减少组织在紧急情况下进行即时决策和反应的程序，为即兴能力的产生提供有弹性的组织制度。此外，新创企业要平衡即兴能力和吸收能力的发展，使二者的交互作用最大限度地正向影响新创企业绩效，即，在即兴能力的助力下，充分发挥吸收能力在制定战略规划、进行经营决策、开发新产品/服务和新技术中的作用；在吸收能力的支持下，充分发挥即兴能力在调整战略规划、进行即时决策、拼凑和利用资源中的作用。这就要求新创企业在决策制定、资源投入过程中都要平衡好即兴能力和吸收能力的关系。

第三节　研究局限与展望

本研究尽管具有一定的理论贡献和管理启示，但仍然存在一些不足和局限，通过对这些研究局限的总结，一方面可以让读者更好地理解本研究的结论和意义，另一方面也为未来研究的开展提供了参考和方向。

第一，研究方法上的局限性。本研究采用问卷调查的方法，通过李克特五级打分法对主要变量进行测度，以此开展实证分析。问卷的填写基于受访者的主观评价，因此测量结果必然存在一定的主观偏差和缺陷，使研究的可靠性和结论的准确性受到一定的影响。未来研究将充分结合问卷调查和数据库得到的数据进行实证分析，通过不同的数据来源和实证方法对得到的结论进行交叉验证。

第二，样本选取上的局限。本研究所选取的样本分布在东南沿海、华北及东北、中部和西部等多个区域，行业范围也涉及传统制造业、高新技术产业和服务业等多个行业，区域范围和行业范围的广泛性使得研究结果缺乏针对性，不能很好地揭示特定区域或特定行业的新创企业特征。因此，在后续的研究中我们将会选择特定的区域或特定的行业进行数据收集和分析，以此验证本研究的理论模型和研究假设，比较所得结果与本研究结论的异同，并结合行业或区域的具体特征对其进行解释，以更好地完善和修正本研究的理论模型。

第三，数据选取上的局限。本研究所使用的数据是通过问卷调查的方式获得的横截面数据，只能反映某一时间段内新创企业的实际情况。本研究所涉及的新创企业的创业导向、即兴能力、吸收能力以及企业绩效的形成和确立是一个相对长期的过程，环境动态性对创业导向、即兴能力、吸收能力以及新创企业绩效的影响也是一个动态的过程。因此通过问卷调查所获得的静态数据，难以全面反映变量间的关系。未来研究可以采用多种方法来尽量避免或降低这类问题的影响。例如，在问卷的设计上使用更加科学合理的设计，问卷的发放上进行分阶段发放和收集。

第四，研究视角的局限。首先，除了动态性以外，创业的环境特性还包括复杂性和敌对性[1][2]，不同的特性代表着环境要素的不同特征，本研究仅考察了环境动态性对创业导向与新创企业绩效关系的影响，未来还可以综合考虑环境动态性、环境复杂性和环境敌对性三者对这一作用机制的影响，并比较影响效果的差异。其次，新创企业可能处于不同的发展阶段，处于初创期和成长期的新创企业在创业导向、即兴能力、吸收能力和新创企业绩效水平上存在一定的差异，本研究没有对处于不同时期的新创企业进行分开讨论，因此，无法厘清创业阶段对研究结果的影响。今后可以按照创业阶段对新创企业的样本进行分组，揭示处于不同阶段的新创企业在创业导向、即兴能力、吸收能力与企业绩效关系中的差异。

---

[1]　胡望斌，张玉利. 新企业创业导向转化为绩效的新企业能力：理论模型与中国实证研究 [J]. 南开管理评论，2011（1）：85-97.

[2]　Rosenbusch N, Rauch A, Bausch A. The mediating role of entrepreneurial orientation in the task environment – performance relationship：a meta – analysis [J]. Journal of Management，2013，39（3）：633-659.

参考文献

一、国内著作类（按作者姓氏排序）

［1］陈晓萍，徐淑英，樊景立．组织与管理研究的实证方法［M］．北京：北京大学出版社，2012．

二、国内期刊论文类

［1］姚梅芳，栾福明，曹琦．创业导向与新企业绩效：一个双重中介及调节性效应模型［J］．南方经济，2018（11）．

［2］吴建祖，龚雪芹．创业导向对企业绩效影响的实证研究——环境动态性的调节作用［J］．科技管理研究，2015（9）．

［3］龙海军．转型情境下创业导向对企业绩效的影响：创业行为的中介效应［J］．系统工程，2016（1）．

［4］刘小元，林嵩，李汉军．创业导向、家族涉入与新创家族企业成长［J］．管理评论，2017（10）．

［5］贾建锋，赵希男，于秀凤．创业导向有助于提升企业绩效吗——基于创业导向型企业高管胜任特征的中介效应［J］．南开管理评论，2013（2）．

［6］胡望斌，张玉利．新企业创业导向转化为绩效的新企业能力：理论模型与中国实证研究［J］．南开管理评论，2011（1）．

［7］胡望斌，张玉利，杨俊．基于能力视角的新企业创业导向与绩效转化问题探讨［J］．外国经济与管理，2010（2）．

［8］郝喜玲，张玉利，刘依冉．创业失败学习对新企业绩效的作用机制研究［J］．科研管理，2017（10）．

［9］郭雯，张宏云．创业导向与企业绩效关系研究——以我国工业设计

服务业为例［J］. 科学学研究，2014（12）.

［10］董保宝，周晓月. 新企业创业导向与绩效倒 U 型关系及资源整合能力的中介作用［J］. 南方经济，2015（8）.

［11］董保宝，罗均梅，许杭军. 新企业创业导向与绩效的倒 U 形关系——基于资源整合能力的调节效应研究［J］. 管理科学学报，2019（5）.

［12］蔡莉，葛宝山，蔡义茹. 中国转型经济背景下企业创业机会与资源开发行为研究［J］. 管理学季刊，2019（2）.

［13］安舜禹，蔡莉，单标安. 新企业创业导向、关系利用及绩效关系研究［J］. 科研管理，2014（3）.

［14］祝振铎，李新春. 新创企业成长战略：资源拼凑的研究综述与展望［J］. 外国经济与管理，2016（11）.

［15］朱益霞，周飞，沙振权. 跨界搜寻与商业模式创新的关系——吸收能力的视角［J］. 经济管理，2016（11）.

［16］朱秀梅，肖雪. 转型经济环境特征与企业创业导向探讨［J］. 统计与决策，2016（23）.

［17］朱秀梅，费宇鹏. 关系特征、资源获取与初创企业绩效关系实证研究［J］. 南开管理评论，2010（3）.

［18］朱秀梅，陈琛，纪玉山. 基于创业导向、网络化能力和知识资源视角的新创企业竞争优势问题探讨［J］. 外国经济与管理，2010（5）.

［19］朱仁宏，周琦，张书军. 创业团队关系治理与新创企业绩效倒 U 型关系及敌对环境的调节作用［J］. 南开管理评论，2020（5）.

［20］朱俊杰，徐承红. 区域创新绩效提升的门槛效应——基于吸收能力视角［J］. 财经科学，2017（7）.

［21］仲伟伫，芦春荣. 环境动态性对创业机会识别可行性的影响路径研究——基于创业者个人特质［J］. 预测，2014，33（3）.

［22］赵兴庐，张建琦，刘衡. 能力建构视角下资源拼凑对新创企业绩效的影响过程研究［J］. 管理学报，2016（10）.

［23］赵蓓，马丽. 管理者关系对企业绩效的影响研究——创业导向的中介作用［J］. 东南学术，2018（5）.

［24］张映红. 动态环境对公司创业战略与绩效关系的调节效应研究

[J]. 中国工业经济, 2008 (1).

[25] 张学艳, 周小虎, 包佳妮. 动态能力视角下的科技型创业者政治技能与创业绩效 [J]. 管理学报, 2020 (8).

[26] 张秀娥, 张坤. 创业导向对新创社会企业绩效的影响——资源拼凑的中介作用与规制的调节作用 [J]. 科技进步与对策, 2018 (9).

[27] 张小林, 裘颖. 即兴能力理论研究综述 [J]. 科技进步与对策, 2010 (23).

[28] 张韬. 基于吸收能力的创新能力与竞争优势关系研究 [J]. 科学学研究, 2009 (3).

[29] 张大鹏, 孙新波, 刘鹏程, 张平. 整合型领导力对组织创新绩效的影响研究 [J]. 管理学报, 2017 (3).

[30] 詹坤, 邵云飞, 唐小我. 联盟组合的网络结构对企业创新能力影响的研究 [J]. 研究与发展管理, 2018 (6).

[31] 韵江, 王文敬. 组织记忆、即兴能力与战略变革 [J]. 南开管理评论, 2015 (4).

[32] 喻登科, 周子新. 普适性信任、知识共享宽度与企业开放式创新绩效 [J]. 科技进步与对策, 2020 (1).

[33] 尹苗苗, 毕新华, 王亚茹. 新企业创业导向、机会导向对绩效的影响研究——基于中国情境的实证分析 [J]. 管理科学学报, 2015 (11).

[34] 尹苗苗, 刘玉国. 新企业战略倾向对创业学习的影响研究 [J]. 科学学研究, 2016 (8).

[35] 易华. 创业导向有助于激发员工创新行为吗——创新意愿的中介作用 [J]. 财经理论与实践, 2018 (1).

[36] 易朝辉. 网络嵌入、创业导向与新创企业绩效关系研究 [J]. 科研管理, 2012 (11).

[37] 易朝辉, 段海霞, 任胜钢. 创业自我效能感、创业导向与科技型小微企业绩效 [J]. 科研管理, 2018 (8).

[38] 弋亚群, 李垣, 刘益. 企业动态能力的构建及其对战略变化影响的理论框架 [J]. 管理评论, 2006 (10).

[39] 叶竹馨, 买忆媛, 王乐英. 创业企业即兴行为研究现状探析与未

来展望［J］. 外国经济与管理, 2018 (4).

［40］叶竹馨, 买忆媛. 探索式即兴与开发式即兴：双元性视角的创业企业即兴行为研究［J］. 南开管理评论, 2018 (4).

［41］叶勤. 企业战略理论的竞争优势观及其演进［J］. 经济评论, 2004 (2).

［42］叶宝娟, 温忠麟. 有中介的调节模型检验方法：甄别和整合［J］. 心理学报, 2013 (9).

［43］杨曦东. 企业家导向、外部知识获取与产品创新的关系研究［J］. 科学学与科学技术管理, 2009 (5).

［44］杨春华. 资源基础理论及其未来研究领域［J］. 商业研究, 2010 (7).

［45］阎婧, 刘志迎, 郑晓峰. 环境动态性调节作用下的变革型领导、商业模式创新与企业绩效［J］. 管理学报, 2016 (8).

［46］徐召红, 杨蕙馨. 企业转型升级的动态能力构建及作用机理研究［J］. 东岳论丛, 2018 (4).

［47］徐奕红, 赵红岩, 陈文杰. 企业互动学习与创新绩效关系的实证研究［J］. 预测, 2019 (5).

［48］徐蕾, 李明贝. 技术多元化对创新绩效的双中介作用机理研究［J］. 科研管理, 2019 (5).

［49］徐光, 李慧明媚, 田也壮. 组织即兴诱发机制：基于舞台创意过程的研究［J］. 管理科学, 2020 (5).

［50］徐二明. 公司型创业战略［J］. 南开学报（哲学社会科学版), 2004 (1).

［51］熊立, 杨勇, 贾建锋. "能做"和"想做"：基于内驱力的双元创业即兴对双创绩效影响研究［J］. 管理世界, 2019 (12).

［52］邢蕊, 王国红, 唐丽艳. 创业导向对在孵企业技术吸收能力的影响研究［J］. 科学学与科学技术管理, 2013 (11).

［53］谢洪明. 市场导向与组织绩效的关系——环境与组织学习的影响［J］. 南开管理评论, 2005 (3).

［54］吴家喜, 吴贵生. 组织整合与新产品开发绩效关系实证研究：基

于吸收能力的视角 [J]. 科学学研究, 2009 (8).

[55] 吴东, 裘颖. 团队即兴能力与创新绩效的关系研究 [J]. 科学管理研究, 2010 (6).

[56] 温忠麟, 侯杰泰, 张雷. 调节效应与中介效应的比较和应用 [J]. 心理学报, 2005 (2).

[57] 魏泽龙, 弋亚群, 李垣. 多变环境下动态能力对不同类型创新的影响研究 [J]. 科学学与科学技术管理, 2008 (5).

[58] 魏江, 焦豪. 创业导向、组织学习与动态能力关系研究 [J]. 外国经济与管理, 2008 (2).

[59] 王永健, 谢卫红, 王田绘, 成明慧. 强弱关系与突破式创新关系研究——吸收能力的中介作用和环境动态性的调节效应 [J]. 管理评论, 2016 (10).

[60] 王影, 苏涛永. 创业型领导对员工即兴的影响机制研究 [J]. 软科学, 2019 (11).

[61] 王伟. 组织学习理论研究述评 [J]. 郑州大学学报: 哲学社会科学版, 2005 (1).

[62] 王涛, 黄兰兰, 周正. 外部创新源对企业创新绩效影响的实证研究——以吸收能力为中介变量 [J]. 软科学, 2016 (5).

[63] 王思梦, 井润田, 邵云飞. 联盟惯例对企业双元创新能力的影响机制研究 [J]. 管理科学, 2019 (2).

[64] 王淑敏. 企业能力如何"动""静"组合提升企业绩效?——能力理论视角下的追踪研究 [J]. 管理评论, 2018 (9).

[65] 王庆金, 王强, 周键. 社会资本、创业拼凑与新创企业绩效——双重关系嵌入的调节作用 [J]. 科技进步与对策, 2020 (20).

[66] 王巧然, 陶小龙. 创业者先前经验对创业绩效的影响——基于有中介的调节模型 [J]. 技术经济, 2016 (6).

[67] 王启亮, 虞红霞. 协同创新中组织声誉与组织间知识分享——环境动态性的调节作用研究 [J]. 科学学研究, 2016 (3).

[68] 王丽平, 狄凡莉. 创新开放度、组织学习、制度环境与新创企业绩效 [J]. 科研管理, 2017 (7).

[69] 王军，曹光明，江若尘．组织即兴与企业绩效的关系研究——基于313家企业的实证调查［J］．山西财经大学学报，2016（4）.

[70] 王健，黄群慧．组织遗忘、组织即兴与环境动态性视角下企业原始性创新构建路径［J］．科技进步与对策，2019（10）.

[71] 王健，黄群慧．即兴型组织竞争优势的构建路径［J］．科学学研究，2019（10）.

[72] 王海花，熊丽君，李玉．众创空间创业环境对新创企业绩效的影响［J］．科学学研究，2020（4）.

[73] 王海花，谢萍萍，熊丽君．创业网络、资源拼凑与新创企业绩效的关系研究［J］．管理科学，2019（2）.

[74] 王国红，秦兰，邢蕊，周建林．新企业创业导向转化为成长绩效的内在机理研究——以创业拼凑为中间变量的案例研究［J］．中国软科学，2018（5）.

[75] 王烽权，江积海，王若瑾．人工智能如何重构商业模式匹配性？——新电商拼多多案例研究［J］．外国经济与管理，2020（7）.

[76] 孙伟，刘璐璐．共享单车企业创业研究——以ofo和摩拜为例［J］．中国科技论坛，2019（1）.

[77] 孙锐，李树文．动态环境下科技企业领导成员交换、组织情绪能力与组织绩效关系研究：一个有调节的中介模型［J］．科学学与科学技术管理，2017（8）.

[78] 苏中锋，谢恩，李垣．资源管理：企业竞争优势与价值创造的源泉［J］．管理评论，2007（6）.

[79] 申慧慧，于鹏，吴联生．国有股权、环境不确定性与投资效率［J］．经济研究，2012（7）.

[80] 阮国祥，毛荐其，马立强．员工即兴行为对个体创新绩效作用机制的跨层次研究——基于新能源创业企业的实证［J］．中国软科学，2015（1）.

[81] 阮爱君，陈劲．正式/非正式知识搜索宽度对创新绩效的影响［J］．科学学研究，2015（10）.

[82] 任胜钢，赵天宇．创业导向、网络跨度与网络聚合对新创企业成

长绩效的影响机制研究 [J]. 管理工程学报, 2018 (4).

[83] 任鸽, 陈伟宏, 钟熙. 高管国际经验、环境不确定性与企业国际化进程 [J]. 外国经济与管理, 2019 (9).

[84] 彭云峰, 薛娇, 孟晓华. 创业导向对创新绩效的影响——环境动态性的调节作用 [J]. 系统管理学报, 2019 (6).

[85] 马喜芳, 颜世富. 创业导向对组织创造力的作用机制研究——基于组织情境视角 [J]. 研究与发展管理, 2016 (1).

[86] 马鸿佳, 吴娟. 新创企业即兴行为和惯例对绩效的影响研究 [J]. 管理学报, 2020 (9).

[87] 马鸿佳, 宋春华, 葛宝山. 动态能力、即兴能力与竞争优势关系研究 [J]. 外国经济与管理, 2015 (11).

[88] 马鸿佳, 董保宝, 葛宝山, 罗德尼·若宁. 创业导向、小企业导向与企业绩效关系研究 [J]. 管理世界, 2009 (9).

[89] 路畅, 于渤, 刘立娜, 张晶. 正式/非正式合作网络对中小企业创新绩效的影响研究 [J]. 研究与发展管理, 2019 (6).

[90] 刘宇璟. 创业导向与企业绩效: 制度环境和市场环境的调节作用 [J]. 中国人力资源开发, 2017 (11).

[91] 刘泉宏, 汪涛. 企业为何要即兴运作: 对中国企业战略决策风格的一个检验 [J]. 商业经济与管理, 2010 (4).

[92] 刘景江, 陈璐. 创业导向、学习模式与新产品开发绩效关系研究 [J]. 浙江大学学报: 人文社会科学版, 2011 (6).

[93] 刘景东, 党兴华, 谢永平. 不同知识位势下知识获取方式与技术创新的关系研究——基于行业差异性的实证分析 [J]. 科学学与科学技术管理, 2015 (1).

[94] 林筠, 孙晔, 刘伟. 基于资源观的创业导向与联盟中组织学习绩效关系研究 [J]. 科技管理研究, 2009 (3).

[95] 林嵩, 张炜, 姜彦福. 创业战略的选择: 维度, 影响因素和研究框架 [J]. 科学学研究, 2006 (1).

[96] 林枫. 创业学习与创业导向关系辨析 [J]. 科学学与科学技术管理, 2011 (7).

［97］林春培，张振刚．基于吸收能力的组织学习过程对渐进性创新与突破性创新的影响研究［J］．科研管理，2017（4）.

［98］李宇，张雁鸣．网络资源、创业导向与在孵企业绩效研究——基于大连国家级创业孵化基地的实证分析［J］．中国软科学，2012（8）.

［99］李雪灵，马文杰，刘钊，董保宝．合法性视角下的创业导向与企业成长：基于中国新企业的实证检验［J］．中国工业经济，2011（8）.

［100］李雪灵，白晓晓．知识资本对新创企业绩效实现的关键作用路径研究［J］．图书情报工作，2010（18）.

［101］李新春，梁强，宋丽红．外部关系-内部能力平衡与新创企业成长——基于创业者行为视角的实证研究［J］．中国工业经济，2010（12）.

［102］李欠强，陈衍泰，范彦成．中国企业海外研发组合结构与创新绩效研究［J］．科研管理，2019（6）.

［103］李璟琰，焦豪．创业导向与组织绩效间关系实证研究：基于组织学习的中介效应［J］．科研管理，2008（5）.

［104］李浩，胡海青．孵化网络治理机制对网络绩效的影响：环境动态性的调节作用［J］．管理评论，2016（6）.

［105］李海东．变革型领导对员工即兴发挥行为的影响研究——以心理资本为中介变量［J］．中央财经大学学报，2013（9）.

［106］李东阳，郑磊，袁秀秀．国际化程度对企业创新能力的影响——基于中国制造业上市公司的实证检验［J］．财经问题研究，2019（4）.

［107］李丹．我国企业组织学习对创业导向的影响研究——基于对201家企业的调查分析［J］．经济体制改革，2007（6）.

［108］焦豪，周江华，谢振东．创业导向与组织绩效间关系的实证研究——基于环境动态性的调节效应［J］．科学学与科学技术管理，2007（11）.

［109］简兆权，占孙福．吸收能力、知识整合与组织知识及技术转移绩效的关系研究［J］．科学学与科学技术管理，2009（6）.

［110］纪炀，周二华，李彩云，等．创业者信息扫描与创新机会识别——直觉和环境动态性的调节作用［J］．外国经济与管理，2019（8）.

［111］纪晓丽，蔡耀龙．研发团队即兴能力与团队创新绩效关系研

究——共享心智模式的调节作用 [J]. 科技进步与对策, 2013 (14).

[112] 黄胜, 叶广宇, 丁振阔. 国际化速度、学习导向与国际新创企业的国际绩效 [J]. 科学学与科学技术管理, 2017 (7).

[113] 黄海艳, 张红彬, 陈效林. 新创企业高管团队职能多样性的绩效效应——基于社会网络的解释 [J]. 经济管理, 2019 (11).

[114] 胡望斌, 张玉利, 牛芳. 我国新企业创业导向、动态能力与企业成长关系实证研究 [J]. 中国软科学, 2009 (4).

[115] 郝生宾, 米加宁, 于渤. 新创企业网络导向对企业绩效的影响: 战略能力的中介效应 [J]. 系统管理学报, 2019 (3).

[116] 郭秋云, 李南, 菅利荣. 组织忘却情景、即兴能力与突破性创新 [J]. 中国科技论坛, 2017 (4).

[117] 郭津毓, 邹波, 李艳霞. 知识吸收能力的形成与发展机理——基于企业微观行为的视角 [J]. 科研管理, 2020 (4).

[118] 管建世, 罗瑾琏, 钟竞. 动态环境下双元领导对团队创造力影响研究——基于团队目标取向视角 [J]. 科学学与科学技术管理, 2016 (8).

[119] 谷晨, 张玉利, 刘晓丽等. 自我调节策略对创业决策的影响机制研究——基于认知视角 [J]. 预测, 2019 (4).

[120] 高俊光, 陈劲, 孙雪薇. 创新开放度对新创小企业创新绩效影响研究 [J]. 科学学研究, 2019 (4).

[121] 奉小斌, 王惠利. 新创企业搜索时机、即兴能力与创新绩效: 管理注意力的调节作用 [J]. 研究与发展管理, 2017 (4).

[122] 范公广, 施杰. 组织惰性与市场知识转移关系研究——吸收能力的中介作用 [J]. 科技进步与对策, 2017 (21).

[123] 杜运周, 任兵, 陈忠卫, 张玉利. 先动性、合法化与中小企业成长——一个中介模型及其启示 [J]. 管理世界, 2008 (12).

[124] 杜跃平, 王欢欢. 创业导向下双元机会能力对新企业绩效的影响——以陕西地区民营新创企业为例 [J]. 科技进步与对策, 2018 (8).

[125] 杜海东, 李业明. 创业环境对新创企业绩效的影响: 基于资源中介作用的深圳硅谷创业园实证研究 [J]. 中国科技论坛, 2012 (9).

[126] 董保宝, 葛宝山. 新企业风险承担与绩效倒 U 型关系及机会能力

的中介作用研究［J］. 南开管理评论, 2014 (4).

［127］丁栋虹, 曹乐乐. 创业导向与企业绩效: 战略柔性的中介作用［J］. 中国科技论坛, 2019 (9).

［128］程松松, 董保宝, 杨红, 等. 组织即兴、资源整合与新创企业绩效［J］. 南方经济, 2019 (3).

［129］陈怡安, 占孙福, 李中斌. 吸收能力、知识整合对组织知识与技术转移绩效的影响——以珠三角地区为实证［J］. 经济管理, 2009 (3).

［130］陈国权, 王晓辉. 组织学习与组织绩效: 环境动态性的调节作用［J］. 研究与发展管理, 2012 (1).

［131］陈彪, 鲁喜凤, 尹苗苗. 投机导向、创业战略与新企业竞争优势［J］. 科研管理, 2019 (8).

［132］曹勇, 程前, 周蕊, 永田晃也. 独占机制对创新绩效的影响: 知识泄露与竞争对手吸收能力的调节效应［J］. 科技进步与对策, 2019 (7).

［133］蔡莉, 尹苗苗. 新创企业学习能力、资源整合方式对企业绩效的影响研究［J］. 管理世界, 2009 (1).

［134］蔡莉, 单标安. 创业网络对新企业绩效的影响——基于企业创建期、存活期及成长期的实证分析［J］. 中山大学学报 (社会科学版), 2010 (4).

［135］蔡俊亚, 党兴华. 创业导向与创新绩效: 高管团队特征和市场动态性的影响［J］. 管理科学, 2015 (5).

［136］卞庆珍, 任浩, 叶江峰. 大学衍生性资源对衍生企业的创业导向和创业绩效的影响——基于中国卓越联盟大学衍生企业的样本调研［J］. 科学学与科学技术管理, 2018 (11).

［137］宝贡敏, 龙思颖. 企业动态能力研究: 最新述评与展望［J］. 外国经济与管理, 2015 (7).

［138］白景坤, 王健. 创业导向能克服组织惰性吗?［J］. 科学学研究, 2019 (3).

［139］钱锡红, 杨永福, 徐万里. 企业网络位置、吸收能力与创新绩效——一个交互效应模型［J］. 管理世界, 2010 (5).

［140］林嵩, 姜彦福, 张帏. 创业机会识别: 概念、过程、影响因素和

分析架构 [J]. 科学学与科学技术管理, 2005 (6).

[141] 林筠, 孙晔, 何婕. 吸收能力作用下创业导向与企业成长绩效关系研究 [J]. 软科学, 2009 (7).

[142] 赵忠伟, 李睿, 朱冰洁. 组织柔性对中小型高科技企业成长影响研究 [J]. 科研管理, 2019 (7).

[143] 祝振铎. 创业导向、创业拼凑与新企业绩效: 一个调节效应模型的实证研究 [J]. 管理评论, 2015 (11).

[144] 许春. 非相关多元化与企业创新投入关系研究——基于中国企业的实证分析 [J]. 科研管理, 2016 (7).

[145] 张骁, 胡丽娜. 创业导向对企业绩效影响关系的边界条件研究——基于元分析技术的探索 [J]. 管理世界, 2013 (6).

[146] 周浩, 龙立荣. 共同方法偏差的统计检验与控制方法 [J]. 心理科学进展, 2004 (6).

[147] 沈超红, 罗亮. 创业成功关键因素与创业绩效指标研究 [J]. 中南大学学报 (社会科学版), 2006 (2).

[148] 张玉利, 李乾文. 公司创业导向、双元能力与组织绩效 [J]. 管理科学学报, 2009 (1).

[149] 黎赔肆, 焦豪. 动态环境下组织即兴对创业导向的影响机制研究 [J]. 管理学报, 2014 (9).

[150] 董保宝, 李白杨. 新创企业学习导向、动态能力与竞争优势关系研究 [J]. 管理学报, 2014 (3).

[151] 秦鹏飞, 申光龙, 胡望斌, 王星星. 知识吸收与集成能力双重调节下知识搜索对创新能力的影响效应研究 [J]. 管理学报, 2019 (2).

[152] 刘宇璟, 黄良志, 林裳绪. 环境动态性、创业导向与企业绩效——管理关系的调节效应 [J]. 研究与发展管理, 2019 (5).

[153] 文彤, 曾韵熹, 王红建. 高管团队异质性对中小旅游新创企业绩效的影响——基于新三板市场的实证研究 [J]. 旅游学刊, 2019 (12).

[154] 张海丽, Michael Song. 初创战略、领导风格与新创企业绩效的中美比较研究 [J]. 科学学与科学技术管理, 2019 (10).

[155] 盛伟忠, 陈劲. 企业互动学习与创新能力提升机制研究 [J]. 科

研管理, 2018 (9).

[156] 王玲玲, 赵文红. 创业资源获取、适应能力对新企业绩效的影响研究 [J]. 研究与发展管理, 2017 (3).

[157] 朱秀梅, 孔祥茜, 鲍明旭. 国外创业导向研究脉络梳理与未来展望 [J]. 外国经济与管理, 2013 (8).

[158] 潘镇, 鲁明泓. 中小企业成长战略选择的路径依赖 [J]. 经济管理, 2003 (16).

[159] 许骞. 创新开放度、知识吸收能力对企业创新绩效的影响机制研究——基于环境动态性视角 [J]. 预测, 2020 (5).

三、国外著作类（按作者姓氏排序）

[1] Argyris C, Schon D. Organizational learning: a theory of action perspective [M]. Reading, MA: Addison Wesley, 1978.

[2] Barney J B. Gaining and sustaining competitive advantage [M]. New York: Pearson Education Incorporated, 2002.

[3] Biggadike E R. Corporate diversification: entry, strategy and performance [M]. Boston: Division of Research, Graduate School of Business Administration. Harvard University, 1976.

[4] Cooper A C. The founding of technologically - based firms [M]. Milwaukee, WI: The Center for Venture Management, 1971.

[5] Cyert R M, March J G. A behavioral theory of the firm, 2nd ed [M]. Prentice Hall, Englewood Cliffs, NJ, 1963.

[6] Hayes A F. An introduction to mediation, moderation, and conditional process analysis: a regression-based approach [M]. New York: Guilford Press, 2013.

[7] Khandwalla P N. Design of organizations [M]. New York: Harcourt Brace Jovanovich, 1977.

[8] Miles M B, Huberman A M. Qualitative data analysis (2nd ed.) [M]. Thousand Oaks, CA: Sage, 1994.

[9] Nunnally J C. Psychometric theory (2nd ed.) [M]. New York: McGraw-

Hill, 1978.

[10] Penrose E T. The theory of the growth of the firm [M]. Oxford : Oxford University Press, 1959.

[11] Porter M. Competitive advantage [M]. New York: Free Press, 1985.

[12] Scherer F M. Industrial market structure and economic performance (2nd ed.) [M]. Boston: Houghton-Mifflin, 1980.

[13] Schumpeter J A. Capitalism, socialism, and democracy [M]. New York: Harper & Brothers, 1942.

[14] Schumpeter J A. The theory of economic development [M]. Cambridge, MA: Harvard University Press, 1934

[15] Senge P M. The fifth discipline [M]. New York: Doubleday, 1990.

[16] Strauss A L. Qualitative analysis for social scientists [M]. Cambridge University Press, 1987.

[17] Yin R K. Case study research: design and methods (5th ed.) [M]. Thousand Oaks, CA: Sage, 2014.

四、国外期刊论文类（按作者姓氏排序）

[1] Adomako S, Narteh B, Danquah J K, et al. Entrepreneurial orientation in dynamic environments: the moderating role of extra – organizational advice [J]. International Journal of Entrepreneurial Behavior & Research, 2016 (5).

[2] Ahmed SS, Guozhu J, Mubarik S, et al. Intellectual capital and business performance: the role of dimensions of absorptive capacity [J]. Journal of Intellectual Capital, 2019 (1).

[3] Akgün A E, Byrne J C, Lynn G S, et al. New product development in turbulent environments: impact of improvisation and unlearning on new product performance [J]. Journal of Engineering and Technology Management, 2007 (3).

[4] Akgun A E, Lynn G S. New product development team improvisation and speed – to – market: an extended model [J]. European Journal of Innovation Management, 2002 (3).

［5］Alarape A A. Entrepreneurial orientation and the growth performance of small and medium enterprises in Southwestern Nigeria ［J］. Journal of Small Business & Entrepreneurship, 2013 (6).

［6］Alegre J, Chiva R. Linking entrepreneurial orientation and firm performance: the role of organizational learning capability and innovation performance ［J］. Journal of Small Business Management, 2013 (4).

［7］Aliasghar O, Rose E L, Chetty S. Building absorptive capacity through firm openness in the context of a less - open country ［J］. Industrial Marketing Management, 2019, 83.

［8］Aliasghar O, Rose E L, Chetty S. Where to search for process innovations? The mediating role of absorptive capacity and its impact on process innovation ［J］. Industrial Marketing Management, 2019, 82.

［9］Amankwah-Amoah J, Danso A, Adomako S. Entrepreneurial orientation, environmental sustainability and new venture performance: does stakeholder integration matter? ［J］. Business Strategy and the Environment, 2019 (1).

［10］Amason A C, Shrader R C, Tompson G H. Newness and novelty: relating top management team composition to new venture performance ［J］. Journal of Business Venturing, 2006 (1).

［11］Ansoff H. The emerging paradigm of strategic behavior ［J］. Strategic Management Journal, 1987 (1).

［12］Antoncic B, Hisrich R D. Clarifying the intrapreneurship concept ［J］. Journal of Small Business & Enterprise Development, 2003 (1).

［13］Antoncic B, Hisrich R D. Intrapreneurship: construct refinement and cross-cultural validation ［J］. Journal of Business Venturing, 2001 (5).

［14］Anwar M, Khan S Z, Khan N U. Intellectual capital, entrepreneurial strategy and new ventures performance: mediating role of competitive advantage ［J］. Business & Economic Review, 2018 (1).

［15］Argyris C. Double loop learning in organizations ［J］. Harvard Business Review, 1977 (5).

［16］Arthurs J D, Busenitz L W. Dynamic capabilities and venture performance:

the effects of venture capitalists [J]. Journal of Business Venturing, 2006 (2).

[17] Bahrami H. The emerging flexible organization: perspectives fromsilicon valley [J]. California Management Review, 1992 (4).

[18] Baird I S, Thomas H. Toward a contingency model of strategic risk-taking [J]. Academy of Managemenrt Review, 1985, 10.

[19] Barney J B. Firm resources and sustained competitive advantage [J]. Journal of Management, 1991 (1).

[20] Baron R A, Tang J. Entrepreneurs' social skills and new venture performance: mediating mechanisms and cultural generality [J]. Journal of Management, 2009 (2).

[21] Baron R M, Kenny D A. The moderator-mediator variable distinction in social psychological research: conceptual, strategic, and statistical considerations [J]. Journal of Personality and Social Psychology, 1986 (6).

[22] Baum J R, Wally S. Strategic decision speed and firm performance [J]. Strategic Management Journal, 2003 (11).

[23] Bergh DD, Lim E N K. Learning how to restructure: absorptive capacity and improvisational views of restructuring actions and performance [J]. Strategic Management Journal, 2010 (6).

[24] Berghman L, Matthyssens P, Streukens S, et al. Deliberate learning mechanisms for stimulating strategic innovation capacity [J]. Long Range Planning, 2013 (1-2).

[25] Burchett S R, Demeuse K P. Performance appraisal and the law [J]. Personnel, 1985 (7).

[26] Blesa A, Ripollés M. The role of market orientation in the relationship between entrepreneurial proactiveness and performance [J]. The Journal of Entrepreneurship, 2003 (1).

[27] Boyd B. CEO duality and firm performance: a contingency model [J]. Strategic Management Journal, 1995 (4).

[28] Brush C G, Vanderwerf P A. A comparison of methods and sources for obtaining estimates of new venture performance [J]. Journal of Business

Venturing, 1992 (2).

[29] Cadogan, John W, Sundqvist S, et al. Market – oriented behavior: comparing service with product exporters [J]. European Journal of Marketing, 2002 (9/10).

[30] Cai L, Guo R, Fei Y, et al. Effectuation, exploratory learning and new venture performance: evidence from China [J]. Journal of Small Business Management, 2017 (3).

[31] Cai L, Liu Q, Deng S, et al. Entrepreneurial orientation and external technology acquisition: an empirical test on performance of technology–based new ventures [J]. Journal of Business Economics and Management, 2014 (3).

[32] Camisón C, Forés B. Knowledge absorptive capacity: new insights for its conceptualization and measurement [J]. Journal of Business Research, 2010 (7).

[33] Carroll G R. A stochastic model of organizational mortality: review and reanalysis [J]. Social Science Research, 1983 (4).

[34] Carsrud A L, Olm K W, Thomas J B, et al. Predicting entrepreneurial success: effects of multi–dimensional achievement motivation, levels of ownership, and cooperative relationships [J]. Entrepreneurship and Regional Development, 1989 (3).

[35] Chandler G N, Hanks S H. Measuring the performance of emerging businesses: a validation study [J]. Journal of Business Venturing, 1993 (5).

[36] Chen C J. Technology commercialization, incubator and venture capital, and new venture performance [J]. Journal of Business Research, 2009 (1).

[37] Chen C J. The effects of knowledge attribute, alliance characteristics, and absorptive capacity on knowledge transfer performance [J]. R&D Management, 2004 (3).

[38] Chen X, Zou H, Wang D T. How do new ventures grow? Firm capabilities, growth strategies and performance [J]. International Journal of Research in Marketing, 2009 (4).

[39] Chen Y S, Lin M JJ, Chang C H. The positive effects of relationship learning and absorptive capacity on innovation performance and competitive advantage in industrial markets [J]. Industrial Marketing Management, 2009 (2).

[40] Chrisman JJ, Bauerschmidt A, Hofer C W. The determinants of new venture performance: an extended model [J]. Entrepreneurship Theory and Practice, 1998 (1).

[41] Clercq DD, Dimov D, Thongpapanl N T. The moderating impact of internal social exchange processes on the entrepreneurial orientation - performance relationship [J]. Journal of Business Venturing, 2010 (1).

[42] Cohen W M, Levinthal D A. Absorptive capacity: a new perspective on learning and innovation [J]. Administrative Science Quarterly, 1990 (1).

[43] Cooper A C, Gimeno - Gascon F J, Woo C Y. Initial human and financial capital as predictors of new venture performance [J]. Journal of Business Venturing, 1994 (5).

[44] Cooper A C. Challenges in predicting new firm performance [J]. Journal of Business Venturing, 1993 (3).

[45] Covin J G, Covin T J. Competitive aggressiveness, environmental context, and small firm performance [J]. Entrepreneurship Theory and Practice, 1990 (4).

[46] Covin J G, Green K M, Slevin D P. Strategic process effects on the entrepreneurial orientation-sales growth rate relationship [J]. Entrepreneurship Theory and Practice, 2006 (1).

[47] Covin J G, Slevin D P. A conceptual model of entrepreneurship as firm behavior [J]. Entrepreneurship Theory and Practice, 1991 (1).

[48] Covin J G, Slevin D P. The influence of organization structure on the utility of an entrepreneurial top management style [J]. Journal of Management Studies, 2010 (3).

[49] Crossan M, Cunha M P E, Vera D, et al. Time and organizational improvisation [J]. Academy of Management Review, 2005 (1).

［50］Cunha J V D, Kamoche K, Cunha M P E. Organizational improvisation: a contextual approach ［J］. International Review of Sociology, 2003 (3).

［51］Cunha M P E, Cunha J V D, Kamoche K. Organizational improvisation: what, when, how and why ［J］. International Journal of Management Reviews, 1999 (3).

［52］Curado C, Oliveira M, Maçada A C G, et al. Teams' innovation: getting there through knowledge sharing and absorptive capacity ［J］. Knowledge Management Research & Practice, 2017 (1).

［53］Daspit JJ, Ramachandran I, D'Souza D E. TMT shared leadership and firm performance: investigating the mediating role of absorptive capacity ［J］. Journal of Managerial Issues, 2014 (3).

［54］Day G S. Continuous learning about markets ［J］. California Management Review, 1994 (4).

［55］De Clercq D, Dimov D, Thongpapanl N. Organizational social capital, formalization, and internal knowledge sharing in entrepreneurial orientation formation ［J］. Entrepreneurship Theory and Practice, 2013 (3).

［56］de Jong A, Song M, Song L Z. How lead founder personality affects new venture performance: the mediating role of team conflict ［J］. Journal of Management, 2013 (7).

［57］Dess GG, Beard D W. Dimensions of organizational task environments ［J］. Administrative Science Quarterly, 1984 (1).

［58］Dess GG, Lumpkin G T, Covin J G. Entrepreneurial strategy making and firm performance: tests of contingency and configurational models ［J］. Strategic Management Journal, 1997 (9).

［59］Dess GG, Lumpkin G T. The role of entrepreneurial orientation in stimulating effective corporate entrepreneurship ［J］. Academy of Management Executive, 2005 (1).

［60］Dess GG, Pinkham B C, Yang H. Entrepreneurial orientation: assessing the construct's validity and addressing some of its implications for research in the areas of family business and organizational learning ［J］. Entrepreneurship

Theory and Practice, 2011 (5).

[61] Dickson PR. The static and dynamic mechanics of competition: a comment on Hunt and Morgan's comparative advantage theory [J]. Journal of Marketing, 1996 (4).

[62] Dimitratos P, Lioukas S, Carter S. The relationship between entrepreneurship and international performance: the importance of domestic environment [J]. International Business Review, 2004 (1).

[63] Dixon S E A, Day M. Leadership, administrative heritage and absorptive capacity [J]. Leadership & Organization Development Journal, 2007 (8).

[64] Doty D H, Glick W H, Huber G P. Fit, equifinality, and organizational effectiveness: a test of two configurational theories [J]. Academy of Management Journal, 1993 (6).

[65] Dowling M J, McGee J E. Business and technology strategies and new venture performance: a study of the telecommunications equipment industry [J]. Management Science, 1994 (12).

[66] Drazin R, Glynn M A, Kazanjian R K, et al. Multilevel theorizing about creativity in organizations: a sensemaking perspective [J]. Academy of Management Review, 1999 (2).

[67] Duncan K D. Characteristics of organizational environments and perceived environmental uncertainty [J]. Administrative Science Quarterly, 1972 (3).

[68] Edwards J R, Lambert L S. Methods for integrating moderation and mediation: a general analytical framework using moderated path analysis [J]. Psychological Methods, 2007 (1).

[69] Eisenhardt K M, Graebner M E. Theory building from cases: opportunities and challenges [J]. Academy of Management Journal, 2007 (1).

[70] Elenurm T. Entrepreneurial orientations of business students and entrepreneurs [J]. Baltic Journal of Management, 2012 (2).

[71] Engelen A, Kube H, Schmidt S, et al. Entrepreneurial orientation in turbulent environments: the moderating role of absorptive capacity [J]. Research Policy, 2014 (8).

[72] Ensley M D, Pearce A C. Shared cognition in top management teams: implications for new venture performance [J]. Journal of Organizational Behavior, 2001 (22).

[73] Ensley M D, Pearce C L, Hmieleski K M. The moderating effect of environmental dynamism on the relationship between entrepreneur leadership behavior and new venture performance [J]. Journal of Business Venturing, 2006 (2).

[74] Ensley M D, Pearson A W, Amason A C. Understanding the dynamics of new venture top management teams: cohesion, conflict, and new venture performance [J]. Journal of Business Venturing, 2002 (4).

[75] Fern M J, Cardinal L B, O'Neill H M. The genesis of strategy in new ventures: escaping the constraints of founder and team knowledge [J]. Strategic Management Journal, 1992 (4).

[76] Ferreras – Méndez J L, Newell S, Fernández – Mesa A, et al. Depth and breadth of external knowledge search and performance: the mediating role of absorptive capacity [J]. Industrial Marketing Management, 2015, 47.

[77] Flatten T C, Greve G I, Brettel M. Absorptive capacity and firm performance in SMEs: the mediating influence of strategic alliances [J]. European Management Review, 2011 (3).

[78] Frese M, Brantjes A, Hoorn R. Psychological success factors of small scale businesses in Namibia: the roles of strategy process, entrepreneurial orientation and the environment [J]. Journal of developmental Entrepreneurship, 2002 (3).

[79] Frishammar J, Åke Hörte S. The role of market orientation and entrepreneurial orientation for new product development performance in manufacturing firms [J]. Technology Analysis & Strategic Management, 2007 (6).

[80] Fuller Jr B, Marler L E. Change driven by nature: a meta – analytic review of the proactive personality literature [J]. Journal of Vocational Behavior, 2009 (3).

[81] Gartner W B. A conceptual framework for describing the phenomenon of

firm creation [J]. The Academy of Management Review, 1995 (4).

[82] George G, Zahra S A, Wheatley KK, et al. The effects of alliance portfolio characteristics and absorptive capacity on performance: a study of biotechnology firms [J]. The Journal of High Technology Management Research, 2001 (2).

[83] Gilson L, Shalley C E. A little creativity goes a long way: an examination of teams' engagement in creative processes [J]. Journal of Management, 2004 (4).

[84] Ginsberg A, Venkatraman N. Contingency perspectives of organizational strategy: a critical review of the empirical research [J]. Academy of Management Review, 1985 (3).

[85] Giustiniano L, e Cunha M P, Clegg S. The dark side of organizational improvisation: lessons from the sinking of Costa Concordia [J]. Business Horizons, 2016 (2).

[86] Grant R M. The resource – based theory of competitive advantage: implications for strategy formulation [J]. California Management Review, 1991 (3).

[87] Hadida A L, Tarvainen W. Organizational improvisation: a consolidating review and framework [J]. International Journal of Management Reviews, 2015 (4).

[88] Hafeez K, Zhang Y B, Malak N. Core competence for sustainable competitive advantage: a structured methodology for identifying core competence [J]. IEEE Transactions on Engineering Management, 2002 (1).

[89] Hansen E L. Entrepreneurial networks and new organization growth [J]. Entrepreneurship Theory and Practice, 1995 (4).

[90] He Z L, Wong P K. Exploration vs. exploitation: an empirical test of the ambidexterity hypothesis [J]. Organization Science, 2004 (4).

[91] Hernández–Perlines F, Moreno–García J, Yáñez–Araque B. Family firm performance: the influence of entrepreneurial orientation and absorptive capacity [J]. Psychology & Marketing, 2017 (11).

[92] Hmieleski K M, Baron R A. Entrepreneurs' optimism and new venture

performance: a social cognitive perspective [J]. Academy of Management Journal, 2009 (3).

[93] Hmieleski K M, Baron R A. Regulatory focus and new venture performance: a study of entrepreneurial opportunity exploitation under conditions of risk versus uncertainty [J]. Strategic Entrepreneurship Journal, 2008 (4).

[94] Hmieleski K M, Cole M S, Baron R A. Shared authentic leadership and new venture performance [J]. Journal of Management, 2012 (5).

[95] Hmieleski K M, Corbett A C, Baron R A. Entrepreneurs' improvisational behavior and firm performance: a study of dispositional and environmental moderators [J]. Strategic Entrepreneurship Journal, 2013 (2).

[96] Hmieleski K M, Corbett A C. Proclivity for improvisation as a predictor of entrepreneurial intentions [J]. Journal of Small Business Management, 2006 (1).

[97] Hmieleski K M, Corbett A C. The contrasting interaction effects of improvisational behavior with entrepreneurial self - efficacy on new venture performance and entrepreneur work satisfaction [J]. Journal of Business Venturing, 2008 (4).

[98] Hodgkinson I R, Hughes P, Arshad D, et al. Strategy development: driving improvisation in Malaysia [J]. Journal of World Business, 2016 (3).

[99] Hooi H C, Ahmad N H, Amran A, et al. The functional role of entrepreneurial orientation and entrepreneurial bricolage in ensuring sustainable entrepreneurship [J]. Management Research Review, 2016 (12).

[100] Huang D, Chen S, Zhang G, et al. Organizational forgetting, absorptive capacity, and innovation performance [J]. Management Decision, 2018 (1).

[101] Hughes M, Morgan R E. Deconstructing the relationship between entrepreneurial orientation and business performance at the embryonic stage of firm growth [J]. Industrial Marketing Management, 2007 (5).

[102] Hughes P, Hodgkinson I R, Hughes M, et al. Explaining the entrepreneurial orientation - performance relationship in emerging economies: the intermediate roles of absorptive capacity and improvisation [J]. Asia Pacific Journal of Management, 2018, 35.

[103] Jansen JJ P, Van d B F A J, Volberda H W. Exploratory innovation, exploitative innovation, and performance: effects of organizational antecedents and environmental moderators [J]. Management Science, 2006 (11).

[104] Jansen JJ P, Van den Bosch F A J, Volberda H W. Managing potential and realized absorptive capacity: how do organizational antecedents matter? [J]. Academy of Management Journal, 2005 (6).

[105] Jaworski B, Kohli A K. Market orientation: antecedents and consequences [J]. Journal of Marketing, 1993 (3).

[106] Jiang X, Liu H, Fey C, et al. Entrepreneurial orientation, network resource acquisition, and firm performance: a network approach [J]. Journal of Business Research, 2018, 87.

[107] Jiménez – Barrionuevo MM, García – Morales V J, Molina L M. Validation of an instrument to measure absorptive capacity [J]. Technovation, 2011, (5-6).

[108] Jin B, Jung S, Jeong S W. Dimensional effects of Korean SME's entrepreneurial orientationon internationalization and performance: the mediating role of marketing capability [J]. International Entrepreneurship and Management Journal, 2018 (1).

[109] Jin L, Madison K, Kraiczy N D, et al. Entrepreneurial team composition characteristics and new venture performance: a meta-analysis [J]. Entrepreneurship Theory and Practice, 2017 (5).

[110] Juma N, Mcgee J. The relationship between intellectual capital and new venture performance: an empirical investigation of the moderating role of the environment [J]. International Journal of Innovation and Technology Management, 2006 (4).

[111] Kamoche K, Cunha M P E, Cunha J V. Towards a theory of organizational improvisation: looking beyond the jazz metaphor [J]. Journal of Management Studies, 2003 (8).

[112] Karami M, Tang J. Entrepreneurial orientation and SME international performance: the mediating role of networking capability and experiential learning [J]. International Small Business Journal, 2019 (2).

[113] Keats B W, Hitt M A. A causal model of linkages among environmental dimensions, macro – organizational characteristics, and performance [J]. Academy of Management Journal, 1988 (3).

[114] Keh H T, Nguyen TT M, Ng H P. The effects of entrepreneurial orientation and marketing information on the performance of SMEs [J]. Journal of Business Venturing, 2007 (4).

[115] Kim C, Zhan W, Erramilli M K. Resources and performance of international joint ventures: the moderating role of absorptive capacity [J]. Journal of Asia Business Studies, 2011 (2).

[116] Kim S H, Shim J S. The impact of organizational improvisation on market orientation [J]. International Journal of Contents, 2012 (1).

[117] Kiss A N, Barr P S. New product development strategy implementation duration and new venture performance: a contingency – based perspective [J]. Journal of Management, 2017 (4).

[118] Knoppen D, Saenz M J, Johnston D, et al. Innovations in a relational context: mechanisms to connect learning processes of absorptive capacity [J]. Management Learning, 2011 (4).

[119] Kostopoulos K, Papalexandris A, Papachroni M, et al. Absorptive capacity, innovation, and financial performance [J]. Journal of Business Research, 2011 (12).

[120] Kreiser P M. Entrepreneurial orientation and organizational learning: the impact of network range and network closure [J]. Entrepreneurship Theory and Practice, 2011 (5).

[121] Krishnan R, Martin X, Noorderhaven N. When does trust matter to alliance performance? [J]. Academy of Management Journal, 2006 (5).

[122] Kumar K, Jones E, Venkatesan R, et al. Is market orientation a source of sustainable competitive advantage or simply the cost of competing? [J]. Journal of Marketing, 2011 (1).

[123] Kyriakopoulos K. Improvisation in product innovation: the contingent role of market information sources and memory types [J]. Organization Studies, 2011 (8).

[124] Lane P J, Koka B R, Pathak S. The reification of absorptive capacity: a critical review and rejuvenation of the construct [J]. Academy of Management Review, 2006 (4).

[125] Lane P J, Salk J E, Lyles M A. Absorptive capacity, learning, and performance in international joint ventures [J]. Strategic Management Journal, 2001 (12).

[126] Laskovaia A, Shirokova G, Morris M H. National culture, effectuation, and new venture performance: global evidence from student entrepreneurs [J]. Small Business Economics, 2017 (3).

[127] Lau A K W, Lo W. Regional innovation system, absorptive capacity and innovation performance: an empirical study [J]. Technological Forecasting and Social Change, 2015, 92.

[128] Lee C, Lee K, Pennings J M. Internal capabilities, external networks, and performance: a study on technology-based ventures [J]. Strategic Management Journal, 2001 (6-7).

[129] Lee S M, Peterson S J. Culture, entrepreneurial orientation, and global competitiveness [J]. Journal of World Business, 2000 (4).

[130] Leonard-Barton D. Core capabilities and core rigidities: a paradox in managing new product development [J]. Strategic Management Journal, 1992, 13.

[131] Leybourne S A. Improvisation within management: oxymoron, paradox, or legitimate way of achieving? [J]. International Journal of Management Concepts and Philosophy, 2007 (3).

[132] Li H, Atuahene-Gima K. Product innovation strategy and the performance of new technology ventures in China [J]. Academy of Management Journal, 2001 (6).

[133] Li H, Zhang Y, Chan T S. Entrepreneurial strategy making and performance in China's new technology ventures-the contingency effect of environments and firm competences [J]. The Journal of High Technology Management Research, 2005 (1).

[134] Li H. How does new venture strategy matter in the environment-

performance relationship? [J]. The Journal of High Technology Management Research, 2001 (2).

[135] Li Y H, Huang J W, Tsai M T. Entrepreneurial orientation and firm performance: The role of knowledge creation process [J]. Industrial Marketing Management, 2009 (4).

[136] Liao J, Welsch H, Stoica M. Organizational absorptive capacity and responsiveness: an empirical investigation of growth - oriented SMEs [J]. Entrepreneurship Theory and Practice, 2003 (1).

[137] Lieberman M B, Montgomery D B. First - mover advantages [J]. Strategic Management Journal, 1988 (1).

[138] Limaj E, Bernroider E W N. The roles of absorptive capacity and cultural balance for exploratory and exploitative innovation in SMEs [J]. Journal of Business Research, 2019, 94.

[139] Lowik S, Kraaijenbrink J, Groen A. The team absorptive capacity triad: a configurational study of individual, enabling, and motivating factors [J]. Journal of Knowledge Management, 2016 (5).

[140] Ma C, Gu J, Liu H. Entrepreneurs' passion and new venture performance in China [J]. International Entrepreneurship and Management Journal, 2017 (4).

[141] Madhoushi M, Sadati A, Delavari H, et al. Entrepreneurial orientation and innovation performance: the mediating role of knowledge management [J]. Asian Journal of Business Management, 2011 (4).

[142] Manu F A, Sriram V. Innovation, marketing strategy, environment, and performance [J]. Journal of Business Research, 1996 (1).

[143] March J G. Exploration and exploitation in organizational learning [J]. Organization Science, 1991 (1).

[144] Martin S L, Javalgi R R G, Ciravegna L. Marketing capabilities and international new venture performance: the mediation role of marketing communication and the moderation effect of technological turbulence [J]. Journal of Business Research, 2020, 107.

[145] McGee J E, Dowling M J, Megginson W L. Cooperative strategy and

new venture performance: the role of business strategy and management experience [J]. Strategic Management Journal, 1995 (7).

[146] Menon A, Varadarajan P R. A model of marketing knowledge use within firms [J]. Journal of Marketing, 1992 (4).

[147] Migliori S, Pittino D, Consorti A, et al. The relationship between entrepreneurial orientation, market orientation and performance in university spin-offs [J]. International Entrepreneurship and Management Journal, 2019 (3).

[148] Miles M, Verreynne M L, Luke B, et al. The relationship of entrepreneurial orientation, Vincentian values and economic and social performance in social enterprise [J]. Review of Business, 2013 (2).

[149] Miller D, Friesen P H. A longitudinal study of the corporate life cycle [J]. Management Science, 1984 (10).

[150] Miller D, Friesen P H. Archetypes of strategy formulation [J]. Management Science, 1978 (9).

[151] Miller D, Friesen P H. Innovation in conservative and entrepreneurial firms: two models of strategic momentum [J]. Strategic Management Journal, 1982 (1).

[152] Miller D, Friesen P H. Strategy-making and environment: the third link [J]. Strategic Management Journal, 1983 (3).

[153] Miller D. Relating Porter's business strategies to environment and structure: analysis andperformance implications [J]. Academy of Management Journal, 1988 (2).

[154] Miller D. The structural and environmental correlates of business strategy [J]. Strategic Management Journal, 1987 (1).

[155] Miner A S, Bassof P, Moorman C, et al. Organizational improvisation and learning: a field study [J]. Administrative Science Quarterly, 2001 (2).

[156] Moilanen M, Østbye S, Woll K. Non - R&D SMEs: external knowledge, absorptive capacity and product innovation [J]. Small Business Economics, 2014 (2).

[157] Moliterno T P, Wiersema M F. Firm performance, rent appropriation, and the strategic resource divestment capability [J]. Strategic Management

Journal, 2007 (11).

[158] Moorman C, Miner A S. Organizational improvisation and organizational memory [J]. Academy of Management Review, 1998 (4).

[159] Moorman C, Miner A S. The convergence of planning and execution: improvisation in new product development [J]. Journal of Marketing, 1998 (3).

[160] Morris M H, Coombes S, Schindehutte M, et al. Antecedents and outcomes of entrepreneurial and market orientations in a non - profit context: theoretical and empirical insights [J]. Journal of Leadership & Organizational Studies, 2007 (4).

[161] Morris M H, Davis D L, Allen J W. Fostering corporate entrepreneurship: cross-cultural comparisons of the importance of individualism versus collectivism [J]. Journal of International Business Studies, 1994 (1).

[162] Mowery D C, Oxley J E. Inward technology transfer and competitiveness: the role of national innovation systems [J]. Cambridge Journal of Economics, 1995 (1).

[163] Mu J. Networking capability, new venture performance and entrepreneurial rent [J]. Journal of Research in Marketing and Entrepreneurship, 2013 (2).

[164] Murovec N, Prodan I. Absorptive capacity, its determinants, and influence on innovation output: cross-cultural validation of the structural model [J]. Technovation, 2009 (12).

[165] Murray J A. A concept of entrepreneurial strategy [J]. Strategic Management Journal, 1984 (1).

[166] Naldi L, Nordqvist M, Karin Sjöberg, et al. Entrepreneurial orientation, risk taking, and performance in family firms [J]. Family Business Review, 2010 (1).

[167] Nisula A M. The relationship between supervisor support and individual improvisation [J]. Leadership & Organization Development Journal, 2015 (5).

[168] Nonaka I, Toyama R. The theory of the knowledge creation firm: subjectivity, objectivity, and synthesis [J]. Industrial and Corporate Change, 2005 (3).

[169] Oltra M J, Flor M. The impact of technological opportunities and innovative capabilities on firms' output innovation [J]. Creativity and Innovation Management, 2003 (3).

[170] Parry M E, Song M. Market information acquisition, use, and new venture performance [J]. Journal of Product Innovation Management, 2010 (7).

[171] Patel P C, Kohtamaki M, Parida V, et al. Entrepreneurial orientation - as - experimentation and firm performance: the enabling role of absorptive capacity [J]. Strategic Management Journal, 2015 (11).

[172] Pavlou P A, ElSawy O A. From IT leveraging competence to competitive advantage in turbulent environments: the case of new product development [J]. Information Systems Research, 2006 (3).

[173] Pavlou P A, ElSawy O A. The "third hand": IT-enabled competitive advantage in turbulence through improvisational capabilities [J]. Information Systems Research, 2010 (3).

[174] Peteraf M A. The cornerstones of competitive advantage: a resource-based view [J]. Strategic Management Journal, 1993 (3).

[175] Podsakoff P M, Mackenzie S B, Lee J Y, et al. Common method biases in behavioral research: a critical review of the literature and recommended remedies [J]. Journal of Applied Psychology, 2003 (5).

[176] Prahalad C K, Hamel G. The core competence of the corporation [J]. Harvard Business Review, 1990 (3).

[177] Priem R L, Rasheed A M A, Kotufic A G. Rationality in strategic decision processes, environmental dynamism and firm performance [J]. Journal of Management, 1995, 21 (5): 913-929.

[178] Real J C, Roldán J L, Leal A. From entrepreneurial orientation and learning orientation to business performance: analyzing the mediating role of organizational learning and the moderating effects of organizational size [J]. British Journal of Management, 2014, 25.

[179] Richard O C, Wu P, Chadwick K. The impact of entrepreneurial orientation on firm performance: the role of CEO position tenure and industry tenure [J]. International Journal of Human Resource Management, 2009 (5).

［180］ Roberts N. Absorptive capacity, organizational antecedents, and environmental dynamism ［J］. Journal of Business Research, 2015 (11).

［181］ Rodriguez – Serrano M A, Martin – Armario E. Born – Global SMEs, performance, and dynamic absorptive capacity: evidence from Spanish firms ［J］. Journal of Small Business Management, 2019 (2).

［182］ Roper S. Entrepreneurial characteristics, strategic choice and small business performance ［J］. Small Business Economics, 1998 (1).

［183］ Rosenbusch N, Rauch A, Bausch A. The mediating role of entrepreneurial orientation in the task environment – performance relationship: a meta-analysis ［J］. Journal of Management, 2013 (3).

［184］ Ruiz – Ortega M J, Parra – Requena G, Rodrigo – Alarcon J, et al. Environmental dynamism and entrepreneurial orientation: the moderating role of firm's capabilities ［J］. Journal of Organizational Change Management, 2013 (3).

［185］ Russell R D, Russell C J. An examination of the effects of organizational norms, organizational structure, and environmental uncertainty on entrepreneurial strategy ［J］. Journal of Management, 1992 (4).

［186］ Salunke S, Weerawardena J, Mccoll – Kennedy J R. Competing through service innovation: the role of bricolage and entrepreneurship in project – oriented firms ［J］. Journal of Business Research, 2013 (8).

［187］ Sandberg W R, Hofer C W. Improving new venture performance: the role of strategy, industry structure, and the entrepreneur ［J］. Journal of Business venturing, 1987 (1).

［188］ Santoro G, Bresciani S, Papa A. Collaborative modes with cultural and creative industries and innovation performance: the moderating role of heterogeneous sources of knowledge and absorptive capacity ［J］. Technovation, 2020, 92.

［189］ Schweisfurth T G, Raasch C. Absorptive capacity for need knowledge: antecedents and effects for employee innovativeness ［J］. Research Policy, 2018 (4).

［190］ Secchi E, Roth A V, Verma R, et al. The impact of service improvisation competence on customer satisfaction: evidence from the hospitality industry [J]. Production and Operations Management, 2019 (6).

[191] Selmi N, Chaney D. A measure of revenue management orientation and its mediating role in the relationship between market orientation and performance [J]. Journal of Business Research, 2018, 89.

[192] Shane S, Kolvereid L. National environment, strategy, and new venture performance: a three country study [J]. Journal of Small Business Management, 1995 (2).

[193] Siggelkow N. Persuasion with case studies [J]. Academy of Management Journal, 2007 (1).

[194] Simerly R, Li M. Environmental dynamism, capital structure and performance: a theoretical integration and an empirical test [J]. Strategic Management Journal, 2000 (1).

[195] Simon L, Andreas E, Malte B. Top management's social capital and learning in new product development and its interaction with external uncertainties [J]. Industrial Marketing Management, 2012 (3).

[196] Sine W D, David R J. Environmental jolts, institutional change, and the creation of entrepreneurial opportunity in the US electric power industry [J]. Research Policy, 2003 (2).

[197] Sinkula J M. Marketing information processing and organizational learning [J]. Journal of Marketing, 1994 (1).

[198] Song L, Augustine D, Yang J Y. Environmental uncertainty, prospector strategy, and new venture performance: the moderating role of network capabilities [J]. International Entrepreneurship and Management Journal, 2016 (4).

[199] Stam W, Elfring T. Entrepreneurial orientation and new venture performance: the moderating role of intra – and extra – industry social capital [J]. Academy of Management Journal, 2008 (1).

[200] Stock G N, Greis N P, Fischer W A. Absorptive capacity and new product development [J]. The Journal of High Technology Management Research, 2001 (1).

[201] Stone R W, Good D J. Measuring entrepreneurial orientation in an individualized technology context [J]. Journal of Business and Entrepreneurship, 2004 (8).

[202] Styles C, Kropp F, Lindsay N J, et al. Entrepreneurial, market, and learning orientations and international entrepreneurial business venture performance in South African firms [J]. International Marketing Review, 2006 (5).

[203] Sun P Y T, Anderson M H. The combined influence of top and middle management leadership styles on absorptive capacity [J]. Management Learning, 2012 (1).

[204] Tang J, Tang Z, Marino L D, et al. Exploring an inverted U-shape relationshipbetween entrepreneurial orientation and performance in Chinese ventures [J]. Entrepreneurship Theory and Practice, 2008 (1).

[205] Teece, D J, Pisano G, Shuen A. Dynamic capabilities and strategic management [J]. Strategic Management Journal, 1997 (7).

[206] Tippins M J, Sohi R S. IT competency and firm performance: is organizational learning a missing link? [J]. Strategic Management Journal, 2003 (8).

[207] Tocher N, Oswald S L, Shook C L, et al. Entrepreneur political skill and new venture performance: extending the social competence perspective [J]. Entrepreneurship & Regional Development, 2012 (5-6).

[208] Tsai W. Knowledge transfer inintraorganizational networks: effects of network position and absorptive capacity on business unit innovation and performance [J]. Academy of Management Journal, 2001 (5).

[209] Tseng CC. Connecting self – directed learning with entrepreneurial learning to entrepreneurial performance [J]. International Journal of Entrepreneurial Behavior & Research, 2013 (4).

[210] Ubeda F, Ortiz-de-Urbina-Criado M, Mora-Valentín E M. Do firms located in science and technology parks enhance innovation performance? The effect of absorptive capacity [J]. The Journal of Technology Transfer, 2019 (1).

[211] Vasudeva G, Anand J. Unpacking absorptive capacity: a study of

knowledge utilization from alliance portfolios [J]. Academy of Management Journal, 2011 (3).

[212] Vera D, Crossan M. Improvisation and innovative performance in teams [J]. Organization Science, 2005 (3).

[213] Vera D, Crossan M. Theatrical improvisation: lessons for organizations [J]. Organization Studies, 2004 (5).

[214] Vera D, Nemanich L A, Velezcastrillon S, et al. Knowledge-based and contextual factorsassociated with R & D teams' improvisation capability [J]. Journal of Management, 2016 (7).

[215] Wales W J, Parida V, Patel P C. Too much of a good thing? Absorptive capacity, firm performance, and the moderating role of entrepreneurial orientation [J]. Strategic Management Journal, 2013 (5).

[216] Walter A, Auer M, Ritter T. The impact of network capabilities and entrepreneurial orientation on university spin-off performance [J]. Journal of Business Venturing, 2006 (4).

[217] Wang C L. Entrepreneurial orientation, learning orientation, and firm performance [J]. Entrepreneurship Theory and Practice, 2008 (4).

[218] Wang C, Han Y. Linking properties of knowledge with innovation performance: the moderate role of absorptive capacity [J]. Journal of Knowledge Management, 2011 (5).

[219] Wang H, Li J. Untangling the effects of overexploration and overexploitation on organizational performance: the moderating role of environmental dynamism [J]. Journal of Management, 2008 (5).

[220] Wang T, Thornhill S, De Castro J O. Entrepreneurial orientation, legitimation, and new venture performance [J]. Strategic Entrepreneurship Journal, 2017 (4).

[221] Wang Z, Ling J, Chok J I. Relational embeddednessand disruptive innovations: the mediating role of absorptive capacity [J]. Journal of Engineering and Technology Management, 2020, 57.

[222] Weick K E. Improvisation as a mindset for organizational analysis [J]. Organization Science, 1998 (5).

[223] Wernerfelt B. A resource - based view of the firm [J]. Strategic Management Journal, 1984 (2).

[224] West G P, Noel T W. The impact of knowledge resources on new venture performance [J]. Journal of Small Business Management, 2009 (1).

[225] Wiklund J, Shepherd D. Entrepreneurial orientation and small business performance: a configurational approach [J]. Journal of Business Venturing, 2005, 20.

[226] Wiklund J. The sustainability of the entrepreneurial orientation - performance relationship [J]. Entrepreneurship Theory and Practice, 1999 (1).

[227] Wilden R, Gudergan S P. The impact of dynamic capabilities on operational marketing and technological capabilities, investigating the role of environmental turbulence [J]. Journal of the Academy of Marketing Science, 2015 (2).

[228] Yang Z, Nguyen V T, Le P B. Knowledge sharing serves as a mediator between collaborative culture and innovation capability: an empirical research [J]. Journal of Business & Industrial Marketing, 2018 (7).

[229] Yu X, Li Y, Su Z, et al. Entrepreneurial bricolage and its effects on new venture growth and adaptiveness in an emerging economy [J]. Asia Pacific Journal of Management, 2020, 37.

[230] Zahra S A, Bogner W C. Technology strategy and software new ventures' performance [J]. Journal of Business Venturing, 2000 (2).

[231] Zahra S A, George G. Absorptive capacity: a review, reconceptualization, and extension [J]. Academy of Management Review, 2002 (2).

[232] Zahra S A, George G. Manufacturing strategy and new venture performance: a comparison of independent and corporate ventures in the biotechnology industry [J]. The Journal of High Technology Management Research, 1999 (2).

[233] Zahra S A, Neubaum D O, El-Hagrassey G M. Competitive analysis and new venture performance: understanding the impact of strategic uncertainty and venture origin [J]. Entrepreneurship Theory and Practice, 2002 (1).

[234] Zahra S A. A conceptual model of entrepreneurship as firm behavior

[J]. Entrepreneurship Theory and Practice, 1993 (4).

[235] Zahra S A. Environment, corporate entrepreneurship, and financial performance: a taxonomic approach [J]. Journal of Business Venturing, 1993 (4).

[236] Zahra S A. Goverance, ownership, and corporate entrepreneurship: the moderating impact of industry technological opportunities [J]. Academy of Management Journal, 1996 (4).

[237] Zahra S A. Technology strategy and new venture performance: a study of corporate‑sponsored and independent biotechnology ventures [J]. Journal of Business Venturing, 1996 (4).

[238] Zhang J A, O'Kane C, Chen G. Business ties, political ties, and innovation performance in Chinese industrial firms: the role of entrepreneurial orientation and environmental dynamism [J]. Journal of Business Research, 2020, 121.

[239] Zhao Y L, Song M, Storm G L. Founding team capabilities and new venture performance: the mediating role of strategic positional advantages [J]. Entrepreneurship Theory and Practice, 2013 (4).

[240] Zhao Y, Li Y, Lee S, et al. Entrepreneurial orientation, organizational learning, and performance: evidence from China [J]. Entrepreneurship Theory and Practice, 2011 (2).

[241] Zhou K Z, Li C B. How strategic orientations influence the building of dynamic capability in emerging economies [J]. Journal of Business Research, 2010 (3).

[242] Zhu H, Zhao S, Abbas A. Relationship between R&D grants, R&D investment, and innovation performance: the moderating effect of absorptive capacity [J]. Journal of Public Affairs, 2020 (1).

[243] Ahmad Arshad D, Razalli M R, Abu Bakar L J, et al. Exploring the incidence of strategic improvisation: evidence from Malaysian government link corporations [J]. Asian Social Science, 2015 (24).

[244] Covin J G, Slevin D P. Strategic management of small firms in hostile and benign environments [J]. Strategic Management Journal, 1989 (1).

［245］ Gatignon H, Xuereb J M. Strategic orientation of the firm and new product performance ［J］. Journal of Marketing Research, 1997 (1).

［246］ Hakala H. Strategic orientations in management literature: three approaches to understanding the interaction between market, technology, entrepreneurial and learning orientations ［J］. International Journal of Management Reviews, 2011 (2).

［247］ Kohtamäki M, Heimonen J, Parida V. The nonlinear relationship between entrepreneurial orientation and sales growth: the moderating effects of slack resources and absorptive capacity ［J］. Journal of Business Research, 2019, 100.

［248］ Lumpkin G, Dess G. Linking two dimensions of entrepreneurial orientation to firm performance: the moderating role of environment and industry life cycle ［J］. Journal of Business Venturing, 2001 (5).

［249］ Lumpkin, G T, Dess GG. Clarifying the entrepreneurial orientation construct and linking it to performance ［J］. Academy of Management Review, 1996 (1).

［250］ Miller D. The correlates of entrepreneurship in three types of firms ［J］. Management Science, 1983 (7).

［251］ Moreno A M, Casillas J. Entrepreneurial orientation and growth of SMEs: a causal model ［J］. Entrepreneurship Theory and Practice, 2008 (3).

［252］ Morris M, Sexton D. The concept of entrepreneurial intensity: implications for company performance ［J］. Journal of Business Venturing. 1996 (1).

［253］ Presutti M, Odorici V. Linking entrepreneurial and market orientation to the SME's performance growth: the moderating role of entrepreneurial experience and networks ［J］. International Entrepreneurship and Management Journal, 2019 (3).

［254］ Rauch A, Wiklund J. Lumpkin G T, et al. Entrepreneurial orientation and business performance: an assessment of past research and suggestions for the future ［J］. Entrepreneurship Theory and Practice, 2009 (3).

［255］ Rezaei J, Ortt R. Entrepreneurial orientation and firm performance:

the mediating role of functional performances [J]. Management Research Review, 2018 (7).

[256] Schweiger S A, Stettler T R, Baldauf A, et al. The complementarity of strategic orientations: a meta – analytic synthesis and theory extension [J]. Strategic Management Journal, 2019 (3).

[257] Smart, D T, and Conant, J S. Entrepreneurial orientation, distinctive marketing competencies and organizational performance [J]. Journal of Applied Business Research, 1994 (3).

[258] Su Z, Xie E, Li Y. Entrepreneurial orientation and firm performance in new ventures and established firms [J]. Journal of Small Business Management, 2011 (4).

[259] Su Z, Xie E, Wang D. Entrepreneurial orientation, managerial networking, and new venture performance in China [J]. Journal of Small Business Management, 2015 (1).

[260] Wales W J, Patel P C, Parida V, et al. nonlinear effects of entrepreneurial orientation on small firm performance: the moderating role of resource orchestration capabilities [J]. Strategic Entrepreneurship Journal, 2013 (2).

[261] Wales W J. Entrepreneurial orientation: a review and synthesis of promising research directions [J]. International Small Business Journal, 2016 (1).

[262] Zahra S A, Covin J G. Contextual influences on the corporate entrepreneurship–performance relationship: a longitudinal analysis [J]. Journal of Business Venturing, 1995 (1).

附　录

尊敬的受访者：

您好！非常感谢您参与本次的问卷调查。本次调查受国家自然科学基金的支持，对新创企业进行深入细致的调查，目的在于了解新创企业的创业导向、即兴能力、吸收能力与企业绩效之间的关系，以此指导我国新创企业的经营决策、促进企业成长、提升企业绩效。感谢您在百忙之中给予的宝贵意见，以完成这份重要的问卷。答案没有对错之分，请您认真阅读问卷的题项并根据贵企业的实际情况做出选择，这期间大约花费您10分钟时间。您的如实填写将对我们的研究起到很大帮助，我们对您的真诚合作致以衷心的感谢！我们郑重承诺，您填写的所有内容均只用于学术研究，并严格保密，绝不对外公开。

第一部分：创业者个人情况及企业情况

1. 公司名称：_____

2. 您的年龄：

□≤25 岁　　　□26-35 岁　　　□36-45 岁　　　□≥46 岁

3. 您的性别：

□男　　　　　□女

4. 您的教育程度：

□高中及以下　□专科　　　　□本科　　　　　□硕士及以上

5. 您企业的年龄为：

□1-2 年　　　□3-5 年　　　□6-8 年

6. 您企业的员工人数为：

□≤10 人　　　　□11-50 人　　　　□51-100 人　　　　□101-500 人

□≥500 人

7. 您企业的年销售收入为：

□50 万以下　　　□51-100 万　　　　□101-200 万　　　　□201-500 万

□500 万以上

8. 您创业前是否创建过其他公司：

□是　　　　　　　□否

9. 您企业所属的行业为：

□农业　　　　　　□传统制造业　　　□高新技术产业　　□服务业

10. 您企业所属的地区为：

□东南沿海　　　　□华北及东北　　　□中部　　　　　　□西部

第二部分：以下是关于创业导向的描述，请根据描述与实际情况的符合程度在每题的选项中选择一项。

1. 本企业非常强调创新、研发和技术领先

□非常不同意　　□不同意　　　　　□不确定　　　　　□同意

□非常同意

2. 本企业推出了许多新产品或新服务

□非常不同意　　□不同意　　　　　□不确定　　　　　□同意

□非常同意

3. 本企业对产品或服务的改进往往是大幅度的创新

□非常不同意　　□不同意　　　　　□不确定　　　　　□同意

□非常同意

4. 本企业更倾向于选择具有高回报的高风险项目

□非常不同意　　□不同意　　　　　□不确定　　　　　□同意

□非常同意

5. 由于外部环境的特性，我们认为采取大胆、广泛的行动来实现企业目标是必要的

□非常不同意　　□不同意　　　　　□不确定　　　　　□同意

□非常同意

6. 当决策过程中遇到不确定的情况时，本企业通常采取大胆、积极的姿态最大限度地开发潜在的机会

□非常不同意　　□不同意　　　　□不确定　　　　□同意
□非常同意

7. 在与同行的竞争中，通常是本企业率先采取行动，然后竞争对手才做出回应

□非常不同意　　□不同意　　　　□不确定　　　　□同意
□非常同意

8. 本企业通常比竞争对手率先推出新产品或新服务，以及率先采用新的管理和运营模式

□非常不同意　　□不同意　　　　□不确定　　　　□同意
□非常同意

9. 在与同行的竞争中，本企业通常采取激烈的竞争手段以击败竞争对手

□非常不同意　　□不同意　　　　□不确定　　　　□同意
□非常同意

第三部分：以下是关于即兴能力的描述，请根据描述与实际情况的符合程度在每题的选项中选择一项。

1. 企业员工在执行任务过程中能够边思考边行动

□非常不同意　　□不同意　　　　□不确定　　　　□同意
□非常同意

2. 企业能够立即应对工作中出现的突发问题

□非常不同意　　□不同意　　　　□不确定　　　　□同意
□非常同意

3. 企业能够当场处理未预料到的事情

□非常不同意　　□不同意　　　　□不确定　　　　□同意
□非常同意

4. 企业能够在新的工作过程中识别出对其发展有利的机会

□非常不同意　　□不同意　　　　□不确定　　　　□同意
□非常同意

5. 企业会尝试新的方法解决问题

□非常不同意　　□不同意　　　　□不确定　　　　□同意
□非常同意

6. 企业员工愿意用冒险的方式来想出一些新点子

□非常不同意　　□不同意　　　　□不确定　　　　□同意
□非常同意

7. 企业能够利用当下可获得的各种资源（包括社会资源和物质资源）来解决问题

□非常不同意　　□不同意　　　　□不确定　　　　□同意
□非常同意

第四部分：以下是对您企业的吸收能力所作的描述，请根据描述与实际情况的符合程度在每题的选项中选择一项。

1. 企业能够识别和获得内部和外部知识

□非常不同意　　□不同意　　　　□不确定　　　　□同意
□非常同意

2. 企业有有效的程序来识别、评估和导入新的信息和知识

□非常不同意　　□不同意　　　　□不确定　　　　□同意
□非常同意

3. 企业有足够的程序来分析所获得的信息和知识

□非常不同意　　□不同意　　　　□不确定　　　　□同意
□非常同意

4. 企业有足够的程序来同化新的信息和知识

□非常不同意　　□不同意　　　　□不确定　　　　□同意
□非常同意

5. 企业可以成功地将现有的知识与新获得的信息和知识整合起来

□非常不同意　　□不同意　　　　□不确定　　　　□同意
□非常同意

6. 企业能够有效地将现有信息转化为新知识

□非常不同意　　□不同意　　　　□不确定　　　　□同意
□非常同意

7. 企业可以成功地将内部和外部的信息和知识运用到具体的应用中

□非常不同意　　□不同意　　　　□不确定　　　　□同意
□非常同意

8. 企业可以有效地将知识运用到新产品或服务中

□非常不同意　　□不同意　　　　□不确定　　　　□同意
□非常同意

第五部分：以下是关于环境动态性的描述，请根据描述与实际情况的符合程度在每题的选项中选择一项。

1. 企业的竞争者行为难以预测

□非常不同意　　□不同意　　　　□不确定　　　　□同意
□非常同意

2. 行业的产品或服务容易变得过时

□非常不同意　　□不同意　　　　□不确定　　　　□同意
□非常同意

3. 顾客需求或偏好难以预测

□非常不同意　　□不同意　　　　□不确定　　　　□同意
□非常同意

4. 行业技术变化迅速

□非常不同意　　□不同意　　　　□不确定　　　　□同意
□非常同意

5. 政府的相关政策变化快

□非常不同意　　□不同意　　　　□不确定　　　　□同意
□非常同意

第六部分：以下是关于新创企业绩效的描述，请根据描述与实际情况的符合程度在每题的选项中选择一项。

1. 相比于竞争对手，本企业的员工数量增加较快

□非常不同意　　□不同意　　　　□不确定　　　　□同意
□非常同意

2. 相比于竞争对手，本企业的销售额增长较快

□非常不同意　　□不同意　　　　□不确定　　　　□同意
□非常同意

3. 相比于竞争对手，本企业的新产品或服务增加较快

□非常不同意　　□不同意　　　　□不确定　　　　□同意
□非常同意

4. 相比于竞争对手，本企业的市场份额增长显著

□非常不同意　　□不同意　　　　□不确定　　　　□同意
□非常同意

5. 相比于竞争对手，本企业的利润增长较快

□非常不同意　　□不同意　　　　□不确定　　　　□同意
□非常同意

6. 相比于竞争对手，本企业的投资回报增长较快

□非常不同意　　□不同意　　　　□不确定　　　　□同意
□非常同意